창업에서 ▶ 경영까지

더 내는 세금은 없다! 초보 사장 필독, 가장 쉬운 세금 교과서

초보 사장 ▶ 세금 상식

복잡한 세금, 더 이상 어렵지 않다! 가장 쉽고 정확한 세금 가이드

이 책은 창업부터 폐업까지, 사장님이 꼭 알아야 할 세금 노하우를
명확하고 이해하기 쉬운 해설을 통해 전달함으로써
초보 사장님들의 세금에 대한 막연한 두려움을 해소하고자 한다.

| 손원준 지음 |

- ☑ 혼란스러운 창업 초기, 사장님의 든든한 세무 네비게이션
- ☑ 절세는 선택이 아닌 필수! 창업부터 폐업까지, 사장님이 꼭 알아야 할 모든 세금 노하우
- ☑ 세금폭탄을 피하고, 자산은 늘리고! 초보 사장님을 위한 든든한 세금 솔루션
- ☑ 열심히 벌어서 세금으로 다 나가는 사장님을 위한 처방전

세무사는 알아서 절세해 주지 않는다. 사장이 알아야 챙겨준다.

K.G.B
지식만들기

이론과 실무가 만나 새로운 지식을 창조하는 곳

머리말

복잡하고 어렵게만 느껴지는 세금 문제로 고민하는 사장님들이 많다. 사업의 시작부터 성장, 그리고 안정화에 이르기까지 세금은 항상 사장님의 곁을 따라다니며 중요한 의사결정에 영향을 미친다.

뉴스에 나와 인터뷰하는 사장님들 1개 팔아서 얼마 남느냐는 질문에, 재료비, 인건비 떼고, 임대료 내면 천원도 안 남아요라고 이야기한다.

운영에 가장 큰 비용을 차지하는 것이 재료비, 인건비, 임대료다. 하지만 가장 신경 쓰이고 많은 부담을 느끼는 것이 세금이다.

재료비, 인건비, 임대료는 아끼려고 하면서 세금은 아끼려고 하지 않는다. 어차피 내가 모르는 분야니까?

그래서 많은 사장님들이 세금 문제를 회계사나 세무사에게만 맡기고 싶어 한다. 하지만 실제로 사업을 꾸려가는 과정에서는 경영자의 기본적인 세금 지식이 꼭 필요하다. 세무 전문가가 알려주지 않는 "경영자의 시각에서 꼭 알아야 할 상식"이 있기 때문이다.

내 소득의 10% 이상을 떼가는 세금은 사업 원가 중 어쩌면 가장 큰 비중을 차지할 수 있다. 또한 사업이 잘되어 해당 회사나 점포를 물려주게 되면 그 세금은 더욱 증가하게 된다.

돈 번 사장님치고 세금에 문외한인 사장님은 없다. 최소한 알아야 할 세금은 알고 사업을 한다는 말이다.

세법 관련 서적을 찾아보는 과정에서, 처음 접하는 낯선 용어들로 인해 짜증 나고 혼란스러움을 느끼게 된다.

이 책은 사장님들이 세금 문제로 더 이상 어려움을 겪지 않도록 돕기 위해 기획되었다. 방대한 세법 지식을 한 권에 담기보다는, 사장님들이 사업을 운영하며 실제로 맞닥뜨리게 될 핵심 세금 이슈들을 선별하여 쉽고 명확하게 설명했다.

• 어떤 비용이 인정되고, 어떤 비용은 문제 되는지

• 부가가치세·법인세(소득세)·원천세 등 각 세금의 흐름은 어떻게 되는지

• 직원 급여, 4대 보험, 퇴직금, 복리후생비 처리 시 주의할 점은 무엇인지

• 세무조사를 대비해 반드시 챙겨야 할 서류와 관리 방법은 무엇인지

딱딱한 법률 용어 대신 실생활 예시를 통해 세금의 원리를 이해하고, 절세전략을 수립하는 데 필요한 실질적인 지침을 제공하고자 노력했다.

"창업에서 경영까지 초보사장 세금 상식"은 세금 전문가의 도움 없이도 스스로 세금을 관리하고, 불필요한 세금 부담을 줄일 수 있도록 안내하는 든든한 길잡이가 될 것이다.

이 책을 통해 사장님들이 세금에 대한 막연한 두려움을 떨쳐내고, 사업 성장에 더욱 집중할 수 있기를 진심으로 바란다.

사장님의 올바른 세금 상식이 회사의 든든한 방패가 되고, 더 나아가 성장의 발판이 되길 기대합니다.

손원준 드림

CONTENTS

제1장 사업을 준비하는 단계에서 고려해야 할 세금 상식

세금 신고·납부의 기본상식 ···································· **18**

01. 납부할 세금이 없어도 신고는 해야 한다. ···················· 18

[사례] 손실을 활용한 세테크 ···································· 19

02. 신고 때 증빙을 다 제출하는 것이 아니다. ···················· 20

[사례] 세금 신고 때 소득률은 어떻게 맞추나? ·················· 21

03. 홈택스 자료와 사업자 자료가 다른 경우 세금신고 ·············· 22

04. 4대 보험과 국세청 신고자료는 일치한다. ···················· 23

05. 낸 세금이 없으면 환급받을 세금도 없다. ···················· 24

창업 준비 때 반드시 체크해야 할 12가지 절세전략 ············ **26**

01. 대표 선택도 잘해야 세액감면 받는다. ······················ 26

02. 반드시 법인이 세금으로 유리한 것은 아니다. ················· 29

03. 간이과세자와 일반과세자의 세금 차이 ······················ 31

　　부가가치세와 소득세(법인세) 차이 ························· 31

　　개인사업자와 법인사업자의 차이 ··························· 32

　　간이과세자와 일반과세자의 차이 ··························· 32

04. 사업장 주소에 따라 세금 감면이 달라진다. ·················· 33

05. 업종에 따라 매출이 같아도 세금은 달라진다. ················ 34

06. 사업용 계좌 등록에 따라 감면이 달라진다. ·················· 35

07. 카드 사용자에 따라 세금이 달라진다. ······················ 36

08. 사업자등록 전 사용한 돈도 비용 인정된다. ·················· 37

09. 간이과세자도 세금계산서를 발행한다. ······················ 37

10. 공과금 납부는 카드로 하는 것이 좋다. ······················ 38

11. 증빙이 없다고 무조건 비용인정을 못 받는 것은 아니다. ··· 38

12. 경조사비 증빙은 한 장당 20만 원 ·· 39

법인 집주소에 사업자등록 하기 ·· **40**

01. 법인 이름으로 매매/임차계약을 한다. ······························· 40

02. 건물 임차/매입전 관할세무서에서 미리 확인해 두자 ··· 40

03. 집주소, 무상 임대법인 주소지 ·· 41

04. 본인 아닌 가족이나 타인 소유 집주소 ···························· 41

05. 집에 사업자등록 시 개인정보 노출 위험 ······················· 41

[사례] 수도권 과밀권 주소지의 중과세와 불이익 ················· 42

[사례] 여러 상황에 따른 사업자등록 ···································· 43

[사례] 동업계약서 작성할 때 꼭 점검해야 할 사항 ·············· 45

사업자등록을 늦게 한 경우 매입세액공제 ························· **46**

01. 사업자등록 신청일과 미신청 시 불이익 ························· 46

02. 사업자등록을 늦게 하는 경우 매입세액공제 ·················· 46

03. 인허가 업종이 인허가증이 없는 경우 사업자등록 ·········· 47

04. 법인의 미등기 지점에 대해서도 사업자등록을 할 수 있다. 48

오픈과 동시에 가장 먼저 해야 할 5가지 세금신고 ··········· **49**

01. 사업용 계좌 등록 ··· 49

02. 사업용 신용카드 등록 ·· 52

03. 현금영수증 의무 발행 ·· 54

04. 전자세금계산서 발행 ··· 56

[사례] 전자세금계산서 의무 발행 대상 ·································· 56

05 가스료 등 공과금 신용카드로 자동이체 ·························· 57

권리금, 인테리어비용 등 창업 준비 비용의 절세전략 ········· **58**

01. 사업자등록 전 비용 적격증빙을 받는 방법 ···················· 58

[사례] 회사설립 전 발생 비용 회사설립 후 세금계산서 받으면 안되나? ··· 59

02. 권리금도 비용 인정받을 수 있다. ································· 59

03. 인테리어비용 세금계산서를 반드시 받는다. ····················· 60

04. 사업용 차량 살까? 빌려 쓸까? ······························· 60

05. 개인사업자는 장부 없이 세금 신고가 가능하다. ················· 62

06. 창업중소기업은 100% 소득세를 안 낼 수 있다. ················ 62

부모님에게 지원받은 창업자금 얼마까지 세금을 안 내나? ···· **63**

01. 창업자금 증여세 과세특례란? ······························· 63

02. 왜 5억까지 증여세가 없을까요? ···························· 63

03. 5억 원 초과 시에는? ····································· 64

부모가 갖고 있는 상가에서 임차료를 안 내고 사업하는 아들의

세금 문제 ··· **65**

01. 무상 임대의 증여세 문제 ································· 65

02. 증여세 면제 한도 ······································· 66

03. 부모님의 소득세 문제 ··································· 66

04. 법적 문제 해결 방법 ··································· 66

개인사업자와 법인사업자 중 어느 것이 더 유리한지 ············ **68**

개인사업자가 세금 관리에서 주의해야 할 점 ················· **70**

01. 과세 및 면세사업자 구분 ································· 70

02. 세금 신고의 중요성 ····································· 71

03. 인건비 신고 ··· 72

04. 절세의 필수조건 적격증빙 관리 ··························· 74

설비투자비용은 조기환급을 받는다. ························· **76**

01. 사업용 시설에 대한 조기환급 ····························· 76

02. 조기환급 신고와 신고 기간 ······························· 77

03. 조기환급 신고 방법 ····································· 78

간이과세자 등록 시 절세에 유리 ·························· **80**

01. 간이과세자가 유리한 점 ······················· 81

02. 간이과세자가 불리한 점 ······················· 81

03. 간이과세를 적용받을 수 없는 경우 ·················· 82

04. 간이과세자와 일반과세자 고민 시 유의 사항 ··········· 82

[사례] 간이과세자는 부가가치세를 돌려받지 못하는 단점이 있다. 82

과세사업자와 면세사업자의 차이점 ················· **84**

01. 부가가치세가 붙는 과세사업자 ··················· 84

02. 부가가치세가 안 붙는 면세사업자 ················· 85

03. 신용카드매출전표와 현금영수증의 기능 ·············· 85

제2장 사업 준비 단계에서 중요한 세금 상식

세금은 몰라도 세금계산서는 꼭 챙겨라. ················ **88**

01. 세금계산서와 계산서가 가장 기본적인 증빙 ··········· 88

[사례] 세금계산서와 계산서의 구분은 사업자등록증이 아닌 판매
물품으로 구분 ······························· 90

02. 신용카드 매출전표와 지출증빙용 현금영수증 ··········· 90

03. 3만 원 이하는 간이영수증도 적격증빙 ·············· 92

04. 거래명세서는 적격증빙이 아닌 사적증빙 ············· 94

[사례] 절세를 위해 꼭 챙겨야 하는 증빙과 좀 더 편리한 증빙관
리방법 ································· 94

절세는 적격증빙에서부터 출발한다. ················· **97**

01. 매출 매입에 대한 증빙 ······················· 98

02. 경비지출에 대한 증빙 ······················· 98

[사례] 경비를 허위로 처리하는 다양한 방법들 ············ 98

03. 자산 구입에 대한 증빙 ······················· 99

04. 기타 증빙 ····························· 100

건물주가 세금계산서를 발급해 주지 않는다면? ·············· **101**

부가가치세만 받고 세금계산서 발행해 주면 바보 ············· **104**

(모바일)청첩장 1장에 20만 원까지 비용처리 ··············· **106**

01 경조사비 세금 신고 때 얼마까지 넣을까? ··············· 106

02 세무서 소명 요청에 대비한 증빙관리 ··················· 107

03 임직원의 경조사비는 사규에 따라서 지급 ··············· 108

입금자와 세금계산서 수취자가 다른 경우 세무처리 ·········· **109**

01 입금자와 세금계산서 수취자가 같아야 한다. ············ 109

02 계좌이체 시 차명계좌에 입금받는 경우 ················ 110

제3장 회사가 성장하는 단계에서 고려해야 할 세금 상식

간이과세자에서 일반과세자 전환 시 세무 업무 ··············· **112**

01. 일반과세자 전환 시점 ·························· 112

02. 일반과세자 전환 후 주요 변경 사항 ················· 112

　　세금계산서 발행 의무 ·························· 113

　　부가가치세 계산 방식 변경 ······················ 113

　　부가세 신고 주기 ···························· 113

03. 부가가치세 신고의 변화 ························ 113

04. 재고매입세액 공제 ··························· 115

05. 일반과세자 전환 후 소득세 절세를 위한 경비 처리 방법 115

　　세금계산서 등 적격증빙 확보 ···················· 116

　　사업 관련성 명확화 ·························· 116

　　복식부기 장부 작성 ·························· 116

개인사업자 법인전환과 절세전략 ······················· **117**

01. 법인 전환할 때 세금 문제는? ·················· 118

02. 법인전환을 고려해 볼 규모 ···················· 119

03. 개인기업의 법인전환 시 주의 사항 ················· 120

　　　법인설립에 따른 사전 결정 사항 ················· 120

　　　법인전환 및 정리 절차 ······················· 121

[사례] 법인전환 후 기존 거래처와 기존 개인 통장으로 거래해도
되나요? ··· 121

법인설립 시 최초 사업연도 ·························· **122**

01. 최초 회계연도 설정 기준 ······················· 122

02. 최초 회계연도 설정 예시 ······················· 122

03. 정기 결산일 설정 ····························· 123

04. 세무 신고와 일정 ····························· 123

법인 대표이사 급여 책정은 얼마를 해야 하나? ·········· **124**

01. 대표이사 급여 처리의 특징 ····················· 125

02. 근로자 보수와 임원 보수의 차이점 ················· 125

03. 대표이사 급여의 결정요소 ······················ 126

04. 기본원칙과 급여 책정의 중요성 ··················· 128

05. 대표이사의 적정 급여 책정 ····················· 129

직원 급여 책정은 얼마를 해야 하나? ················ **130**

01. 직원 급여를 책정한다. ························· 130

02. 같이 일한 가족의 인건비 ······················· 131

급여지급일은 어떻게 결정해야 할까? ················ **132**

01. 당월 지급 및 익월 지급 여부 결정 ················· 132

02. 근로기준법 및 규정 준수 ······················· 133

03. 급여지급일 변경 시 고려사항 ··················· 135

창업 초기에 퇴사율을 낮추고 사기를 높여줄 좋은 방법은? · **137**

01. 투명한 보상 체계 구축 ························· 137

02. 강력한 조직 문화 형성 ························· 137

03. 충분한 교육과 역량 강화 ······················· 138

04. 개방적이고 솔직한 소통 ································ 138

05. 유연한 근무 환경 제공 ································ 138

비과세 급여를 최적화할 때 주의해야 할 점은 ·········· **139**

01. 실비변상적 비과세 ································ 139

    자가운전 보조금 ································ 140

    연구보조비 ································ 140

    일직료/숙직료 및 여비 ································ 140

    벽지수당 ································ 141

02. 복리 후생적 비과세 ································ 141

    단체 순수보장성 보험 ································ 141

    사택 제공 이익 ································ 141

    식대 ································ 142

    자녀 보육수당 ································ 142

    생산직 근로자의 연장근로수당 ················ 142

    국외 근로소득 ································ 143

    직무발명보상금 ································ 143

    학자금 ································ 143

    육아휴직 급여 등 ································ 144

    위자 성질의 급여 ································ 144

    건강보험 등 사용자 부담분 ····················· 144

03. 비과세 급여를 최적화할 때 주의할 점 ·········· 144

    세법상 요건과 한도 준수 ························ 144

    노동법상 검토(통상임금성 문제) ·············· 145

    정확한 증빙과 체계적 자료 관리 ·············· 145

    한도 미만 이월 적용 불가 ····················· 145

    사업장 상황별 적용 가능 항목 확인 필요 ······ 146

3.3% 근로자와 근로소득자는 어떤 점이 다를까? ········· **147**

세무 기장 수수료 체계 ································· **150**
01. 매달 받아 가는 기장 수수료 ················· 150
02. 법인세 또는 종합소득세 신고조정 수수료 ············· 150
직원 휴가는 1년에 며칠을 줘야 할까? ········· **152**
01. 연차휴가의 발생 기준 ···················· 153
　　1년 미만 근로자 ······················· 153
　　1년 이상 근로자 ······················· 153
02. 연차휴가 산정 기준일 ···················· 154
　　입사일 기준 ·························· 154
　　회계연도 기준 ························· 154
03. 연차 사용 촉진 제도 ····················· 155
　　1년 이상 근무자 ······················· 155
　　1년 미만 근로자 ······················· 156
　　연차 사용 촉진 주의 사항 ·················· 157
05. 회사가 반드시 지켜야 할 주의 사항 ············· 158
06. 연차수당의 계산과 지급 ··················· 158
　　연차수당 계산 방법 ····················· 159
　　연차수당 지급 시기 ····················· 160
　　연차수당 관련 유의사항 ··················· 160

제4장 회사를 운영하면 알아야 할 세금 상식

대표이사와 사장의 차이점 ····················· **162**
사업과 관련해서 내야 할 세금상식 ················ **164**
01. 사업자가 알아야 할 기본적인 세금 ············· 164
02. 사업 초기부터 세금 지식을 포기하면 안 된다. ········ 166
03. 세금은 신고납부 제도를 채택하고 있다. ·········· 167

04. 홈택스를 통해 부가세 신고정도는 쉽게 할 수 있다. ······ 167

05. 소득세(법인세)는 초보 사장님이 알기가 힘들다. ············ 168

06. 임직원 급여에 대해서는 원천징수 신고납부를 한다. ······ 169

07. 세금 신고를 잘못한 경우 즉시 수정신고를 한다. ············ 169

얼마를 팔아야 손해를 안 보나? ····································· **170**

법인자금을 개인적으로 사용하는 경우 세무상 어떤 문제가 있나
요? ··· **174**

01. 가지급금 처리 및 인정이자 부담 ································· 174

02. 법인에 미치는 세무상 불이익 ···································· 175

　　인정이자 법인세 증가 ··· 175

　　지급이자 손금불산입 ·· 176

　　기업 신용도 하락 및 대출 제한 ································ 176

　　세무조사 리스크 증가 ··· 176

　　부가가치세 매입세액불공제 ······································ 176

03. 대표이사에게 미치는 세무상 불이익 ···························· 177

　　소득세 및 4대 보험료 증가(상여 처분) ····················· 177

　　폐업 시 일시 과세 ·· 177

　　형사적 책임 ·· 177

04. 정상적인 자금 인출 방법 ··· 178

05. 가지급금 해결 방안 ·· 178

대표자 개인카드를 사용할 때 주의할 점은? ················· **182**

01. 사적 사용 간주 가능성 ··· 182

02. 추가 증빙 구비 필요 ··· 183

03. 법인카드 사용 원칙 준수 ··· 184

부가가치세는 모든 세금의 기본 ······························· **185**

01. 매입세액공제와 불공제의 구분 ··································· 186

02. 매입세액불공제 부가세는 법인세(소득세) 비용 ··················· 188

03. 부가가치세 관리를 위한 필수 업무 ……………………… 189

세금계산서 발행 후 신용카드로 결제를 받은 경우 부가세 …… 191

판매 금액에 대한 부가가치세와 소득세(법인세) 신고의 차이 193

현금 매출도 누락 없이 꼭 신고하라 …………………………… 197

01. 현금 매출 누락 한 오픈마켓 사업자 ……………………… 197

02. 개인 돈, 접대비 공제받은 도매업자 ……………………… 198

월매출 1,000만 원이면 소득세는 얼마를 내야 하나요. ……… 199

[사례] 옆집 사장님의 소득이 저희보다 많은데, 세금은 왜 적게 내요 …………………………………………………………………… 201

[사례] 건강보험료가 갑자기 오를 수 있다. ………………… 202

사업분할 또는 소득분할을 통해 과세표준을 낮춰라. ………… 203

[사례] 사업 또는 소득 분산을 통해 얻을 수 있는 절세효과 … 204

제5장 절세의 기본! 비용지출 관리

개인사업자의 절세전략과 리스크관리 ……………………… 206

01. 주요 세금 항목 ………………………………………………… 206

02. 4대 보험료 ……………………………………………………… 207

03. 세무 관리 ……………………………………………………… 207

   세무 관리 방법 ……………………………………………… 207

   세무 절세전략 ………………………………………………… 207

   세무 신고 및 납부 기한 관리 ……………………………… 208

   세무 리스크관리 …………………………………………… 208

절세를 위한 법인의 세무 관리 ……………………………… 209

01. 현금결제 유도를 통해 매출누락을 하면 안 된다. ……… 209

02. 대표이사가 마음대로 가져가는 돈은 가지급금 발생 ……… 210

03. 소명을 위해 통장에 지출 내역 기재 ……………………… 211

04. 업무용승용차 보험 가입 후 운행일지를 작성해 둔다. ······ 211
05. 적격증빙 수취를 누락했어도 소명증빙은 구비 ·················· 212
06. 거액의 경비처리를 위해서는 인건비 신고는 필수 ············· 212
07. 법인카드의 사적 사용(사업 무관 지출) ························· 213
08. 장기 미수채권은 대손 처리 ····································· 214
09. 정기 배당을 통해서 잉여금 및 가지급금 관리를 한다. ····· 215
세금계산 시 경비 처리 가능 금액 ································· **216**
01. 매입 비용, 인건비, 임차료 ····································· 216
　　무기장 신고 시 매입비용과 임차료, 인건비 ···················· 216
　　기장 신고 시 추가로 인정받을 수 있는 비용 ···················· 218
02. 수도, 전기, 가스, 통신비 등 ·································· 219
03. 건물관리비 ·· 219
04. 차량 관련 경비 ··· 220
05. 수리비, 자동차세, 보험료 ·· 220
06. 금융 관련 경비 ·· 220
07. 기부금 관련 경비 ·· 221
08. 기타 경비 ·· 221
09. 기장대행 시 알아두어야 할 증빙 ······························ 222
가사 비용 회사경비 처리는 탈세의 기본이다. ·················· **223**
01. 세법상 가사 관련 비용의 판단 기준 ··························· 223
02. 가사비용을 회사 비용으로 처리하면 무조건 걸리나? ······· 225
[사례] 국세청에서 꼭 들여다보는 탈세 사례 ····················· 226
남의 계좌로 대금을 받는 경우 세무상 위험과 대처 방법 ····· **229**
01. 남의 명의로 돈을 받으면 모두 불법인가? ····················· 229
02. 어쩔 수 없는 경우 업무처리 ···································· 229
03. 법인과 개인의 계좌관리 차이점 ································· 230
04. 차명계좌 매출을 누락 했다면? ································· 231

05. 세무조사를 예방하는 방법은? ··· 231

06. 세무조사가 나왔을 때 현명한 대처법 ······························· 232

감가상각을 통해서 손익 조절이 가능하다. ······················· **234**

세법상 승용차 사용에 대한 불이익 ································ **239**

01. 무조건 절세 혜택을 보는 차량과 업종 ······························ 240

02. 승용차를 사용하는 경우 절세전략 ·································· 240

03. 승용차를 사적으로 사용한 경우 세무 처리 ······················ 241

법인에서 상품권을 구매할 때 주의할 점은? ····················· **243**

01. 구매 목적의 명확화 및 처리 방식 ·································· 243

02. 세무상 주의사항 ·· 246

04. 회계처리 시 주의점 ··· 247

05. 법적·관리상 주의 사항 ·· 247

06. 세무조사에서 자주 지적되는 사례 ································· 247

07. 상품권 '깡' 세무조사 ··· 248

　　물품 판매 또는 서비스 제공 없는 허위 거래를 통한 환전 248

　　가맹점의 물품 대금 결제 수단으로 상품권 사용 ············· 249

　　타인 명의를 이용한 상품권 대량 구매 후 환전 ·············· 249

　　개별 가맹점 등록 없는 상품권 수취 및 환전 ················· 249

　　현금 결제 상품의 환불을 통한 현금 취득 ···················· 249

　　소비쿠폰의 중고거래 및 허위 결제 악용 ···················· 250

제6장 회사를 운영하면서 하는 탈세 업무처리

관행적으로 하는 알쏭달쏭 탈세 업무 ···························· **252**

01. 자가운전보조금 무분별한 비과세 처리 ···························· 252

02. 근로자를 3.3% 근로자로 고용 ···································· 253

　　소송 및 노동청 진정 시 소급 부담 ···························· 253

　　4대 보험 및 퇴직금, 각종 수당 미납추징 ·················· 253
　　법적·형사적 리스크 ·· 253
　　근로자 피해도 심각 ·· 254
　03. 포괄임금제의 편법적 운영 ·· 254
　　임금 체불 및 소급 지급 부담 ······································· 254
　　노동청 진정 및 소송, 행정처분 ···································· 254
　　계약 재작성 및 추가 행정비용 ····································· 255
　04. 퇴사 후 재입사를 활용한 퇴직금 중간정산의 편법적 운영 255
　05. 월급에 포함해서 퇴직금을 지급하는 경우 ················ 256
　06. 법에 어긋나는 각서는 효력이 없다. ························ 257
누구나 사용하는 탈세 수법은 반드시 걸린다. ·············· **258**
납세성실도 관리가 가장 확실한 절세방법 ······················ **259**
　01. 소액이나 단순 기장 오류는 넘어갈 수 있다. ·········· 259
　02. 국세청이 회사의 탈세를 찾아내는 기본적 장치 ········ 260
　03. 금융거래보다 납세성실도 관리가 우선 ···················· 261
법인카드관리를 철저히 해서 세는 회삿돈을 지켜라. ········ **262**
　01. 사용할 카드 종류 선택 ·· 263
　02. 법인카드 사용 범위 지정 ·· 263
　03. 법인카드 지출 검토 및 승인자 결정 ························· 266
　04. 법인카드 사용 사업비용에 대한 정의 ······················ 266
　05. 지출결의서 제출과 관리 주기 수립 ·························· 267
　06. 법인카드 부정 사용 시 페널티 ································· 267
　07. 창업한 지 얼마 안 된 법인은 체크카드 사용 ·········· 268
탈세로 의심받는 사장님의 지출 사례 ···························· **269**
　01. 대표이사 (스크린)골프 비용 ····································· 269
　02. 사주 일가의 헬스 회원권 비용처리 ·························· 270
　03. 해외여행·골프비용 복리후생비 처리 ························· 270

04. 가족 인건비 가공경비 처리 ································ 271

05. 대표이사 최고경영자과정 원우회비 지출 ··············· 271

06. 회사 소유 아파트 대표이사 거주 ····················· 273

07. 대표이사 사적 경조사비 회사 대납액 ················· 273

08. 대표이사 과도한 인건비 또는 무보수 처리 ············ 273

매출누락 시 사업을 접을 수 있다. ····················· **275**

개인사업자 자본금 마이너스 발생 장부 처리 방법 ········· **277**

제7장 직원을 쓰게 되면 알아야 할 노무 상식

직원 1명을 채용하면 사장님이 부담하는 비용 ············· **280**

근로계약서에 꼭 들어가야 할 내용 ····················· **283**

01. 근로계약서는 왜 써야 하나? ······················· 283

02. 근로계약서를 쓰지 않으면? ························· 283

03. 근로계약서는 어떻게 써야 하나? ··················· 285

　　꼭 기록해야 하는 사항 ··························· 285

　　작성해 두면 좋은 사항 ··························· 286

　　프리랜서 근로계약서 ····························· 289

대표이사는 급여를 원하는 만큼 가져가도 되나요. ········· **291**

01. 법인 대표이사 급여 마음대로 줘도 되나? ············ 291

[사례] 임원 급여와 상여 등의 비용인정 조건 ············ 293

02 개인사업자 사장님의 급여 ························· 293

근로소득세 원천징수 기본상식 ························· **295**

01. 일용근로자의 근로소득세 ························· 296

02. 상용근로자의 근로소득세 ························· 296

03. 원천징수 세액의 신고·납부 ······················· 297

04. 원천징수의 불이행시 가산세 ······················ 299

가족과 함께 일하는 사장님 가족 급여를 활용해 절세하세요 300

01. 실제 근무 여부가 가장 중요 ·············· 300

02. 가족과 배우자의 4대 보험 ·············· 302

03. 가족 급여의 세금 신고 ·············· 302

[사례] 배우자랑 같이 일을 합니다. 인건비 신고를 해도 되나요? 303

직원 퇴직금 한꺼번에 주기 힘들면 매달 적립하세요. ·········· 305

복리후생비 지출 절세도 되고 임직원도 좋다. ·············· 309

01. 법인세·소득세 비용인정 ·············· 309

02. 복리후생비 지출을 하면 세금은 줄어든다. ·············· 310

03. 복리후생비의 근로소득세와 절세 효과 ·············· 311

구내식당 있는 회사 식비 비과세 주의 ·············· 312

01. 4대 보험 등재된 직원이 맞는지 확인한다. ·············· 312

02. 직원에게 비과세 식대를 주는지 확인한다. ·············· 313

4대 보험 아끼려는 사장님이 알아야 할 내용 ·············· 314

01. 직원 급여를 축소 신고하는 방법 ·············· 314

02. 직원을 프리랜서로 신고한다. ·············· 316

03. 4대 보험 아끼려다 지원금도 같이 날아간다. ·············· 317

04. 비과세 급여가 많으면 4대 보험료는 줄어든다. ·············· 317

05. 직원이 4대 보험 가입을 원치 않는 경우 ·············· 317

알바 사용 사장님이 꼭 지켜야 할 10가지 노무 ·············· 319

01. 근로계약서는 반드시 작성하세요 ·············· 319

02. 청소년을 알바로 고용하는 경우 ·············· 320

03. 알바생도 4대 보험에 가입해 줘야 하나요? ·············· 320

04. 알바도 수습기간을 둘 수 있나요? ·············· 321

05. 휴게시간은 꼭 줘야 하나? ·············· 321

06. 주말 알바의 휴일근로수당 지급 ·············· 321

07. 알바생에게 주휴수당을 꼭 줘야 하나? ·············· 322

08. 한 달도 안 된 알바생이 무단결근해요. 해고해도 되나요? 322

09. 1년 넘게 일한 알바생 퇴직금 줘야 하나? ···················· 323

10. 알바생에게도 연차휴가를 줘야 하나? ························· 323

매일 지각하는 알바생 너무 불성실해서 자르고 싶어요. ······ **326**

사업주의 13가지 노동법 필수상식 ···························· **328**

01. 주휴수당 계산 ·· 328

02. 최저임금 ··· 329

03. 시간외근로수당 ·· 329

04. 휴일에 근로하는 경우 휴일근로수당 ································· 330

05. 연차휴가 ··· 330

06. 근로계약서 작성이 중요하다. ·· 330

07. 해고와 근로계약서 작성의 중요성 ···································· 331

08. 수습기간에도 해고제한 ·· 331

09. 근로시간과 임금 ··· 332

10. 퇴직금의 지급 방법 ··· 332

11. 외국인 근로자의 퇴직금 문제 ··· 333

12. 자발적 퇴사와 사직서 ·· 334

13. 법에 어긋나는 각서는 효력이 없다. ································· 334

제8장 사업을 물려주거나 폐업할 때 알아야 할 세금

사업자 폐업 후 세금계산서 발급과 매입세액공제 ·············· **336**

01. 폐업일 이전 세금계산서 발행 ··· 336

02. 폐업일 이후 세금계산서 발행 ··· 336

폐업 시 세금 정리 절차 ·· **339**

01. 부가가치세 신고 및 납부 방법 ··· 340

폐업 시 잔존재화에 의한 간주공급이란? ························· 340

　　　　폐업 시 잔존재화 계산 시 공급가액 과세표준 ·················· 342

　　　　폐업 시 잔존재화 간주공급 제외 대상 ····················· 342

02. 종합소득세 확정신고 및 납부 방법 ··················· 343

03. 법인세 확정신고 및 납부 방법 ······················· 343

04. 지급명세서 제출 방법 ································· 343

05. 급여 신고와 퇴직소득세 신고 및 납부 방법 ············· 344

06. 폐업신고를 제때 하지 않았을 때 불이익 ··············· 344

개인회사를 아들에게 물려주고 싶은데 사업자 명의 변경 ···· 345

01. 개인사업자 사업자등록증 명의변경의 원칙 ············· 345

02. 개인사업자 사업자등록증 명의변경의 예외 ············· 346

　　　　포괄 양수도 계약을 체결하는 경우 ··················· 346

　　　　동업 계약 후 공동명의, 공동사업 해지 후 정정 신고 ······ 346

03. 개인사업자 사업자등록증 명의변경의 업무처리 ·········· 349

투잡을 하는 경우 세금 및 건강보험 폭탄을 주의하라 ········· 350

01. 두 군데에서 근로소득이 발생하는 경우 ················ 350

02. 근로소득과 사업소득이 있는 경우 ···················· 351

[사례] 회사 모르게 사업자등록을 했는데 연말정산은 회사에서 꼭
해야 하나요? ······································· 351

03. 사업소득과 사업소득이 있는 경우 ···················· 352

04. 투잡소득을 누락하는 경우 ·························· 353

05. 투잡 수입에 대한 건강보험료도 고려해야 한다. ·········· 353

06. 투잡은 겸업금지 위반으로 문제가 될 수 있다. ··········· 354

대표이사가 합법적으로 회사의 돈을 가져가는 방법 ··········· 355

01. 급여로 가져가는 방법 ······························ 355

02. 퇴직금으로 가져가는 방법 ·························· 356

03. 배당금으로 가져가는 방법 ·························· 357

04. 급여와 배당보다는 세 부담이 적은 퇴직급여 ············· 358

사업을 준비하는 단계에서
고려해야 할 세금 상식

세금 신고 · 납부의 기본상식

01 / 납부할 세금이 없어도 신고는 해야 한다.

부가가치세, 소득세, 법인세 등 국세는 신고 · 납부 제도를 채택하고 있다. 즉 납세의무자[1]가 스스로 세금을 신고납부할 의무가 있는 것이다.

그런데 상당수의 실무자는 납부할 세금이 없으면 신고[2] 자체도 안 해도 되는지 판단하는 경우가 많다. 하지만 신고 · 납부 제도라는 것은 **내야 할 세금이 없어도 신고해야 하는 것이 원칙**이다.

따라서 부가가치세, 소득세(원천세 포함), 법인세는 납부할 세금이 없어도 무실적으로 신고해야 하며, 면세사업장 신고 등 제반 의무도 이행해야 한다. 모든 국세는 납부할 세금이 없어도 무조건 신고한다.

---

1) **납세의무자** : 세금을 내야 할 의무가 있는 사람 또는 회사를 말한다.

2) **신고와 납부** : 신고는 납세의무자가 내야 할 세금을 계산해서 일정한 양식에 따라 관할세무서에 해당 양식을 제출하는 것을 말한다. 반면 납부는 계산한 세금을 내는 행위를 말한다.

아예 매출, 매입 실적이 없어서 신고를 안 하려 하거나, 어차피 적자인데 귀찮아서 안 하려고 많이들 한다. 하지만 세법은 자진신고·납부 제도를 채택하고 있으므로 실적이 있든, 없든 사업자가 자진신고를 해야 한다.

무실적인데, 세무대리인에게 맡기면 돈 들어갈까 봐 걱정하지 말고, 홈택스 가입 후 무실적 신고하면 무료로 가능하다.

손실을 활용한 세테크

손실 발생 시 각종 증빙[3]을 꼼꼼히 챙기고, 장부관리를 철저히 하여 결손금[4]을 제대로 인정받을 수 있도록 한다. 결손금 세테크는 사업 또는 투자의 손실(결손금)을 이월하여, 향후 이익이 발생했을 때 과세표준에서 공제해 세금 부담을 줄이는 절세전략이다.

결손금이 발생한 연도에 바로 이익과 상계할 수 없다면, 이를 다음 연도로 이월할 수 있다.

이후 이익이 발생했을 때, 이월된 결손금을 해당 연도의 소득에서 차감하여 법인세·소득세를 절약한다.

예를 들어, 2025년 (-)1,000만 원 손실, 2026년 (+)5,000만 원 이익이 발생했다면, 2026년 신고 시 5,000만 원에서 1,000만 원을 공제하여 4,000만 원을 기준으로 세금을 산출한다.

신고를 안 하거나 장부를 적지 않고 추계로 신고하는 경우는 이런 혜택을 볼 수 없으므로 적극적으로 장부를 작성한 후 손실이 나도 반드시 세금 신고를 한다.

---

3) 증빙 : 증빙은 세법에서 인정하는 적격증빙과 회사 자체적으로 사용하는 사적증빙으로 나눌 수 있다. 적격증빙에는 세금계산서, 계산서, 신용카드매출전표, 현금영수증이 있으며, 지로용지와 원천징수영수증은 세법에서 인정하는 적격증빙은 아니지만 적격증빙과 같이 쓰인다. 나머지는 모두 사적증빙이다.

4) 결손금 : 세법상 벌어드린 돈(수입)보다 나간 돈(지출)이 더 많아 손해를 본 금액을 말한다.

02 / 신고 때 증빙을 다 제출하는 것이 아니다.

사업을 처음 시작하는 분이나 초보분들이 가장 헷갈리는 것 중의 하나가 증빙을 제출해야 하냐, 내가 의무적으로 소명해야 하냐다. 이것을 전문용어로 입증책임의 문제라고 한다.

증빙은 일일이 한 장 한 장 그 내역을 작성해서 제출하는 것이 아니라 모든 내역을 신고서에 집계해서 작성 후 제출하는 개념이라고 보면 된다. 즉 한 장 한 장 제출하는 것도, 그것을 입증하기 위해 신고서에 일일이 거래 내역을 기록하는 것도 아니라고 보면 된다. 따라서 홈택스로 소득세나 법인세를 신고 때 증빙을 한 장 한 장 올리는 칸은 없으며, 대대수의 증빙은 매일 주고받는 세금 계산서 등 적격증빙의 수불로 대신한다고 보면 된다.

그런데 왜 증빙이 필요하냐 하면 입증책임 때문이다. 예를 들어 세무조사 시 국세청에서 자료를 분석한 결과 당신은 이 항목에 대해서 세금계산서 등 적격증빙도 없는 것으로 판단되는데, 매입세액공제도 받고 비용처리를 해서 세금도 적게 낸 것으로 판단되니 입증(소명)하라고 하면 소명자료가 필요하다.

그럴 때 증빙이 필요하다.

그리고 법인은 법인카드를 사용하고 개인은 사업용 카드를 사용하라고 하는 이유는 각 지출내역이 국세청에 자동으로 기록되어 기본적으로 경비로 인정받기 쉽고 나중에 소명의 번거로움이 줄어들기 때문이다.

그렇다고 무조건 비용인정을 해주는 것은 아니다. 예를 들어 사업용 카드를 사용해 마트에서 세제를 사고 두부 콩나물을 산다면 이건 누가 봐도 가정용 지출이므로 이런 것은 인정을 안 해준다.

다만, 컴퓨터 책상 등은 가정용으로 사용하는 예도 있지만 반대로 사무용으로도 사용하는 경우가 있으므로 "사업자가 가정용이 아니라 사업용이다."라고 주장하면 세무서는 "그게 아니라 가정용이다."라고 반박하면 다툼이 발생한다. 이 경우 그 입증책임은 납세자에서 세무서로 넘어가게 된다. 세무서도 애매하면 그 입증이 쉽지 않아 비용으로 인정해 줄 가능성이 크다는 것이지 100% 그렇게 한다는 것은 아니다.

한 장 한 장 정성스럽게 모은 증빙은 차곡차곡 5년간 보관하고, 세금 신고 때는 이를 모은 총괄표를 작성 제출한다고 보면 된다.
특히 국세청에서 조회되는 증빙은 종이로 별도로 보관할 필요는 없으나 불안한 마음에 홈택스 + 종이로 관리하는 사장님도 많다.

세금 신고 때 소득률은 어떻게 맞추나?

소득률 = (매출액 − 필요경비) ÷ 매출액으로 산출한다.
매출액에 (1 − 경비율)을 곱하면 소득액이 산출되므로 소득률은 (1 − 경비율)로 유추 적용할 수 있다. 이렇게 유추 산정한 업종별 평균이라는 소득률은 보통 기준경비율을 역산한 수치에 불과하고 정확한 수치는 아니다.
소득률을 별도로 파악해서 관리하는 것도 중요하다. 비슷한 규모의 회사와 비슷하게 신고하면서 우리 회사만의 소득률 기준점을 잡고 장기적으로 관리하는 것이 중요하다. 무리하게 소득률을 평균치에 맞추는 것은 바람직하지 않다.
국세청만 매년 신고한 자료를 바탕으로 정확한 표준소득률 정보를 가지고 있다. 따라서 추정한 소득률과 실제 국세청이 가지고 있는 표준소득률과 차이가 있을 수 있다. 그러므로 정확한 소득률을 알기 위해 세무사나 회계사 등은 아는 세무공무원에게 몰래 표준소득률을 물어보는 예도 있다.

가장 좋은 방법은 소득과 증빙에 따라 정확한 신고를 하면 굳이 소득률을 신경 쓸 필요가 없다.

사업자가 세금 신고 시 소득률(수익 대비 소득 비율)을 맞춰야 하는 가장 큰 이유는 다음과 같다.

1. 국세청의 참고 기준 존재

국세청은 업종별 평균 소득률을 산정하여 관리하고 있다. 만약 본인의 신고 소득률이 동일 업종 평균보다 현저히 낮을 경우, 불성실 신고로 간주될 수 있으며 세무 당국의 안내나 추가 조사 대상이 될 수 있다.

장부 없이 간편하게 신고하는 무기장사업자는 표준소득률을 수입금액에 곱해 소득금액을 계산하기 때문에, 표준소득률 아래로 신고하면 바로 문제가 생길 수 있다.

2. 세무조사 및 가산세 등 불이익 방지

낮은 소득률 신고는 국세청의 세무조사를 유발할 수 있고, 허위나 누락이 적발되면 가산세 등 추가 세금 부담까지 발생할 수 있다.

신뢰받는 사업자로서의 이미지 유지와 세무 리스크관리 차원에서도 적정 소득률을 맞추는 것이 바람직하다.

3. 정상적인 사업 경영 입증

적정 소득률 신고는 사업 운영의 투명성을 보여주며, 대출이나 투자 등 외부 거래 시 신뢰도를 높이는 역할을 한다.

03 / 홈택스 자료와 사업자 자료가 다른 경우 세금신고

세금 신고를 할 때 내가 가지고 있는 자료랑 국세청 홈택스 자료랑 다를 때 가장 고민을 많이 한다. 어느 것을 기준으로 할지?

원칙은 세금 신고의 책임은 사업주에게 있고 단지 국세청은 신고하는데 편리하게 참고 자료만 줄 뿐이다. 만일 국세청 자료가 무조건 정확하다면 그냥 국세청에서 납부 고지서 보내고 납부하라고 하면 되지 왜 일일이 신고하라고 할까?

세법에서는 세금 신고를 부과고지 방법과 신고납부제도 2가지를 운영하고 있다. 부과고지는 국세청에서 다 계산해서 고지서를 보내고 특별한 이상이 없으면 부과된 대로 납부만 하는 것이다. 반면 **신고 · 납부는 내가 책임지고 모든 세금을 계산해 자진해서 신고하는 제도이다. 따라서 신고를 틀리게 하면 그에 대한 책임으로 가산세 제도가 있는 것이다.**

대다수 세금은 신고 · 납부제도를 채택하고 있다.

결정의 기준은 내가 된다. 홈택스 자료와 평소에 차곡차곡 모아둔 내 자료 중 정확한 자료로 신고하고 그 책임도 모두 내가진다.

> 무조건 홈택스 자료로 신고하는 것이 아니라 내 자료와 홈택스 자료 중 정확한 자료를 판단해 스스로 신고해야 한다. 따라서 무조건 국세청이 제공하는 자료로 신고했다가는 가산세를 물 수 있다. 특히 4대 보험 자료가 일치하지 않아 고민하는 경우가 가장 많은데 4대 보험은 매월 납부든 연말정산의 결과든 해당 연도에 실제로 납부한 금액을 기준으로 적용되므로, 홈택스와 납부액이 차이가 나는 경우 공단에서 실제 납부한 금액을 조회한 후 공단을 기준으로 신고하면 된다.

04 / 4대 보험과 국세청 신고자료는 일치한다.

국세청 신고자료와 4대 보험은 서로 전산망을 공유하므로 그 신고내역은 일치해야 한다. 틀리면 한쪽이 틀리게 한 것이므로 4대 보험료를 추징당하거나 세금을 추징당하게 된다.

05 / 낸 세금이 없으면 환급받을 세금도 없다.

사업자나 근로자가 가장 많이 착각하는 것이 세금 계산 때 비용을 차감하고 소득공제, 세액공제 등 모든 조세 혜택을 적용해 마이너스가 나오면 마이너스 금액만큼 환급받는다고 생각하는 사람이 의외로 많다.

하지만 국세청은 절대 마이너스 금액을 다 환급해 주지 않는다. 환급해 주는 한도는 사업주가 납부한 세금이나 개인이 납부한 세금까지다.

예를 들어 계산상으로는 마이너스가 100이 생겨 100을 받을 수 있을 것 같지만 실제로 해당 세금에 대해 회사나 개인이 총납부한 세금이 50이라면 50만 환급해 준다. 즉, 회사가 납부한 50에 국가가 국가 돈 50을 더해서 100을 환급해 주지는 않는다는 점이다.

모든 세법이 이 원칙을 따른다.

따라서 전산을 활용해서 세금 계산을 하는데, 갑자기 각종 공제 혜택이 적용되지 않고 아래가 쭉 0이 되는 현상을 보고 당황한다. 이는 쓸데없는 환급 금액을 표시하지 않기 위함이다. 즉 계산 단계까지의 차감액으로 이미 납부할 세금은 없고, 혹시 원천징수 등으로 납부한 세금이 있으면 환급해 주는 금액은 원천 징수당한 금액만 표시된다.

참고로 소득세나 법인세를 장부에 의해 신고하는 때는 결손금이 발생하면 다음 연도 이익이 발생할 때 차감함으로써 세금을 줄일 수 있다. 단, 사업소득세를 추계(장부를 기장하지 않아서 소득을 추정하는 것)에 의해 신고하는 경우는 동 혜택이 없다.

Q. 적자라 낼 세금도 없는데 세금신고를 안 하면 안 되나요?

A. 낼 세금이 없어도 세금신고는 하는 것이 원칙입니다.

Q. 홈택스에서 제공하는 자료와 실제 자료가 다른 경우 기준은?

A. 국세청 자료는 참고 자료일 뿐 모든 세금 신고의 책임은 본인이 지는 것입니다. 따라서 홈택스 자료와 본인의 자료 중 실제로 정확한 자료를 선택해서 신고납부를 해야 합니다.
그리고 세금 신고 때 적격증빙을 한 장 한 장 모두 제출하는 것이 아니며, 세무서에서 소명요구 시 해당 증빙을 제출하면 됩니다.

창업 준비 때 반드시 체크해야 할 12가지 절세전략

01 / 대표 선택도 잘해야 세액감면 받는다.

청년창업 중소기업 세액감면은 생애 최초로 창업한 사장님들 중 개인사업자 사장님이라면 소득세를 법인사업자 사장님이라면 법인세를 창업 지역과 사장님 나이에 따라 50~100%까지 감면해 주는 제도다. 단, 법인사업자라면 최대 주주 혹은 최대 출자자여야 한다.

창업 후 최초로 소득(매출 - 경비)이 발생한 해와 그 후 4년까지 총 5년간의 세액을 감면해 준다. 단, 외식업 매장 중 주점을 운영하거나 오락·유흥을 목적으로 한다면 신청할 수 없다.

구 분	주요 내용
조건	1. 최초 창업이어야 한다. 2. 청년창업이어야 한다. **창업 시 사장님 나이가 15~34세에 해당한다면 '청년창업'으로 분류된다.**

구 분	주요 내용
	군 복무를 한 경우 최대 6년까지 나이 제한이 군 복무 기간만큼 늘어난다. 예를 들어 2년간 군대를 다녀왔으면 34살에 2년을 더한 36살까지 청년창업으로 인정받을 수 있다.
혜택	창업 후 최초로 소득이 발생한 연도(사업 개시 후 5년이 되는 날까지 소득이 발생하지 않는 경우 5년이 되는 날이 속하는 과세 연도)와 그 후 4년간 법인세의 50(75·100)%를 매년 감면한다. 1. 수도권 과밀억제권역 수도권 과밀억제권역에서 15세~34세 사장님이 창업할 경우 세액 50%를 감면받을 수 있다. 예를 들어 서울 성수역에서 창업하더라도 청년창업이면 소득이 발생한 연도부터 5년간 50%의 세액을 감면받을 수 있다. 수도권 과밀억제권역 이외 지역의 창업 시에는 75%를 감면받는다. 2. 비수도권 지역 비수도권 지역에서 청년창업을 했다면 세액 100%를 감면받아 세금 '0원'을 낼 수 있다. 수도권 과밀억제권역 지역(외 지역)에 창업했다면 50%(75%)의 세액감면 혜택을 받을 수 있다. [체크포인트] 창업중소기업 세액감면 제도는 소득이 발생한 해부터 5년간 유효하다. 즉, 창업 4년 차 때부터 소득이 발생하였다면 4년 차인 연도부터 5년간 세액감면 혜택을 받을 수 있다. 예를 들어, 비수도권 지역은 100% 감면 혜택을 받을 수 있어, 월세 부담을 줄이기 위해 공유 오피스를 활용하는 경우가 많다. 하지만, 실제 사업은 다른 지역에서 하면서 형식적으로만 감면 지역에 사업자등록을 하는 것은 감면을 인정받지 못할 수 있으니 주의해야 한다.

구 분	주요 내용
	[예시] 창업중소기업세액감면은 최초 소득이 발생한 연도부터 4년간 적용된다. 예를 들어, 2025년 12월에 창업한 경우, 2025년부터 2029년까지 감면 혜택을 받을 수 있다. 만약 2025년에 결손이 발생한다면, 감면 기간은 1년 연장된다. [체크포인트] 현금영수증 가맹점으로 가입하지 않았거나 복식부기 의무자 등 사업용 계좌 신고대상자가 신고하지 않았다면 세액감면 혜택을 받지 못한다.
적용 제외 대상	1. 사업을 승계하거나 자산을 인수 또는 매입하여 종전 사업과 같은 사업을 영위하는 경우 2. 거주자가 하던 사업을 법인으로 전환하여 새로운 법인을 설립하는 경우 3. 폐업 후 사업을 다시 개시하여 폐업 전의 사업과 동종의 사업을 영위하는 경우 4. 사업을 확장하거나 다른 업종을 추가하는 경우 등 새로운 사업을 최초로 개시하는 것으로 보기 곤란한 경우 위 1~4 사례에는 해당하지 아니하더라도 새로운 사업을 최초로 개시하는 것으로 보기 곤란한 경우에는 창업의 범위에서 제외한다.
대상 업종	1. 제조업 등 감면 대상 업종으로 창업한 중소기업 광업, 제조업, 수도, 하수 및 폐기물 처리, 원료 재생업, 건설업, 통신판매업, 물류산업(비디오물 감상실 제외), 음식점업, 정보통신업(비디오물 감상실 운영업, 뉴스제공업, 블록체인 기반 암호화 자산매매 및 중개업 제외), 금융 및 보험업 중 정보통신을 활용하여 금융서비스를 제공하는 업종, 전문, 과학 및 기술 서비스업(엔지니어링사업 포함, 변호사업 등 일부 업종 제외), 사업시설 관리 및 조경 서비스업, 사업지원 서비스업 해당하는 업종, 사회복지 서비스업, 예술, 스포츠 및 여가 관련 서비스업(자영 예술가, 오락장 운영업 등 일부 업

구 분	주요 내용
	종 제외), 개인 및 소비용품 수리업, 이용 및 미용업, 직업기술분야 학원 및 훈련시설, 관광숙박업 · 국제회의업 · 유원시설업 및 관광객이용시설업, 노인복지시설 운영업, 전시산업 등 18개 업종 처음 사업자등록 시 해당 업종을 포함해야 하며, 중간에 업종을 추가하는 경우 창업 감면을 받을 수 없다. 창업 감면을 받기 위해서는 사업자등록 시 앞으로 할 사업에 대한 업종을 모두 추가해 두는 것이 좋다. 만약, 업종 추가를 하지 못했다면, 창업 감면을 위해 사업자를 새로 내는 방법도 고려할 수 있다. 2. 창업 후 3년 이내에 벤처기업으로 확인받은 감면 대상 업종 영위 창업중소기업 벤처기업법 § 2①에 따른 벤처기업 중 같은 법 § 2의 2 요건(같은 조 1항 제2호 나목은 제외)을 갖추거나 연구개발비가 당해 과세 연도 수입금액의 5% 이상인 법인 3. 중소기업창업 지원법에 따라 창업보육센터사업자로 지정받은 내국인 4. 에너지 신기술중소기업
감면 신청	법인세는 매년 3월, 소득세는 매년 5월에 신고 · 납부 할 때 각 세금 신고 시 관할세무서에 '세액감면신청서'를 추가 제출하면 되며, 국세청 홈택스에서 세금 신고하는 사장님은 '세액감면신청서' 탭을 통해 신청할 수 있다.

02 / 반드시 법인이 세금으로 유리한 것은 아니다.

1인 가족법인이 많고 법인 대표이사도 회사 자금을 본인 마음대로 사용하다 보니 개인사업자든 법인이든 소득을 대표가 갖는다고 생각하는 실무자가 많은데, 법적으로는 개인사업자는 사장 개인이 법인은 법인이 소득을 갖는다. 즉 법인의 소유주는 대표이사가 아니라 법인이라는 점이다. 법인이 사람이 아니라 사람과 같은 활동을 하지 못하므로 이는 대표이사가 대리해 주는 것이라고 보면 된다. 앞서 설명한 바와 같이 개인회사보다 법인을 선호하는 가장 큰 이유는 법인세율이 개인사업자가 적용받는 소득세율보다 상대적으로 낮아 세금을 적게 낸다는 인식 때문이다. 하지만 법인이 반드시 유리하지는 않다. 아래 표에서 보는 바와 같이 개인사업자는 종합소득세 하나의 세금으로 모두 끝나지만, 법인의 경우 법인소득은 법인세를 내고, 대표이사 개인도 급여 및 배당에 대해서 별도로 세금을 내야 한다. 따라서 개인사업자처럼 운영하는 1인 법인 즉 법인의 재산이 곧 대표이사의 재산인 것으로 간주하는 법인은 법인세뿐만 아니라 대표이사 본인의 세금(배당, 근로)도 합산한 후 개인사업자가 내는 세금과 비교·판단해야 한다.

구 분	소득 귀속	세금
개 인 사 업 자	모든 소득은 사장님 개인의 소득	종합소득세 신고납부
법 인	법인소득	법인세 신고납부
	대표이사 개인소득(배당, 근로)	원천징수 또는 종합소득세 신고납부
절세전략	Min(❶, ❷) ❶ 개인사업자 = 종합소득세로 납부세액 종결 ❷ 법인사업자 = 법인소득에 대해서는 법인세를 내고, 대표이사 개인에 대해서는 종합소득세(근로 + 배당)를 낸다. = 법인세 + 근로소득세 + 배당소득세	

03 / 간이과세자와 일반과세자의 세금 차이

간이과세자와 일반과세자는 소득세는 차이가 없지만, 부가가치세에서 차이가 있다. 초기 개업 비용이 많이 드는 프랜차이즈 사업의 경우, 일반과세자로 등록하여 부가가치세 환급을 받는 것이 유리할 수 있지만, 일반적으로 간이과세자로 등록하는 것이 유리할 수 있다.

🧑 부가가치세와 소득세(법인세) 차이

구 분	부가가치세	소득세(법인세)
계산 기준	매출액의 10%인 매출 부가세에서 매입액의 10%인 매입 부가세를 차감한 금액	매출액에서 매입액, 인건비 등 필요경비를 차감한 순이익
신고 및 납부	6개월에 한 번(개인사업자)	1년에 한 번(다음 해 5월)
세금계산서	세금계산서, 신용카드, 현금영수증 등 적격 증빙 필요	인건비 신고 시 원천징수영수증 필요. 간편장부 또는 복식부기 작성
절세 방법	사업 관련 매입에 대한 부가세 공제 꼼꼼히 챙기기	필요경비(손금) 누락 없이 반영, 합법적인 세금 감면 혜택 활용
주의 사항	간이과세자와의 거래 시 부가세 공제 가능 여부 확인. 사업자 명의로 변경하여 부가세 공제 및 비용처리	가족에게 급여를 지급하는 경우, 실제로 업무에 종사했는지? 여부와 사회보험 관련 혜택 등을 고려해야 함

1. 매출액이 110원이고, 이 중 100원은 소득세(법인세) 대상이고, 부가세가 10원

2. 매입액이 55원이고, 이 중 50원은 소득세(법인세) 대상이고, 부가세가 5원

3. 매출 부가세(10원)에서 매입 부가세(5원)를 빼면, 납부해야 할 부가가치세는 5원이 된다.

4. 매출(100원)에서 매입(50원)을 빼면 50원이 남는데, 이는 소득세(법인세) 계산 시 순이익이다.

5. 소득세(법인세) 계산 시에는 부가세와 관련 없는 비용(인건비 등)을 추가로 차감해야 한다. 인건비가 20원이라고 가정하면, 순이익은 30원(50원 – 20원)이 된다.

6. 순이익 30원에 대해 소득세율(법인세율)을 곱하여 소득세(법인세)를 계산한다.

👤 개인사업자와 법인사업자의 차이

구 분		책임과 납세의무
사업 형태에 따라	개인사업자 (종합소득세)	개인이 사업 주체이며, 소득과 부채 모두 개인이 책임진다.
	법인사업자 (법인세)	법인이 사업 주체이기 때문에 소득과 부채 모두 대표이사 개인의 것이 아닌 법인 책임이다.

👤 간이과세자와 일반과세자의 차이

구 분			세금의 종류	적용세법
사업 유형	과세 사업 자	간 이 과세자	연 매출 1억 400만 원 미만 사업자 사업 형태는 개인사업자	부가가치세법
		일 반 과세자	연 매출 1억 400만 원 이상인 사업자 사업 형태는 개인사업자와 법인	부가가치세법
	면세사업자		부가가치세 납세의무는 없지만, 소득세(법인세) 납세의무는 있다.	소득세법

구 분		세금의 종류	적용세법
사업 형태	법인	법인세	법인세법
	개인	종합소득세(사업소득세)	소득세법
부가 가치세 과세 여부에 따라	과세사업자	면세사업자를 제외한 모든 사업자로, 부가가치세, 소득세를 모두 납부한다.	
		간 이 과세자	주로 소비자를 대상으로 하는 업종으로 연간 매출액이 1억 400만 원 미만인 소규모 개인사업자이다.
		일 반 과세자	간이사업자를 제외한 모든 과세 사업자를 말한다.
	면세사업자	부가가치세가 면제되는 재화 또는 용역을 공급하는 사업자로, 부가가치세 납세의무가 없지만 소득세는 납부한다.	

04 / 사업장 주소에 따라 세금 감면이 달라진다.

사업장 주소는 사업자등록, 법인설립, 세무 신고, 인허가, 중소기업지원 조건 등 사업의 전반적인 기반이 되는 핵심 요소다.

수도권 과밀억제권역 등 수도권에서 창업하는 것보다 지방에서 창업하는 것이 앞서 설명한 청년창업 중소기업 세액감면과 같은 세액감면 혜택을 더 많이 볼 수 있다. 반면 수도권 과밀억제권역 (서울·과천 등)에 사업장을 두면 법인세, 취득세, 등록면허세 등 각종 중과세가 적용되는 등 세무상 불이익이 발생할 수 있다.

세금 감면 혜택을 받기 위해 실질적인 사업 활동은 수도권에서 하면서 형식상 사업자등록 주소지만 비상주 공유 오피스에 해둔

사업자가 세금 탈세로 세금을 추징당한 사례도 있다. 즉 거주지와 지나치게 먼 주소, 혹은 실제 사업 운영이 어려운 장소를 선택하면 세무서나 공공기관에서 유령사업장, 허위 사업장으로 오인받을 수 있다. 이는 세무조사, 지원금 환수 등 악재로 이어질 수 있다.

05 / 업종에 따라 매출이 같아도 세금은 달라진다.

업종은 각종 감면 적용을 판단하는 기준이 되기도 하고 개인사업자는 추계신고 때 경비율을 결정하는 중요한 요소이므로 창업 시 업종 선택을 신중히 해야 한다. 간혹 엉뚱한 업종으로 등록해 세금 탈세의 수단으로 악용하는 사업자도 있다.

사업자등록 시 업종 코드를 선택할 때, 경비율이 높은 업종을 선택하는 것이 유리할 수 있다.

경비율은 국가에서 정해주는 비율로, 증빙이 없어도 비용으로 인정되는 비율을 의미한다.

참고로 업태는 판매를 어떻게 하는지를 나타내고, 종목은 무엇을 판매하는지를 나타낸다.

구 분	절세전략
업종선택의 중요성	❶ 세액감면, 세액공제 업종코드에 따라 세액감면이나 세액공제가 달라질 수 있다. 예를 들어, 특정 업종은 세액감면이 가능할 수 있지만, 다른 업종은 그렇지 않을 수 있다. ❷ 단순/기준 경비율 영세사업자의 경우 장부 제출을 하지 않더라도 단순/기준 경비율로 신고할 수 있는데, 업종코드에 따라 단순/기준 경비율이 달라질 수 있다. 이는 종합소득세 신고·납부 시 영향을 준다.

구 분	절세전략
주소선택의 중요성	집주소로 사업자등록이 가능하다. 집주소로 사업자등록이 가능한 업종은 대개 서비스업종, 도소매, 무역업, 쇼핑몰, 기타 집에서 사업이 가능하다고 인정되는 경우 가능한데 관할세무서마다 인정 범위가 차이가 있으니 사업자등록신청 전 자신의 관할세무서 민원실에 사전에 확인해 둬야 한다. 다만 집주소에 사업자등록을 하는 경우 개인정보의 노출 우려가 있다. 청년 창업중소기업 세액감면 제도는 중소기업을 창업하면 최초 소득이 발생한 해를 포함해 5년간 소득세 또는 법인세를 감면해 준다.

06 / 사업용 계좌 등록에 따라 감면이 달라진다.

개인사업자는 사업용 카드와 사업용 계좌를 홈택스에 등록하는 것은 매우 중요하다.

사업용 계좌를 홈택스에 등록하지 않으면 창업 감면이나 중소기업 세액감면 등의 혜택을 받을 수 없으니, 사업자등록 후 바로 등록하는 것이 중요하다.

이를 통해 개인 비용과 사업 비용을 명확히 구분하고, 세금 감면 혜택을 받을 수 있다.

❶ 사업용 카드 : 개인카드를 사업용으로 등록하여 사용이 가능하며, 새로 발급받을 필요는 없다.

❷ 사업용 계좌 : 기존에 사용하던 개인 계좌를 사업용으로 등록하여 활용할 수 있다.

07 / 카드 사용자에 따라 세금이 달라진다.

사업과 관련 없는 비용은 배우자 등 다른 가족 구성원의 카드를 사용하고, 사업 관련 비용은 본인 카드로 사용하여 세금 혜택을 극대화해야 한다.

구 분	비용처리 가능 범위
개인사업자	사업과 관련된 비용만 인정(예 : 사업 관련 물품 구매, 사업장 임차료). 따라서 가사관련 비용은 불인정
근로자	개인적인 소비도 신용카드공제 등으로 공제가능

본인 사업자 + 배우자 근로자 : 사업용 지출은 본인 카드, 가사용 지출은 배우자 카드를 사용한다. 사업자는 가사용 지출에 대해서 비용인정을 받지 못하는 반면 근로자는 연말정산시 신용카드 공제를 받을 수 있다. 참고로 가산관련 비용을 본인 카드로 사용한 후 비용처리하면 탈세가 된다.

개인사업자는 사업과 관련 없는 개인적인 비용(예 : 개인 학원비, 병원비, 미용실 비용)은 사업 비용으로 처리할 수 없다. 반면, 근로자는 신용카드 사용액, 체크카드 사용액, 현금영수증 사용액, 보험료, 의료비 등에 대해 공제받을 수 있다. 이는 근로자의 소득이 회사에서 지급하는 급여로 투명하게 드러나기 때문이다. 따라서 만약 사업자 본인 외에 배우자가 근로소득이 있다면, 사업과 관련 없는 비용은 배우자 카드로 지출하는 것이 유리하다. 사업 관련 비용은 사업자 본인 카드로 처리하고, 개인적인 비용은 배우자 카드로 처리하면 연말정산 시 세금 혜택을 극대화할 수 있다. 개인사업자는 사업을 운영하면서 발생하는 비용, 예를 들어 사무용품 구매, 임차료, 직원 급여 등에 대해서만 비용 처리가 가능하다. 반면 근로자는 급여를 받으면서 개인적으로 사용하는 비용, 예를 들어 옷을 사거나 영화를 보는 등의 소비에 대해서도 연말정산 시 신용카드 공제 등의 혜택을 받을 수 있다.

08 / 사업자등록 전 사용한 돈도 비용 인정된다.

사업자등록 전에 사업과 관련된 인테리어비용이나 비품 구매 비용은 사업자등록 후 비용처리가 가능하다.

사업자 등록일이 속하는 과세기간 (1기 : 1월~6월, 2기: 7월~12월) 내에 발생한 비용은 부가가치세 매입세액공제를 받을 수 있다.

예를 들어 11월 30일에 사업자등록을 했다면, 7월 1일부터 12월 31일까지 발생한 사업 관련 비용을 인정받을 수 있다. 세금계산서는 사업자등록번호 대신 사장님의 주민등록번호로 발급받으면 된다.

사업자등록 후 세금계산서 발행을 요청하고, 개인카드로 결제한 내역도 꼼꼼히 챙겨야 한다.

09 / 간이과세자도 세금계산서를 발행한다.

연 매출 4,800만 원이 넘는 간이과세자로부터 재화나 용역을 구매하는 경우, 세금계산서를 발급받아 부가가치세 매입세액공제를 받을 수 있다. 연 매출 4,800만 원 이상인 간이과세자로부터 매입한 경우에만 부가가치세 매입세액공제가 가능하다.

10 / 공과금 납부는 카드로 하는 것이 좋다.

사업장 관련 전기세, 인터넷 사용료, 가스 요금, 전화요금 등은 사업자 명의로 변경해야 부가가치세 매입세액공제를 받을 수 있다.

물론 사업자 명의로 변경하지 않으면 부가가치세 매입세액공제를 받을 수 없지만, 소득세(법인세) 신고 시 비용 처리할 수 있다.

관리 편의를 위해서 신용카드로 자동이체를 걸어두면 자동으로 결제 내역이 홈택스에 전송되어 세금 신고 때 편리하다.

부가가치세 매입세액공제를 받고, 소득세(법인세) 비용처리를 각각 하는 것이 전체 금액을 소득세 비용 처리하는 것보다 훨씬 유리하다.

예를 들어 부가가치세 포함 11,000원 지출 시 10,000원은 소득세(법인세) 신고 때 비용처리하고, 1,000원은 매입세액공제를 받는 방식이 11,000원을 소득세(법인세) 신고 때 비용처리하는 것보다 유리하다는 말이다.

11 / 증빙이 없다고 무조건 비용인정을 못 받는 것은 아니다.

신규사업자이거나 직전 연도 매출이 4,800만 원 미만인 경우, 적격 증빙 없이도 비용 처리가 가능하다. 이 경우 계좌이체 내역과 계약서 등을 활용할 수 있다.

❶ 개인에게 구매 : 사업자가 아닌 개인에게 차량 등을 구매 시 이체 내역과 계약서를 준비하면 비용 처리가 가능하다.

❷ 해외 출장 : 해외 지출에 대해서는 해외 영수증으로 비용 처리

할 수 있다. 다만 해외 지출 비용에 대해서는 부가가치세 신고 때 매입세액공제를 받을 수 없다.

12 / 경조사비 증빙은 한 장당 20만 원

❶ 경조사비 : 거래처 경조사비는 건당 20만 원까지 기업업무추진비로 처리 가능하며, 청첩장, 부고, 문자 등을 증빙자료로 활용한다.

❷ 상품권 : 거래처 접대용 상품권은 기업업무추진비로, 직원에게 지급하는 상품권은 근로소득으로 과세된다.

❸ 스타벅스 충전금 : 충전 시점이 아닌 실제 사용 시 지출증빙용 현금영수증을 발급받아 비용 처리한다.

법인 집주소에 사업자등록 하기

01 / 법인 이름으로 매매/임차계약을 한다.

법인사업자의 경우 임대차계약서나 매매계약서를 작성할 때는 법인 명의로 계약해야 한다. 만일 법인설립 전이라면 개인 명의로 계약 후 법인등기 완료 후 법인 명의로 계약당사자를 변경해야 한다는 점에 대해서 사전 동의를 받아둬야 한다.

02 / 건물 임차/매입 전 관할세무서에서 미리 확인해 두자

법인등기 단계에서 문제가 없다가 관할세무서에서 사업자등록 시 등기에 기재한 주소지를 인정해 주지 않을 수 있으므로 임차/매입한 건물이나 집주소 등의 가능 여부를 사전에 관할세무서에서 미리 확인해 둬야 한다.

건물의 용도 등에 따라 사업자등록이 불가능할 경우 등기를 변경해야 하고 등기를 변경하기 위해 다시 등기 비용이 추가되기 때문이다.

03 / 집주소, 무상 임대법인 주소지

세무서에서 인정되는 업종이라면 주민등록상 거주지를 주소지로 활용할 수도 있으며, 전월세, 본인이나 가족 소유 또는 임차와 상관없이 법인등기를 할 수 있다. 다만 사업자등록이나 영업허가 단계에서 이를 입증할 임대차 계약서나 전대차 계약서와 주민등록등본 또는 가족관계증명서 등이 추가로 요구될 수 있다.

개인사업자의 경우 사업자등록신청을 변경하면 간단하지만, 법인은 이미 임대차 계약을 하거나 집주소로 등기를 마친 법인이라면 등기 변경을 하는데 추가로 시간과 비용이 들어가기 때문이다.

04 / 본인 아닌 가족이나 타인 소유 집주소

본인 거주지가 아닌 가족이나 타인 집주소를 임차한 집주소로 법인 주소지를 활용할 수도 있는데, 해당 관할세무서에 사전 문의 후 결정해야 하고, 아울러 무상 임대차 계약서 등 추가 입증 서류 등도 파악해 둬야 한다.

05 / 집에 사업자등록 시 개인정보 노출 위험

🧑 집주소 사업자등록의 신뢰성 문제

법인사업자건 개인사업자건 사전에 관할세무서의 확인을 거쳐 사업자등록증이 발급되어도 나중에 후회하는 경우가 종종 있다.

집주소가 사업장 주소지로는 신뢰성이 부족하다고 느껴 나중에 후회하고 주소지를 변경하는 경우가 있다.

사업을 하다 보면 법인등기부 등본이나 사업자등록 등의 서류를 제출해야 하는 경우가 왕왕 있는데 법인등기나 사업자등록증에 집주소가 기재되어 있으면 거래상대방은 회사의 신뢰도가 낮을 수밖에 없다.

이런 이유로 나중에 후회하고 집주소가 아닌 곳으로 변경하려면 여러 가지 시간과 비용이 들어가기 때문에 미리 이런 문제를 알아야 한다.

🧑 개인정보인 집주소 노출 문제

요즘은 개인정보의 중요성이 드러나고 있는데 집주소가 법인등기 서류나 사업자등록증에 노출이 되면서 어렵게 집주소로 사업자등록이 됐다 해도 이를 부담스러워하는 경우도 많다.

거래를 위한 증빙으로 사업자등록증 사본이나 법인등기부 등본을 요구하는 경우가 많은데 모든 공개적 서류에 집주소가 고스란히 기재되어 있기 때문이다.

집주소가 중요한 개인정보 중 하나다 보니 이런 정보가 고스란히 노출되는 것이 부담스러운 것이다.

🧑 수도권 과밀권 주소지의 중과세와 불이익

사업자등록 주소지로는 대개 수도권 주소지를 선호한다. 지방기업이기보다는 수도권 주소지를 갖는 것을 선호하기 때문이다.

그런데 집주소가 수도권 과밀억제권역 내라면 그런 집주소로 사업자 등록한 개인사업자나 법인사업자는 수도권과밀억제권역 내

법인사업자나 개인사업자로 분류되게 된다.

문제는 수도권과밀억제권역 내의 법인은 여러 불이익과 중과세가 적용되기 때문에 비용 절감을 위한 거주지나 집주소 선택이 오히려 비용을 증가시키는 요인이 되는 경우가 있는 점도 유념해야 한다.

수도권과밀억제권역내 기업의 불이익과 중과세

수도권에서는 지역별로 주소지에 따라 세금과 중소기업지원 등에 있어서 차이가 나는 점이 많다.

중소기업의 경우 정부가 지정한 업종의 경우 창업 후 일정기간 소득세나 법인세 감면 혜택이 주어지는데 수도권과밀억제권역 내에서 설립된 기업에게는 이런 혜택을 축소하거나 배제 요인이 되기도 한다.

또한 법인의 경우 법인등기 단계에서 법인등록세가 중과세되고, 법인설립 후 5년 내 취득하는 대도시 부동산에 대해 취득세가 중과세되기 때문에 나중에 후회할 수 있으니, 사전에 수도권과밀억제권 관련 내용을 충분히 숙지한 다음 법인 주소지를 선택해야 한다.

 여러 상황에 따른 사업자등록

구 분	주요 내용
다른 사람 명의로 사업자등록	명의를 빌려 간 사람이 세금을 안 내는 경우 명의를 빌려준 사람이 모든 책임을 진다. 예를 들어 아버지가 사업을 하다 망하였으면 아들 명의로 사업자등록을 내는 경우와 형이 사업을 하다 망하였으면 동생 명의로 사업자등록을 내는 경우가 있는데, 명의를 빌려서 사업을 하다가 망하는 경우 둘 다 신용불량자가 될 수 있으므로 주의가 필요하다.

구 분	주요 내용
집 주소로 사업자등록	꼭 사업장이 필요 없는 쇼핑몰이나 프로그래머, 프리랜서, 작가 등은 집으로 사업자등록이 가능하다. 다만 집으로 사업자등록을 하는 경우 개인정보가 노출될 수 있다는 점은 고려한다.
공동사업자 등록	공동사업은 수익이 공동사업자에게 지분율에 따라 분산된다. 이에 따라 각자의 과세표준이 낮아지면서 누진세율 구조상 개인이 단독으로 사업할 때보다 종합소득세 부담이 줄어든다. 반면 소득을 분산 받는 만큼 세무 신고 시 각자 소득에 대해 따로 신고 및 납부해야 하므로 절차가 다소 복잡하다.
회사에 다니면서 사업자등록	직장인(근로소득자)도 법적으로 사업자등록을 할 수 있다. 실제로 많은 분들이 본업 외에 부업이나 창업을 병행하고 있으며, 근로 중 사업자등록 자체는 세법상 전혀 문제가 되지 않는다. 다만, 다음 사항에 유의하기를 바란다. • 회사 내규 확인 : 일부 회사는 겸업금지 등 내규가 있을 수 있다. 이런 규정이 있는 경우 내규 위반으로 불이익(징계 등)을 받을 수 있으니 반드시 사내 규정을 확인해야 한다. • 종합소득세(법인세) 신고 의무 : 사업자등록을 하여 사업소득이 발생하면, 5월(3월)에 근로소득과 합산하여 종합소득세(법인세)를 신고 · 납부해야 한다. • 회사에 노출 여부 : 일반적으로 사업자등록 사실이 회사에 바로 통보되거나 공개되지 않으나, 회사에서 별도로 조사하거나 4대 보험 등으로 확인할 가능성은 있다. 회사에 사업자등록 여부나 투잡 여부를 알리기 싫어 현재 회사에서 연말정산 후 5월에 별도로 종합소득세 신고 · 납부를 하는 경우도 많다.

동업계약서 작성할 때 꼭 점검해야 할 사항

- 동업자의 인적 사항
- 동업하는 사업의 목적과 내용
- 동업하는 기간(기간이 없다면 동업하는 사업 종료 사유와 그 시기)
- 동업자별로 출자한 금액 및 이익금 배분의 기준
- 동업하면서 의사결정을 어떻게 할 것인지, 특히 두 사람의 의견이 대립할 경우 어떻게 할 것인지, 아닌지
- 동업 계약을 어떤 경우에 해지할 수 있는지, 동업 계약을 해지할 경우 제3자에 대한 채권·채무 관계는 어떻게 정리할 것인지, 아닌지
- 동업자 1인의 잘못으로 인하여 손해배상책임 기타 법적 책임을 지게 되면 내부적으로 어떻게 처리할 것인지, 아닌지
- 계약서는 반드시 2통을 작성하고, 작성일자 및 동업자 각자의 인적 사항을 기재한 후 서명·날인하고 1통씩 나누어 가진다.
- 추후 분쟁 시를 대비해서 공증인의 공증 필요

04 사업자등록을 늦게 한 경우 매입세액공제

01 / 사업자등록 신청일과 미신청 시 불이익

사업개시일로부터 20일 이내에 등록하지 않을 경우는 사업개시일
로부터 등록을 신청한 날의 직전일까지의 공급가액의 합계액에
1%를 곱한 금액을 가산세로 물어야 한다.

사업개시일로부터 20일이란 사업자등록증을 발급받아야 한다는
것이 아닌 사업자등록의 신청만을 의미하는 것으로 사업자등록을
신청하는 날이라고 보아야 한다.

사업자는 사업자등록의 신청을 사업장 관할이 아닌 다른 세무서
에서도 할 수도 있다. 이 경우 사업장 관할세무서에 사업자등록을
신청하는 것과 같은 것으로 본다. 그러므로 사업장 소재지가 아닌
방문이 쉬운 세무서에 사업자등록을 신청할 수 있다.

02 / 사업자등록을 늦게 하는 경우 매입세액공제

사업자등록 전 대표자의 주민등록번호로 발급받은 세금계산서는
정상적인 거래 행위로서 과세기간 종료일 20일 이내에 사업자등

록을 신청하였다면 해당 세금계산서에 기재된 매입세액에 대한 공제가 가능하다.

상반기에 개업 시 당해연도 7월 20일까지, 하반기에 개업 시 다음 연도 1월 20일까지 사업자등록을 신청하면 '과세기간 개시일~사업자등록신청일'까지의 매입세액도 공제받을 수 있다.

그러나 사업자등록을 하지 않으면 사업자등록번호가 없으므로 세금계산서를 발급할 수도, 발급받을 수도 없다. 그래서 사업자등록 신청 전에는 세금계산서 비고란에 대표자의 주민등록번호를 적어 세금계산서를 받아야 한다.

03 / 인허가 업종이 인허가증이 없는 경우 사업자등록

약국이나 학원, 음식점처럼 다른 법령에 따라 인허가를 받아야 하는 경우는 사업자등록 신청 시 인허가증 사본을 첨부해야 한다. 따라서 자기가 하고자 하는 사업이 인가나 허가를 받아야 하는 업종인지 먼저 검토한 뒤 필요한 경우에는 사업자등록 전에 인허가를 받아야 한다.

그런데 허가를 받아야 하는 사업인데 허가를 받지 않았다고 해서 사업자등록을 거부할 수는 없다. 예를 들어 음식업 허가를 받지 않은 사업자가 실제로 무허가로 식당을 운영하고 있을 경우, 음식업 허가를 받지 않았다고 해서 사업자등록을 받아주지 않는다면 허가 없이 사업을 하면서 세금도 내지 않는 결과가 되어 버린다. 이렇게 되면 정상적으로 허가를 받고 사업을 하는 것보다 우대받는 셈이 된다.

따라서 허가 사업에 있어서, 비록 허가를 받지 못했다고 하더라도 사업자등록은 할 수 있어야 하는 것이 마땅하다. 이런 경우에 관할세무서에서는 우선 사업자등록을 해주고, 허가 관청에 무허가로 사업하는 사실을 통보함으로써 그 무허가 사업자가 허가를 내지 않은 것에 대해 영업정지나 취소 등의 불이익을 받는 것은 별개의 문제다.

04 / 법인의 미등기 지점에 대해서도 사업자등록을 할 수 있다.

사업자등록은 원칙적으로 사업장별로 하도록 되어 있다. 법인사업자가 여러 곳에 사업장을 두는 경우는 먼저 지점으로 법인등기를 한 후에 그 지점에 대한 사업자등록을 신청하는 것이 원칙이다.

그러나 법인이 지점을 설치하고 지점 등기를 하지 않은 상태에서 사업자등록을 신청하는 경우는 해당 지점의 등기 여부와는 관계없이 사업자등록 신청서에 그 법인의 법인등기부 등본을 첨부해서 사업자등록을 신청할 수 있다.

이처럼 법인등기부에 등재되어 있지 않은 법인의 지점이 사업자등록을 신청하는 경우는 지점 책임자의 재직증명서 및 지점 설치에 관한 이사회의사록 사본을 첨부하면 되고, 이사회의사록 사본을 첨부할 수 없는 경우에는 그 법인의 지점임을 객관적으로 입증할 수 있는 서류를 제출하면 된다.

05 오픈과 동시에 가장 먼저 해야 할 5가지 세금신고

국세청 홈텍스에 가입하여 부가가치세와 소득세(법인세) 신고 및 각종 증빙자료 등 필요한 자료를 관리한다.

국세청 홈텍스 가입 방법 : 국세청 홈텍스 접속 → 회원가입 → 사업자/세무대리인 가입 클릭 → 공인인증서/휴대전화/신용카드 중 하나의 방법으로 본인인증 → 회원 정보 작성 후 가입 완료

01 / 사업용 계좌 등록

기존 통장으로 사업용 계좌 등록이 가능하나 가사 관련 비용과 사업용 지출을 구분하기 위해 별도로 통장을 개설하고 신용카드를 발급받는 것을 권한다.

통장을 새로 개설하고 신용카드도 새로 발급받아 사업과 관련된 자금만 입출금되도록 한다. 상품 또는 소모품 등 세금계산서나 계산서(농수산물 매입 시)의 대가지급은 반드시 사업용 계좌에서 입출금되도록 한다.

공인인증서는 통장을 개설할 때 범용공인인증서를 발급받아 이용하면 편리하다.

사업용 카드는 신규 개설한 통장에서 결제가 되도록 한다.

❶ 통장과 기업 카드를 은행에서 새로 만들 때 인터넷뱅킹이 가능하게 하고, 공인인증서를 따로 발급받아 통장과 신용카드 사용내역 조회와 엑셀로 1년 이상 자료 다운이 가능하게 한다.

❷ 통장(사업용 계좌) 세무서에 신청, 현금영수증 사업자는 가맹(세무서)

홈택스 〉 증명 · 등록 · 신청 〉 세금 관련 신청 · 신고 공통분야 〉 사업용 · 공익법인 계좌 개설/조회 〉 사업용 · 공익법인 계좌 개설/해지

법인은 별도로 사업용 계좌를 등록할 필요가 없다.

복식부기 의무자와 전문직 개인사업자는 사업용 계좌를 홈택스에 등록하고 사용해야 한다.

사업용계좌(공익법인계좌) 개설관리

- 기본인적사항, 계좌구분을 입력한 후 [조회하기]버튼을 반드시 클릭합니다.
- 계좌개설을 하려면 [계좌추가]를 클릭한후 계좌정보를 입력하고 [신청하기]버튼을 클릭합니다. 계좌해지를 하려면 목록에서 체크한 후 [계좌삭제]버튼 클릭 후 [신청하기]를 클릭합니다.
- 각 종 저축은행의 경우 은행명을 [저축은행]으로 선택합니다.
- 신청결과는 [조회/발급〉기타조회〉 사업용계좌신고현황]에서 조회할 수 있습니다.

※ 사업용계좌 신고시 유의사항
- 복식부기의무자는 모든 사업장에 대하여 사업장별로 각각 사업용계좌를 신고하여야 합니다.
- 사업용계좌 신고 시에는 사업자등록번호를 선택하여 신고하여야 합니다. 다만, 사업자등록번호가 없는 인적용역사업자는 주민등록번호로 신고합니다.
- 사업자등록한 사업자가 주민등록번호로 신고한 경우 미신고에 해당되어 가산세 부과 와 세액감면이 배제될 수 있으니 주의하시기 바랍니다.
- 환급계좌개설 신청은 주요세무서류신청바로가기→환급계좌개설(변경)신고 화면에서 신청하시기 바랍니다.

◉ 기본 인적 사항

납세자구분	○ 주민등록번호 ● 사업자등록번호
* 사업자등록번호	
상호	
대표자명	
전화번호 (휴대전화번호)	[ ] - [ ] - [ ]
이메일	[ ] @ [ ]

※ 개인정보 유출 가능성을 사전 차단하기 위해 일부 정보를 마스킹(●●●●) 처리하였습니다. 해당 칸을 마우스로 클릭하면 입력된 정보를 확인할 수 있습니다.

◉ 신청내용

* 계좌구분	● 사업용계좌 ○ 공익법인계좌	정보 공개여부 ○ 여 ● 부 ※ 정보 공개 대상 : 계좌번호
계좌번호	[ ]	(기 등록된 계좌가 많아 계좌 해지가 어려운 경우 해지가 필요한 계좌번호를 '-' 없이 전체를 입력하여 주시기 바랍니다.)

조회하기

🧑 증빙불비 시 입증 편리

거래할 때는 법적으로 인정된 적격증빙을 받는 것이 중요한데, 사업을 하다 보면 부득이하게 그런 서류를 발급받지 못하는 상황이 벌어진다. 이때 적격증빙을 발급받지 못한 것에 대해 가산세를 부담하는 대신 사업 비용으로 인정받을 수 있다. 즉 아무 증빙도 없이 '사업 비용으로 사용한 것이 맞다'라고 주장하면 아예 인정받지 못하지만, 사업용 계좌를 이용하면 2%의 가산세를 물고 비용으로 인정받을 수 있다.

🧑 거래 내역 파악이 쉽다.

사업용 계좌를 사용해서 사업상 거래 내역만 따로 분리해서 사용하면 실질적으로 매출은 얼마나 발생했고, 비용은 얼마나 지출되었는지 파악하기가 쉽다. 영세사업장일수록 거래 흐름을 잘 파악할 수 있어야 시간과 돈이 절약된다.

🧑 거래 내역 누락 방지

본인이 직접 하지 않고 세무 대리인을 통해서 기장 대리를 맡기는 경우 그때 통장 사본을 제출하는데, 개인 계좌 내역까지 확인하는 세무 대리인은 많지 않다. 애초에 세무 대리인이 개인 계좌까지 꼼꼼히 확인하지 않기 때문에 개인 계좌로 입출금된 거래내역은 실제 발생한 매출과 비용임에도 세금 신고에서 누락될 가능성이 크다. 이를 방지해 준다.

🐷 사업용 계좌 무신고·미사용 시 불이익은?

⊙ 사업용 계좌를 무신고·미사용하는 경우에는 가산세가 부과된다. 사업용 계좌를 관할세무서에 신고는 하였으나 사용하지 않은 경우는 결정세액에 사업용 계좌를 사용하지 않은 금액의 0.2%에 상당하는 금액을 추가로 내야 한다.

> 신고 기한 내 사업용 계좌를 신고하지 않은 경우는 다음 중 큰 금액을 추가로 내야 한다.
> ❶ 신고하지 않은 기간(신고 기한의 다음 날부터 신고일 전일까지)의 수입금액의 0.2%
> 수입금액 = 해당 과세기간의 수입금액 × 미신고 기간 ÷ 365(윤년 366)
> 미신고 기간이 2 이상의 과세기간에 걸쳐 있으면 각 과세기간 별로 적용
> ❷ 거래대금, 인건비, 임차료 등 거래금액 합계액의 0.2%

⊙ 사업용 계좌를 신고하지 않거나 미사용하는 경우 시설 규모나 영업 상황으로 보아 신고 내용이 불성실하다고 판단되면 과세표준과 세액을 경정할 수 있다.
⊙ 창업중소기업세액감면, 중소기업특별세액감면 등 각종 세액의 면제·감면 혜택이 배제될 수 있다.

(02 / 사업용 신용카드 등록)

개인사업자가 사업 관련 경비의 지출 용도로만 사용하는 사업용 신용카드를 홈택스에 등록해 사용한다.

홈택스 〉 계산서 · 현금영수증 · 신용카드 〉 신용카드 매입 〉 사업용 신용카드
등록 및 조회

사업용신용카드 등록

- **사업용신용카드 등록 안내**
  - 개인사업자 사업용신용카드 사용내역은 '19.10월 등록분부터 매월마다 조회가 가능합니다.
    예1) 2019.10.1.~ 10.31. 기간 중 카드를 등록하였다면 사용내역 조회는 2019.11.15.경부터 가능하며,
    이때 2019.10.1.~ 10.31. 기간 동안의 카드사용내역이 조회됩니다.
  - 화물운전자복지카드의 유류비 이용내역은 화물운전자복지카드 메뉴에서 조회 가능하오니, 사업용신용카드로 등록하지 마시기 바랍니다.
  - 당월 등록하신 카드는 다음달 15일경에 본인일치여부를 조회하실 수 있습니다.
  - 등록가능 카드 : 대표자 또는 기업명의의 신용카드, 체크카드, 기명으로전환된 충전식 선불카드(지역화폐 및 기프트 카드만 해당)
  - 등록불가 카드 : 가족카드, 기프트카드, 충전식선불카드, 직불카드, 백화점전용카드

● **사업용신용카드 등록**
● **개인신용정보의 제공 동의서**   내용접기 ⊙

- **[사업용 신용카드 등록제]란?**
  - 개인사업자가 사업용 물품을 구입하는 데 사용하는 신용카드를 국세청 홈택스 홈페이지에 등록하는 제도입니다.
- **사업용 신용카드 등록제 이용시 혜택**
  - 사업자는 부가가치세 신고시 매입액공제를 받기 위한 신용카드매출전표 등 수취명세 작성이 편리함에 따라 시간과 비용이 대폭 감축됩니다.
- **동의내용**
  - 「금융실명거래 및 비밀보장에 관한 법률」 제4조 및 「신용정보의 이용 및 보호에 관한 법률」 제32조 및 33조의 규정에 불구하고 본인이 국세청에 등록하는 사업용신
    용카드의 거래정보자료를 신용카드업을 영위하는 자가 국세청장에게 제출하는 것을 동의합니다.

                                                                          상기 내용에 대해 □ 동의함

| 사업자등록번호 | 사업자등록번호 선택∨ | 상호 | |

● **사업용신용카드번호**
- *카드번호(최대50장)   선택   ∨   -   ⊙   -   ⊙   -
※ 대표자 또는 기업 명의의 신용카드 · 체크카드만 입력해 주십시오.

● **휴대전화번호**
- *휴대전화번호   010 ∨   -   -   ⊙
※ 카드번호 오류시 SMS발송을 위한 휴대전화번호를 반드시 입력해 주십시오.
※ 카드번호를 모두 삭제시 휴대전화번호도 삭제됩니다.

사업용 신용카드 사용은 세금계산서와 같이 사업용 비용지출로
인정되며, 부가가치세 매입세액공제를 받을 수 있다.

등록한 개인사업자는 사업용 신용카드 사용 내역을 홈택스 홈페
이지에서 조회할 수 있고, 부가가치세 신고 시 "신용카드매출전표
등 수취명세서"에 거래처별 합계자료가 아닌 등록한 신용카드로
매입한 합계 금액만 기재하면 매입세액공제를 받을 수 있다. 단,
공휴일, 주말, 홈쇼핑, 자택 근처 등에서 사용하면 업무 관련성을
입증해야 하며, 가사용 비용을 사업용 카드로 사용하면 세무조사
를 받을 수 있다.

03/ 현금영수증 의무 발행

🔵 가입 의무 대상자

⊙ 소비자 상대 업종(소득세법 시행령 별표 3의2) 사업자 중 직전
   과세기간 수입금액 2,400만 원 이상 개인사업자

⊙ 소비자 상대 업종을 영위하는 법인사업자

⊙ 의사·약사 등 의료 보건 용역제공 사업자

⊙ 변호사·변리사·공인회계사 등 부가가치세 간이과세 배제 전문
   직 사업자

⊙ 소득세법 시행령 별표 3의 3에 따른 현금영수증 의무 발행 업
   종 사업자(이것은 인터넷으로 찾아보세요.)

🔵 가입 기한

구 분		가입기한
개 인 사업자	소비자 상대 업종 (의무 발행업종 제 외)	수입금액이 2,400만 원 이상 되는 해의 다음 연 도 3월 31일
	의무 발행업종	사업개시일, 업종 정정일 등 요건 해당일로부터 60일 이내
법인사업자		개업일 등이 속하는 달의 말일부터 3개월 이내

🔵 발급 의무

소비자 상대 업종을 영위하는 현금영수증 가맹점이 재화 또는 용
역을 공급하고 그 대금을 현금으로 받은 경우 거래상대방이 현금

영수증을 요구하면 발급을 거부하거나 사실과 다르게 발급해서는
안 된다.

특히 현금영수증 의무 발행업종 사업자는 건당 10만 원 이상의
현금거래 시 소비자가 발급을 요청하지 않아도 반드시 현금영수
증을 의무 발급해야 한다. 소비자가 현금영수증 발급을 요청하지
않거나 인적 사항을 모르는 경우는 현금을 받은 날로부터 5일 이
내 국세청 지정 코드(010-000-1234)로 발급해야 한다.

가맹점 스티커 부착 의무

현금영수증 가맹점은 가맹점을 나타내는 스티커를 아래의 장소에
부착해야 하며, 스티커는 관할세무서를 통해 받을 수 있다.

구 분	부착 위치
계산대가 있는 사업장	계산대나 계산대 근처의 벽·천정 등 소비자가 잘 볼 수 있는 곳
계산대가 없는 사업장	사업장출입문 입구나 내부에 소비자가 잘 볼 수 있는 곳

현금영수증 발급 등에 따른 혜택

부가가치세 신고 시 현금영수증 발급 금액의 일정 비율(1%)을 세
액공제 받을 수 있다. 연간 공제 한도는 1,000만 원이며, 법인사
업자 및 직전 연도 재화 또는 용역의 공급가액 합계액이 10억 원
을 초과하는 개인사업자는 세액공제 대상에서 제외된다.

개인사업자가 전화망을 이용해 5,000원 미만 거래금액에 대해 현
금영수증 발급 시 발급 건당 20원의 소득세 세액공제를 받을 수

있다(소득세 산출 세액 한도).

사업과 관련해서 현금(지출 증빙)이 기재된 현금영수증을 받은 경우, 부가가치세 매입세액공제를 받을 수 있으며, 필요경비로 인정받을 수 있다(건당 3만 원 초과 현금 지급 시 현금영수증을 수취해야 지출증빙으로 인정).

04 / 전자세금계산서 발행

1인 회사 또는 영세한 회사의 경우 프로그램을 사용하지 않는 회사가 많다. 이 경우 (전자)세금계산서 발행하고 사업용 계좌와 신용카드를 활용하는 경우 복식 장부는 안 되지만 세금 부분에서는 자체 기장하는 효과를 낼 수 있다. 여기에 세무 기장을 맡기는 경우 복식 장부까지 완벽하게 된다. 창업단계에서 자금 사정상 기장 대행을 맡기지 못하거나 경리직원을 쓰지 못하는 경우 (전자)세금계산서를 발행하고 사업용 계좌와 신용카드만 활용한다면 시간을 절약하면서 상당수의 세금 업무도 해결할 수 있다.

전자세금계산서 의무 발행 대상

(정기 신고) 사업장별 재화 및 용역의 공급가액의 합계액이 8천만 원인 해의 다음 해 제2기 과세기간과 그다음 해 제1기 과세기간

총수입금액 8천만 원 이상은 부가가치세 과세 공급가액 및 면세 수입금액의 합계액을 기준으로 판단함

(수정신고 등) 사업장별 재화 및 용역의 공급가액의 합계액이 수정신고 또는 경정·결정으로 8천만 원 이상이 된 경우 수정신고 등을 한 날이 속하는 과세기간의 다음 과세기간과 그다음 과세기간

05 / 가스료 등 공과금 신용카드로 자동이체

가스료, 전기료, 수도료의 경우 지로용지로 청구된다. 이 경우 해당 기관에 사업자등록 정보를 보내 지로용지에 본사의 사업자등록 내역이 기재되어 청구되도록 해야 한다.

그러나 이는 불편하므로 자동이체를 은행 계좌로 하지 말고 사업용 신용카드(법인카드)로 등록해 두면 자동으로 거래내역이 홈택스에 등록돼 업무가 편할 수 있다.

06 권리금, 인테리어비용 등 창업 준비 비용의 절세전략

01 / 사업자등록 전 비용 적격증빙을 받는 방법

회사설립 전 사용한 비용에 대해서는 경비인정을 받을 수 없는 게 원칙이다. 다만, 예외적으로 일정 기한 이내의 사용 비용에 대해서는 인정해 주고 있다.

회사설립 전에 사업과 관련해서 지출한 비용에 대해서 경비인정을 받기 위해서는 다음의 조건을 지켜야 한다.

☑ 대표의 주민등록번호로 세금계산서를 발급받거나,

☑ 대표 명의의 신용카드로 결제한 경우에만 인정받을 수 있다.

☑ 과세기간의 종료일로부터 20일 이내에 사업자등록을 완료해야 한다.

사업자등록 후 대표 주민등록번호로 발급받은 세금계산서를 사업자등록번호 발급분으로 전환하는 방법은 다음의 순서로 진행하면 된다.

① 홈택스 로그인(사업장 계정으로 로그인) > 계산서·현금영수증·신용카드 클릭

② 전자(세금)계산서 조회 > 주민등록번호 수취분 전환 및 조회 > 전자(세금)계산서 주민등록번호 수취분 전환

사업자등록번호 대신 주민등록번호로 세금계산서를 발급받았다고 언제까지나 인정해 주는 것은 아니며, 과세기간의 종료일로부터 20일 이내에 사업자등록을 완료한 경우에만 부가가치세 신고할 때 인정받아 매입세액공제를 받을 수 있다. 즉, 과세기간의 종료일로부터 20일 이내에 사업자등록을 해야 해당 과세기간의 사용분에 대해서 매입세액공제가 가능하다.

여기서 1기 과세기간 1~6월 거래분은 7월 20일, 2기 과세기간 7~12월 거래분은 다음 연도 1월 20일까지 등록해야 한다.

 회사설립 전 발생 비용 회사설립 후 세금계산서 받으면 안 되나?

설립 전 지출 비용에 대한 세금계산서 발행을 미루어두었다가 설립 후 사업자 등록 후 세금계산서를 받는 것은 안 돼요.

02 / 권리금도 비용 인정받을 수 있다.

☑ 권리금을 주면서 8.8% 원천징수 후 신고 · 납부 하는 것이 원칙

☑ 권리금을 받으면 권리금의 40%를 기타소득금액으로 해서 종합소득세를 신고 · 납부

권리금을 수수할 때는 사업포괄양수도의 경우를 제외하고는 당사자 간에 세금계산서를 수수하는 것은 물론, 권리금을 주는 사업자는 해당 권리금의 8.8%를 원천징수 해서 관할세무서에 신고·납부 하는 것이 원칙이다.

그리고 권리금을 받는 사업자는 사업소득과는 별도로 권리금의 40%(수취액 − 필요경비 60%)를 기타소득금액으로 해서 납부해야

한다. 하지만 권리금을 수수할 때 대부분이 이러한 적법 절차를 지키지 않는 경우가 많다.

그런데 권리금을 지급한 사업자는 이를 5년간 나누어 경비(감가상각비) 처리할 수 있다. 따라서 사업자는 만약 세금계산서가 없어도 권리금이 수수된 계좌이체내역이나 계약서를 기반으로 사업용 자산으로 계산해 감가상각함으로써 세금을 줄일 수 있다는 점을 알고 있어야 한다. 물론 당초 권리금에 대해 세금계산서를 받지 않고 원천징수를 하지 않은 것에 대한 가산세 문제는 있다. 하지만 창업 초기에 이런 규정을 모르고 세무 대리인도 없이 권리금에 대한 세무 처리를 생략하여 아무런 세무상 혜택을 받지 못하는 경우도 많으니 주의한다.

03 / 인테리어비용 세금계산서를 반드시 받는다.

창업 초기에 인테리어를 하고 세금계산서를 받았다면 이 시설물은 업종별 감가상각기간에 나누어 경비(감가상각비) 처리할 수 있다. 그런데 무자료일 때는 사업용 자산으로 잡히지 않아 세무상 손해가 발생한다. 게다가 사업용 자산으로 잡히지 않은 권리금과 인테리어를 위해 대출받은 이자비용을 세무상 경비로 처리할 수 없어 추가적인 손해까지 입게 된다. 그런 이유로 반드시 인테리어 비용을 깎아줘도 적격증빙을 수취하는 것이 유리할 수 있다.

04 / 사업용 차량 살까? 빌려 쓸까?

여유자금이 있어서 자기 돈으로 자동차를 구입하면 말할 것도 없고, 할부로 구입하면 소유권이 바로 구매한 사람에게 주어지기 때문에 할부금을 모두 상환한 뒤에는 자동차를 소유할 수 있다.

그러나 리스하거나, 렌트하는 경우는 계약기간이 끝나면 다시 리스나 렌트 계약을 해야 하므로 또다시 큰 비용이 들어간다.

그런데 자동차를 빌려 타면 리스료나 렌트비에 대한 비용 처리가 되어서 얼핏 세금이 줄어드는 것처럼 보이지만, 실제로는 자동차를 취득했을 때보다 더 많은 돈이 들어간다.

리스 회사나 렌터카 회사들은 자가 구매와 달리 무조건 비용처리가 될 것처럼 광고하는데, 그 말을 곧이곧대로 믿었다가는 나중에 세금을 추징당할 수 있으니 주의해야 한다.

초기 구입비용과 유지비용

회계장부에 고정자산으로 기록된다. 그리고 자동차를 취득하면서 낸 취득세 등의 제세공과금은 차량가액으로 합산되었다가 나중에 감가상각 절차를 통해 비용처리가 되고, 보험료나 수리비 등 자동차를 유지·관리하는 비용도 세무상 비용으로 처리된다.

비용인정 기준

승용차의 취득 및 유지비용은 부가가치세 신고를 할 때 매입세액 불공제를 받으며, 종합소득세(법인세)를 신고할 때, 업무용으로 사용하고 차량운행일지를 작성하면 비용인정이 된다. 차량운행일지를 작성하지 않는 경우 1대당 1,500만 원만 비용인정 된다.

9인승 이상, 트럭, 경차의 취득 및 유지비용은 부가가치세 신고할 때 매입세액공제를 받으며, 종합소득세(법인세) 신고할 때 차량운행일지를 작성하지 않아도 비용인정이 된다.

따라서 9인승 이상의 습합차, 트럭, 경차를 사업용으로 사용하는 것이 절세의 지름길이다.

05 / 개인사업자는 장부 없이 세금신고가 가능하다.

개인사업자의 경우 초기 사업 준비할 때 꼼꼼하게 증빙을 보관하지 못한 경우 개시 사업연도에 대해서 추계신고를 할 수 있다. 추계신고란 사업자는 원칙적으로 장부를 작성해서 신고해야 하는데, 사업자가 장부를 작성하지 않은 경우 장부가 아닌 소득 추계율로 경비 처리를 대신해 종합소득세 신고·납부를 하는 것을 말한다.

즉 법인은 무조건 장부에 의해 법인세를 신고하지만, 개인사업자는 장부에 의해 종합소득세를 신고하는 방법과 장부 없이 경비를 추산해서 신고하는 방법도 가능하다.

06 / 창업중소기업은 100% 소득세를 안 낼 수 있다.

중소기업을 창업하는 경우는 창업 후 5년간 매년 소득세의 50% ~고용증가 시 최대 100%까지 세액감면을 받을 수 있는 제도가 있는데, 창업중소기업 등에 대한 세액감면 제도이다.

창업에 대한 세제 혜택이기 때문에 꼭 창업해야 하며, 합병, 분할, 현물출자 또는 사업의 양수, 법인전환, 폐업 후 재개, 사업을 확장하거나 다른 업종을 추가하는 경우들은 창업에 해당하지 않아 감면 혜택을 받을 수 없다.

부모님에게 지원받은 창업자금 얼마까지 세금을 안 내나?

창업자금 증여세 과세특례 제도를 활용하면 부모님으로부터 받는 창업자금에 대한 세금 부담을 줄일 수 있다. 하지만 몇 가지 조건과 주의해야 할 점이 있다.

01 / 창업자금 증여세 과세특례란?

18세 이상의 자녀가 60세 이상의 부모로부터 중소기업을 창업할 목적으로 현금 등을 증여받으면 5억 원까지는 증여세를 내지 않아도 되는 제도다.

02 / 왜 5억까지 증여세가 없을까요?

청년들의 창업을 장려하고, 부모의 자녀 지원을 돕기 위해 이러한 제도를 마련했다.
창업자금 증여세 과세특례를 받기 위한 조건을 살펴보면 다음과 같다.

구 분	기 준
나이 조건	증여받는 자녀는 만 18세 이상, 증여하는 부모는 만 60세 이상이어야 한다.
사업 종목	음식점, 제조업, 건설업(광업, 제조업, 수도, 하수 및 폐기물 처리, 원료 재생업, 건설업, 통신판매업, 물류산업, 음식점업, 정보통신업) 등 일정한 업종에 해당하는 중소기업을 창업해야 한다. 단, 커피전문점, 주점, 노래방 등 일부 업종은 제외된다.
사용 기간	증여받은 자금은 2년 이내 창업에 사용해야 하고, 4년 이내에 모두 사용해야 한다.
사업 유지 기간	창업 후 10년 이내에 사업을 폐업하거나 휴업하면 일반적인 증여와 동일하게 증여세를 다시 계산해야 한다.

03 / 5억 원 초과 시에는?

5억 원을 초과하는 금액에 대해서는 10%의 세율이 적용된다. 단, 창업 후 10명 이상의 직원을 고용하면 50억 원까지 10%의 세율이 적용된다.

예를 들어 자녀가 음식점을 열었다고 가정해 보자. 부모로부터 증여받은 7억 원을 인테리어비용 등 창업자금으로 사용했다면 증여세는 2,000만 원만 내면 된다. 증여자금 7억 원에서 공제액 5억 원을 뺀 2억 원에 10%를 곱한 금액이다. 창업자금 과세특례를 적용받을 때는 기간 내 자진신고에 따른 신고세액공제(3%)를 받을 수 없다.

08 부모가 갖고 있는 상가에서 임차료를 안 내고 사업하는 아들의 세금 문제

부모가 소유한 상가에서 자녀가 임차료를 내지 않고 사업을 할 수는 있지만, 이 경우 세무상 몇 가지 중요한 고려 사항이 있다. 특히, 임대료를 내지 않는 것이 증여로 간주될 수 있으며, 이에 따라 증여세가 부과될 수 있다. 또한, 임차료를 지급하지 않으면 부모와 자녀 모두에게 세무상의 문제가 발생할 수 있다. 즉 세법상 문제를 피하기 위해서는 시세에 맞는 임대료를 지급하는 것이 가장 안전한 방법이다.

01 / 무상 임대의 증여세 문제

부모가 소유한 상가를 자녀에게 임차료 없이 제공하는 것은 사실상 자산의 무상 제공으로 간주될 수 있으며, 이는 세법상 증여로 취급될 수 있다. 증여세는 증여받은 재산의 가액에 대해 부과되므로, 무상 임대로 인해 발생한 이익(임대료 상당액)에 대해 증여세가 부과될 수 있다.

증여세는 상가의 시세 임대료를 기준으로 계산된다. 만약 상가의 임대료가 월 100만 원이라면, 이를 1년 동안 무상으로 사용한 경우 연간 1,200만 원에 대한 증여세가 발생할 수 있다.

02 / 증여세 면제 한도

부모가 자녀에게 증여할 수 있는 금액에는 한도가 있다. 앞서 설명한 대로 부모로부터 10년 동안 5천만 원까지는 증여세가 면제된다. 따라서 무상 임대로 인한 금액이 이 한도를 초과하지 않는다면 증여세가 부과되지 않을 수 있다.

하지만, 한도를 초과하는 경우 초과분에 대해 증여세가 발생한다.

03 / 부모님의 소득세 문제

부모가 상가를 임대하는 경우, 임대료는 부모의 소득으로 간주되어 소득세가 부과된다. 만약 자녀가 임대료를 지불하지 않는다면 부모는 임대소득이 없는 것으로 신고해야 하지만, 세무 당국이 이를 문제 삼아 시세 임대료만큼의 소득이 있었던 것으로 추정할 수 있다. 이는 부모에게 불필요한 세무 리스크를 초래할 수 있다.

04 / 법적 문제 해결 방법

부모와 자녀 간에 명확한 임대차 계약을 체결하지 않고 무상으로 사용하게 되면, 추후 분쟁이 발생할 가능성도 있다. 예를 들어, 부모가 상가를 처분하거나 증여할 경우 자녀의 사업 운영에 지장이 생길 수 있다.

따라서 가장 명확한 방법은 부모에게 시세에 맞는 적정 임대료를
지불하는 것이다. 이를 통해 증여세 및 소득세 문제를 피할 수 있
다.
지급한 임대료는 자녀의 사업소득에서 비용으로 인정받을 수 있
으며, 부모님은 임대소득으로 신고하여 소득세를 납부해야 한다.

개인사업자와 법인사업자 중 어느 것이 더 유리한지

개인사업자와 법인사업자 중 어느 것이 더 유리한지는 사업의 성격, 규모, 장기적인 계획, 세무적인 측면 등 다양한 요소를 고려해야 한다.

구 분	개인사업자	법인사업자
세무적인 측면	개인사업자는 소득세를 부담한다. 소득세율은 과세표준에 따라 누진세율이 적용되므로 소득이 많아질수록 높은 세율이 적용된다. 상대적으로 세무 신고 절차가 간단하며, 사업소득과 개인소득을 합산하여 신고한다.	법인사업자는 법인세를 부담한다. 법인세율은 과세표준에 따라 개인 소득세보다 상대적으로 낮은 편이다. 반면 법인은 이익을 배당으로 지급할 때 개인 소득세가 추가로 부과될 수 있어, 이중과세의 문제가 있을 수 있다.
책임의 범위	개인사업자는 사업에서 발생한 채무나 법적 문제에 대해 무한 책임을 진다. 사업 실패 시 개인 자산까지도 위험에 처할 수 있다.	법인은 독립된 법적 실체이므로, 주주는 출자한 자본금 한도 내에서만 책임을 진다. 따라서 개인 자산은 보호받을 수 있다.

구 분	개인사업자	법인사업자
사업 확장 및 자금 조달	자금 조달이 어려울 수 있으며, 주로 개인 자산이나 대출을 통해 자금을 마련해야 한다. 따라서 사업이 커지면 개인의 신용이나 자산만으로는 사업 확장이 어려울 수 있다.	주식을 발행하거나 외부 투자를 받을 수 있어 자금 조달이 비교적 유리하다. 법인은 자본금 증자, 합병, 주식 상장 등을 통해 대규모 자금을 조달할 수 있어 사업 확장에 유리하다.
경영 및 운영 측면	경영 의사결정을 자유롭게 내릴 수 있으며, 모든 의사결정이 사업주의 판단에 달려 있다. 초기 창업이나 소규모 사업에 적합하며, 단순한 사업 구조를 유지할 수 있다.	법인은 이사회와 주주총회 등의 경영 구조가 필요하며, 경영 의사결정이 복잡할 수 있다. 전문 경영인을 고용하여 경영 효율성을 높일 수 있다.
사회적 신뢰도 및 거래 안정성	상대적으로 법인보다 사회적 신뢰도가 낮을 수 있으며, 거래처와의 거래에서 불리할 수 있다.	법인은 대외 신용도와 신뢰도가 높아 거래처와의 안정적인 거래가 가능하다.
법적 요구사항 및 운영 비용	법인보다 법적 규제가 적으며, 운영 비용도 낮다.	법인설립 및 운영에는 다양한 법적 요구사항이 있으며, 운영 비용이 더 많이 발생할 수 있다.

10 개인사업자가 세금 관리에서 주의해야 할 점

사업자는 세금 관리에서 다양한 주의 사항을 고려해야 한다. 이를 통해 불필요한 세금 부담을 줄이고, 효율적인 사업 운영을 할 수 있다. 세금 신고는 기한 내에 정확하게 진행해야 하며, 필요한 서류를 미리 준비하는 것이 중요하다.

01 / 과세 및 면세사업자 구분

개인사업자는 일반적으로 과세 사업자와 면세사업자로 구분된다. 과세 사업자는 일반적인 재화나 용역을 공급하는 사업자이며, 면세사업자는 특수한 경우에 해당한다. 면세사업자는 범위가 좁기 때문에 반드시 체크해야 할 사항이다.

구 분	내 용
과세사업자	과세사업자는 부가가치세를 납부해야 하는 모든 사업자를 말한다. 이는 국세청에서 정의한 모든 사업자 중에서 면세사업자를 제외한 모든 사업자를 포함한다.

구 분	내 용
	과세 사업자는 매년 부가가치세를 신고하고 납부해야 한다. 일반과세자는 매년 2회 신고를 하며, 간이과세자는 매년 1회 신고를 한다. 간이과세자는 연간 매출액이 1억 400만 원 미만인 소규모 개인사업자를 말한다(법인은 안 됨). 이는 주로 소비자를 대상으로 하는 업종으로, 예를 들어, 음식점, 카페, 가게 등이 있다. 간이과세자는 일반과세자보다 낮은 부가가치세율을 적용받는다. 또한, 매입액의 0.5%만 공제받을 수 있다. 간이과세자는 매년 1회 부가가치세를 신고해야 한다. 일반과세자는 10%의 부가가치세율을 적용받는다. 간이과세자는 1.5%에서 4%의 부가가치세율을 적용받는다.
면세사업자	면세사업자는 부가가치세를 면제받는 사업자를 말한다. 이는 국세청에서 정의한 특정 업종에 해당하는 사업자로, 특정 업종에만 해당하며, 이는 법에 열거된 업종에 한정된다. 예를 들어, 의료업, 학원업, 농산물, 축산물, 수산물 도소매업 등이 있다. 면세사업자는 부가가치세를 납부할 의무가 없다. 하지만 종합소득세는 납부해야 하며, 매년 1회 사업장 현황 신고를 해야 한다.

02 / 세금 신고의 중요성

부가가치세는 사업자가 공급하는 재화나 용역에 대해 10%의 세금을 부과하는 제도다. 사업자는 매년 정해진 기한 내에 부가가치세를 신고해야 하며, 이를 소홀히 할 경우 큰 부담이 될 수 있다. 종합소득세는 매년 5월 말까지 신고해야 하며, 1년간 발생한 모든 소득을 포함해야 한다. 이때 경비를 잘 정리하여 신고하는 것이 중요하다.

세금의 종류	내 용
부가가치세	부가가치세는 상품이나 서비스를 팔 때 10% 추가로 받은 매출세액과 사업 관련한 매입비용 지출 시 10% 추가 지급한 매입세액 차이를 신고, 납부하는 세금이다. ➜ 소비에 대한 세금
종합소득세	종합소득세는 사업자가 매년 1월부터 12월까지 1년간 벌어들인 소득(수익−비용)에 대해 다음 해 5월에 신고, 납부하는 세금이다. ➜ 개인소득에 대한 세금
법인세	법인세는 법인사업자가 1년간 벌어들인 소득(수익−비용)에 대해 다음 해 3월에 신고, 납부하는 세금이다. ➜ 법인소득에 대한 세금
원천세	원천세는 사업을 하면서 4대 보험에 가입된 정규직(직원 급여)이나 아르바이트 일용직, 프리랜서 등의 직원들에게 인건비를 지급할 때 징수하는 세금이다.

03 / 인건비 신고

개인사업자가 근로자를 고용하게 되면 인건비에 대한 신고를 철저히 해야 한다. 인건비는 직원의 경우 간이세액표에 의해 근로소득세를 신고 및 납부하고, 외부 인적용역을 사용한 경우 지급한 금액의 3.3%를 사업소득세로 신고 및 납부해야 하며, 이를 소홀히 할 경우 세금폭탄이 될 수 있다.

소득유형별 구분	인건비 신고
임직원	원천세, 연말정산, (간이)지급명세서(연간/반기), 취득/상실신고, 보수총액신고(건강 : 간이지급명세서 제출 시 생략 가능)

소득유형별 구분	인건비 신고
일용직	원천세, 지급명세서(월별), 근로내용확인신고, 보수총액신고 (고용/산재)
사업소득자	원천세, (간이)지급명세서(월별/연간)

🙂 원천세 신고

구분	원천세 신고
신고 대상	인건비를 지급한 경우
신고 일정	인건비를 지급한 달의 다음 달 10일까지
신고 방법	국세청 홈택스에서 '신고/납부' → '세금신고' → '원천세' 탭을 차례로 클릭하여 신고한다.

매월 신고가 번거로울 경우, 20인 미만의 사업장은 반기납부를 신청할 수 있다. 1~6월 지급한 급여는 7월 10일까지, 7~12월 지급한 급여는 다음 연도 1월 10일까지 신고한다.

🙂 지급명세서 제출

지급명세서는 누구에게 얼마를 지급했다는 구체적인 자료를 세무서에 제공하는 것이다. 소득자 이름, 주민번호, 소득자별 지급액 등이 포함된다.

근로소득은 연말정산 시(의료비 포함), 퇴직소득 및 사업소득은 다음 해 3월 10일까지, 기타 소득 및 이자·배당소득은 다음 해 2월 28일까지 지급명세서(간이 지급명세서와 별도)를 제출한다.

근로소득은 반기별(7월 말, 1월 말), 사업소득 및 일용근로소득은 지급일이 속한 달의 다음 달 말일까지 간이지급명세서를 제출한다. 사업소득은 매달 간이지급명세서를 제출한 경우 지급명세서를 제출하지 않아도 된다.

04 / 절세의 필수조건 적격증빙 관리

사업자는 통신비, 임대료 등 사업에 필요한 경비를 공제받을 수 있다. 이를 위해서는 반드시 세금계산서를 발급받아야 하며, 현금으로 지출한 경우에도 사업자 등록번호를 입력하여 지출증빙용 현금영수증을 받아야 한다. 간혹 가사 관련 비용을 무조건 경비처리하는 사장님이 있는데, 이는 원칙적으로 경비처리가 안 되는 것으로 세무조사 시 적발되면 세금폭탄을 맞는다.

적격증빙의 종류	내 용
(전자)세금계산서	공급자의 사업자등록번호, 명칭, 공급받는자의 사업자등록번호, 작성연월일, 공급가액과 부가가치 세액을 기재해야 한다.
(전자)계산서	농수산물 등 면세 물품의 거래 시 세금계산서가 아닌 '계산서'로 발행하며, 매입세액공제는 불가능하지만, 의제매입세액공제는 가능하다.
신용카드	매출전표는 적격증빙으로 인정되지만, 매입처가 면세사업자이거나 4,800만 원 미만 간이과세자인 경우 신용카드 매출전표를 수취하더라도 매입세액공제가 불가능하다. 법인은 업무추진비 지출 시 반드시 법인카드를 사용해야 한다.

적격증빙의 종류	내 용
현금영수증	근로자 소득공제용과 사업자 지출증빙용 두 가지로 분류되며, 사업자는 반드시 사업자 지출증빙용으로 현금영수증을 받아야만 매입세액공제 및 경비인정이 가능하다.

적격증빙 미수취 시 업무추진비는 비용으로 인정되지 않아 손금불산입(필요경비불산입)이 된다. 또한, 업무추진비를 제외한 기타 지출은 손금으로 인정하지만, 증빙불비가산세(거래 금액의 2%)를 내야 한다.

거래에 대한 증빙자료는 신고 기한부터 5년간 보관해야 한다.

11 설비투자 비용은 조기환급을 받는다.

01 / 사업용 시설에 대한 조기환급

외식업 등 자영업을 창업하기 위해서는 많은 자금이 필요하다.

이 창업자금 중에 시설투자와 관련된 자금은 부가가치세를 조기에 환급받을 수 있다.

이는 사업자의 창업에 따른 자금 부담을 줄여주려는 조치다.

부가가치세법은 매입세액 등이 매출세액을 초과하는 경우 초과부분의 매입세액을 환급세액이라고 한다.

조기환급은 사업용 지출만 해주는 것으로 슈퍼마켓 사업자가 가정용냉장고를 구입했다면, 사업상의 지출이 아니므로 조기환급 대상이 아니다. 또한 유흥업소·골프장, 단순 투자 목적으로 구입한 부동산 및 비영업용 소형승용차 구입, 업무추진비 지출은 원래부터 매입세액불공제 대상이므로 매입세액공제에서 빠진다.

즉, 조기환급 대상은 사업에 직접 사용하는 자산으로 감가상각이 되는 것을 말한다.

사무실 인테리어 공사 또는 업무용 차량 매입 시 부가가치세 조기환급이 가능하다.

조기환급대상 설비자산	조기환급 안 되는 설비자산
• 사업에 직접 사용하는 자산으로 감가상각이 되는 것을 말한다. • 인테리어 및 사무실 공사 • 업무용 차량 매입	• 사업에 직접 관련 없는 자산 • 비영업용 소형승용차 구입 • 유흥업소·골프장 • 단순 투자 목적으로 구입한 부동산

02 / 조기환급 신고와 신고 기간

환급세액은 과세기간별로 환급하는 것이 원칙이나 예외적으로 수출이나 설비투자와 관련해 환급세액이 발생한 경우는 신속하게 환급을 통해 창업주들의 자금 부담을 덜어주고 있다.

조기환급 신고는 시기별로 가능하므로 해당 조기환급기간 종료일부터 25일 이내에 신고하면 신고기한으로부터 15일 이내에 환급받을 수 있다.

여기서 주의할 점은 해당 조기환급기간에 대한 조기환급 신고를 하는 경우 해당 기간의 모든 매출 및 매입을 모두 신고해야 한다는 것이다. 만약 해당 기간에 대한 매출 부분을 누락한 경우라면 추후에 신고불성실가산세 및 납부불성실가산세 등의 불이익이 발생하게 되니 주의가 필요하다.

예를 들어 1월분에 대해 환급 신고를 한다면 1월 매출·매입 중 조기환급 즉, 시설투자한 부분만 신고하는 것이 아니라 1월 매출·매입 전체를 신고해야 한다.

조기환급에 대한 신고기한은 만약 1월분에 대해 조기환급 신고를 한다면 2월 25일, 1~2월분에 대해 조기환급 신고를 한다면 3월 25일이 된다.

구 분	예정신고기간 중		과세기간 최종 3월	
	대상기간	신고기한	대상기간	신고기한
매 월	1월 1일~1월 31일	2월 25일	4월 1일~4월 30일	5월 25일
	2월 1일~2월 28일	3월 25일	5월 1일~5월 31일	6월 25일
	3월 1일~3월 31일	4월 25일	6월 1일~6월 30일	7월 25일
매2월	1월 1일~2월 28일	3월 25일	4월 1일~5월 31일	6월 25일
	2월 1일~3월 31일	4월 25일	5월 1일~6월 30일	7월 25일
3월	1월 1일~3월 31일	4월 25일	4월 1일~6월 30일	7월 25일

03 / 조기환급 신고 방법

사업설비를 신설·취득·확장 또는 증축함으로써 조기환급을 받고자 하는 경우는 일반과세자 부가가치세 신고서에 건물 등 감가상각 자산 취득명세서를 그 신고서에 첨부해야 한다.

조기환급 신고를 하는 경우 해당 조기환급 신고기간의 모든 매입·매출에 대해서 신고해야 한다.

구 분	처리 방법
1월(2월)분만을 신고하는 경우	→ 조기환급 신고기한 2월 25일(3월 25일)까지 → 1월분 모든 매출과 매입을 신고한다.
1월~2월분을 같이 신고하는 경우	→ 조기환급 신고기한 3월 25일까지 → 2월에 사업 설비투자로 조기환급이 발생하는 사업자는 1월~2월분 모든 매출과 매입을 함께 신고해야 한다.

구 분	처리 방법
예정고지(1월~3월) 자가 5월에 시설투자로 4월~5월분을 조기환급 신고하는 경우	→ 조기환급 대상 : 반드시 4월~5월분 매출 · 매입을 함께 신고해야 한다. → 조기 환급신고기한 : 6월 25일. → 7월 확정신고 : 1월~3월, 6월분을 확정 신고한다. → 예정고지분에 대해서는 기납부세액으로 확정신고 시 공제한다.

주 월별 조기환급 신고 시 매출 등이 누락된 경우 예정 · 확정신고기한이 경과하기 전에는 세금계산서합계표 미제출 · 신고불성실가산세 및 영세율과세표준신고불성실가산세는 부과되지 않으며, 초과 환급받은 경우에 한해서 환급불성실가산세가 부과된다.

간이과세자 등록 시 절세에 유리

간이과세자로 등록하면 일반과세자와 비교해서 부가가치세 부담이 현저히 줄어드는 것이 일반적이다.

간이과세자의 가장 큰 장점은 낮은 세율이다. 일반과세자가 매출액의 10%를 부가가치세로 납부해야 하는, 반면 간이과세자는 업종에 따라 일반과세자보다 낮은 세율(1.5~4% 정도)을 적용받는다. 따라서 부가가치세 부담이 적을 수밖에 없다.

그런데 사업자가 주의해야 할 생각이 있다. 이는 단지 부가가치세 적용상에 간이과세자이지 종합소득세 신고 시에는 간이과세자 규정이 적용되지 않는다. 즉 부가가치세와 종합소득세는 별개라는 점이다.

일반과세자와 간이과세자 중 선택 가능
→ 이 구분은 부가가치세와 관련된 것이지 소득세에는 영향을 미치지 않는다.

무조건 일반과세자임
→ 이 구분은 부가가치세와 관련된 것이지 법인세에는 영향을 미치지 않는다.

01 / 간이과세자가 유리한 점

❶ 낮은 세율(1.5~4% 정도) : 앞서 언급한 것처럼 낮은 세율로 부가가치세를 납부하기 때문에 세 부담이 줄어든다.

❷ 간편한 신고 : 일반과세자와 비교하면 상대적으로 간단한 절차로 부가가치세 신고를 할 수 있다.

❸ 세금계산서 미발행 : 연 매출 4,800만 원 미만인 간이과세자는 세금계산서를 발행하지 않아도 되고 <u>부가가치세 납부의무도 면제</u>된다. 단 4,800만 원 이상 간이과세자는 세금계산서 발행의무가 있으며, 세금계산서를 발행한 경우 7월에 부가가치세 신고 의무가 있다.

❹ 부가가치세 신고 간편 : 부가가치세 신고를 연 1회만 하면 되어 일반과세자(연 2회)보다 신고 부담이 적다. 단 4,800만 원 이상 간이과세자는 세금계산서를 발행한 경우 7월에 부가가치세 신고 의무가 있다(2회).

02 / 간이과세자가 불리한 점

❶ 매입세액공제 제한 : 낮은 세율을 적용받는 만큼 간이과세자는 공급대가의 0.5%만을 매입세액으로 공제받을 수 있어 매입세액공제 부분에서는 일반과세자보다 불리하다.

❷ 부가가치세 환급이 없다. : <u>환급이 발생해도 환급해 주지 않는다.</u> 사업 초기에 매입세액이 매출세액보다 많은 경우, 일반과세자는 그 차액을 환급받을 수 있지만, 간이과세자는 환급받지 못한다.

❸ 성장 가능성 제한 : 사업이 성장하여 매출액이 일정 금액을 초과하면 일반과세자로 전환해야 한다.

03 / 간이과세를 적용받을 수 없는 경우

일반과세자가 운영하던 사업을 인수한 경우, 간이과세자로 등록할 수 없다.
간이과세 배제 업종에 해당하는 경우 간이과세자가 될 수 없다.

04 / 간이과세자와 일반과세자 고민 시 유의 사항

❶ 소규모 사업자 : 매출액이 적고 사업 규모가 작은 사업자는 간이과세자가 유리한다.
❷ 매입세액공제가 중요한 사업자 : 매입세액공제를 많이 받아야 하는 사업자는 일반과세자가 유리하다.
❸ 사업 성장 가능성이 높은 사업자 : 장기적으로 사업을 확장할 계획이 있다면 일반과세자로 시작하는 것을 고려해야 한다.

간이과세자는 부가가치세를 돌려받지 못하는 단점이 있다.

부가가치세는 매출에 대한 부가가치세(매출세액) − 매입에 대한 부가가치세(매입세액)로 계산되는데, 매출세액이 매입세액보다 많으면, 부가가치세를 내야 하고, 적으면 부가가치세를 돌려받는 환급이 발생한다.
그러나 간이과세자는 부가가치세를 돌려받는 환급이 발생해도 법적으로 환급을 못 받게 되어 있다. 결과적으로 간이과세자는 매출이 매입보다 많은 경우

유리하지, 매입이 매출보다 많을 때는 불리하다. 따라서 사업 초기 인테리어비용이 많은 경우(= 초기에 매출보다 많은 고정비용의 지출)나 오피스텔·상가를 분양받는 경우, 적자(매출보다 매입이 많은 경우)가 상당 기간 지속할 것으로 예상하는 경우 등은 간이과세자보다 일반사업자로 등록해야 절세할 수 있으니 꼼꼼히 따져보고 선택한다.

건물 가액이 1억 원의 오피스텔을 분양받아 임대보증금 5,000만 원에 월 임대료를 200만 원을 받는다고 가정한다면 다음의 표와 같은 결과가 나온다. 우선 일반과세자로 등록하면 부가가치세 환급을 1,000만 원 받을 수 있다.

구 분	일반과세자	간이과세자
연매출액	24,000,000원	24,000,000원
보증금에 대한 이자분	3,000,000원(주1)	3,000,000원(주1)
과세표준 합계	27,000,000원	27,000,000원
세율	10%	업종별 부가가치율 × 10%
매출세액	2,700,000원	810,000원(주2)
매입세액공제	없음	없음
납부할 세액	2,700,000원	810,000원(주2)

(주1) 보증금 × 이자율 : 50,000,000원 × 6% = 3,000,000원
(주2) 매출액 × 업종별 부가가치율 × 10% : 27,000,000원 × 30% × 10% = 810,000원

13 과세사업자와 면세사업자의 차이점

과세사업자와 면세사업자는 사업의 성격에 따라 부가가치세와 관련된 과세 여부가 달라진다. 이 둘의 차이점은 다음과 같다.

01 / 부가가치세가 붙는 과세사업자

과세사업자는 부가가치세가 부과되는 상품이나 서비스를 제공하는 사업자를 말한다. 이들은 자신이 공급하는 재화나 용역에 대한 부가가치세를 국세청에 납부해야 한다.

과세사업자는 재화나 용역을 공급할 때 소비자로부터 부가가치세(현재 10%)를 징수한다. 또한 과세 재화나 용역을 구입할 때 상대방에게 부가가치세를 주고 구입한다.

과세사업자는 판매 시 세금계산서를 발행해야 하며, 구입 시 세금계산서를 받는다. 그리고 매출과 매입에 대한 부가가치세를 정산해 차액을 국세청에 납부한다.

과세사업자는 매출세액에서 매입세액을 차감한 금액을 매 분기 또는 반기마다 신고 및 납부한다.

02 / 부가가치세가 안 붙는 면세사업자

면세사업자는 특정한 재화나 용역의 공급이 부가가치세 면세 대상이 되는 경우로, 부가가치세를 부과하지 않는 사업자를 말한다. 면세사업자가 제공하는 상품이나 서비스는 법적으로 부가가치세가 면제되며, 대표적으로 의료, 교육, 금융, 일부 농축산물 등이 해당한다.

면세사업자는 고객에게 부가가치세를 부과하지 않으며, 세금계산서가 아닌 계산서를 발행할 수 있다. 반면 구입 시에는 과세 재화나 용역은 세금계산서를 면세 재화나 용역은 계산서를 받는다.

면세사업자는 부가가치세를 납부하지 않으며, 매입세액공제도 받지 못한다. 관련한 신고 의무도 없다. 다만 국세청은 면세사업자의 소득 파악을 위해 매년 사업장현황신고를 하게 하고 있다.

03 / 신용카드매출전표와 현금영수증의 기능

과세사업자는 세금계산서를 발행하고, 면세사업자는 계산서를 발행한다. 따라서 과세사업자가 발행한 신용카드매출전표나 현금영수증은 세금계산서 기능을 하고, 면세사업자가 발행한 신용카드매출전표나 현금영수증은 계산서 기능을 한다.

면세사업자는 세금계산서를 발행할 수 없다. 따라서 과세와 면세되는 재화나 용역을 같이 파는 경우는 과세사업자로 사업자등록을 해야 과세되는 재화나 용역에 대해서는 세금계산서를, 면세되는 재화나 용역에 대해서는 계산서를 발행할 수 있다.

과세사업자는 부가가치세를 정기적으로 신고하고 납부해야 하지만, 면세사업자는 부가가치세 신고 및 납부 의무가 없다. 대신 1년에 1번 사업장현황신고 의무가 있다.

사업자등록증에 '과세사업자' 또는 '면세사업자'로 구분되어 표기되며, 과세사업자는 면세 과세 구분 없이 모든 재화나 용역을 판매할 수 있고, 면세사업자는 과세되는 재화나 용역을 판매할 수 없고, 면세되는 재화나 용역만 판매할 수 있다.

주의할 점은 (일반, 간이) 과세사업자라고 모두 과세 재화나 용역을 판매하므로 무조건 세금계산서를 발행하고, 면세사업자라고 무조건 면세 재화나 용역을 판매하므로 계산서를 발행하는 것이 아니다. 세금계산서와 계산서의 발행 구분은 사업자가 아닌 재화나 용역에 따라 구분된다. 즉 재화나 용역이 과세대상이면 사업자 구분 없이 세금계산서를 발행해야 하고 재화나 용역이 면세대상이면 사업자 구분 없이 계산서를 발행해야 한다.

구 분		내 용
과세사업자	증빙	세금계산서, 신용카드매출전표, 현금영수증
	신고	부가가치세 신고 · 납부
	판매 가능 물품	과세물품 및 면세 물품도 판매 가능
면세사업자	증빙	계산서, 신용카드매출전표, 현금영수증
	신고	면세사업장현황신고
	판매 가능 물품	면세 물품만 판매 가능

사업 준비 단계에서
중요한 세금상식

01 세금은 몰라도 세금계산서는 꼭 챙겨라.

세법에서는 건당 3만 원 초과 거래를 할 때는 세금계산서, 계산서, 신용카드 매출전표, 지출증빙용 현금영수증 4가지 증빙만 법에서 인정하는 적격증빙이다.

그리고 건당 3만 원 이하 거래를 할 때는 간이영수증도 적격증빙으로 인정해 준다.

반면 흔히 사용하는 거래명세서나 지출결의서는 세법에서 인정하는 적격증빙이 아니다.

구 분	종 류
적격증빙	세금계산서, 계산서, 신용카드매출전표, 지출증빙용 현금영수증
적격증빙이 아닌 거래증빙	거래명세서, 지출결의서

01 / 세금계산서와 계산서가 가장 기본적인 증빙

세금계산서는 과세사업자가 과세물품이나 용역을 거래할 때 발급하는 증빙이고, 계산서는 면세사업자가 면세 물품이나 용역을 거래할 때 발급하는 증빙이다. 따라서 면세사업자는 과세물품이나 용역을 판매하지 못하며, 과세물품이나 용역을 판매하기 위해서는 과세사업자로 다시 사업자등록증을 발급받아야 한다.

결론은 사업자등록증 상 과세사업자, 면세사업자의 구분과 상관없이 과세물품은 세금계산서를 면세 물품은 계산서를 발행해야 한다.

예를 들어 음식점을 운영하는 경우 음료수(과세)를 구매할 때는 세금계산서를 발급받고, 식자재(면세)를 구매할 때는 계산서를 발급받는다.

세금계산서와 계산서는 발급 방식에 따라 종이 세금계산서와 전자세금계산서로 발급되는데, 전자세금계산서는 발급과 동시에 홈택스에 자동 등록되어 별도로 등록 및 관리가 필요 없으나. 종이 세금계산서는 수기로 작성해 발급받고 홈택스에 자동등록이 되지 않으므로 별도로 등록 및 관리가 필요하다(거래처로부터 종이 세금계산서를 받았다면 실물 보관 후 세금 신고 시 홈택스에 등록 후 비용 처리해 준다.). 따라서 업무를 줄이기 위해서는 전자 발행을 추천한다.

구 분	증빙관리
과세사업자	• 간이과세자 : 연 매출 4,800만 원 미만 간이과세자는 세금계산서 발행 불가 • 간이과세자 : 연 매출 4,800만 원 이상 간이과세자는 세금계산서 발행 가능 • 일반과세자 : 세금계산서 발행 가능

구 분	증빙관리
	• 세금계산서 발행 기준 : 사업자등록증 상 과세사업자, 면세사업자 구분 없이 파는 물품이 과세면 세금계산서 발행, 면세면 계산서 발행. 따라서 면세사업자는 과세물품을 팔고자 하는 경우 과세사업자로 사업자등록증 변경
면세사업자	• 계산서 발행이 원칙. 과세물품을 팔고자 하는 경우 과세사업자로 사업자등록증 변경

세금계산서와 계산서의 구분은 사업자등록증이 아닌 판매물품으로 구분

거래하면서 상대방으로부터 세금계산서를 받거나 국세청 홈택스를 통해 조회해 보니 상대방이 일반과세자일 때, 실무자들은 당연히 세금계산서가 올 것으로 생각한다. 그런데 이상하게 계산서가 올 경우가 있다.

교육용역은 무조건 면세인지 알고 있는데, 이상하게 상대방이 세금계산서를 발행해 줘 이를 어떻게 신고해야 할지 헷갈리는 예도 있다. 이와 같은 현상이 벌어지는 가장 큰 이유는 일반과세자면 무조건 세금계산서, 면세사업자이면 무조건 계산서를 발행해야 한다는 고정관념을 가지고 있기 때문이다.

결론을 말하면 사업자등록증의 내용대로 세금계산서, 계산서가 결정되는 것이 아니라, 파는 물품이나 서비스에 따라 결정된다는 점이다. 즉, 일반과세자도 과세물품을 팔면 세금계산서를 면세 물품을 팔면 계산서를 발행하는 것이다. 참고로 부가가치세법 규정을 보면 과세 또는 면세 재화 및 용역을 구분해서 과세는 세금계산서, 면세는 계산서를 발행하라고 하고 있지, 일반과세자는 세금계산서, 면세사업자는 계산서를 발행하라고 하고 있지는 않다.

02 / 신용카드 매출전표와 지출증빙용 현금영수증

체크카드나 신용카드를 사용할 경우 국세청에 기록이 남기 때문에 영수증을 따로 보관하지 않아도 된다.

현금결제를 하는 경우도 사업자등록번호로 지출증빙용 현금영수증을 발급받으면 영수증을 보관할 필요가 없다.

단, 세금 신고 시 매입세액공제 및 비용처리가 잘 됐는지 반드시 다시 한번 확인한다.

참고로 신용카드 매출전표를 발급받으면 세금계산서를 별도로 발급받지 않아도 된다.

- 과세 재화나 용역에 대한 신용카드매출전표와 현금영수증은 세금계산서 기능을 한다.
- 면세 재화나 용역에 대한 신용카드매출전표와 현금영수증은 계산서 기능을 한다.

구 분		비용인정과 매입세액공제
신용카드매출전표	법인카드	업무용으로 사용했을 때는 비용인정, 매입세액공제. 단, 업무추진비는 반드시 사용, 매입세액불공제
	개인카드	업무용으로 사용했을 때는 비용인정, 매입세액공제. 단, 업무추진비는 비용 불인정, 매입세액불공제
현금영수증	지출증빙용	업무용으로 사용했을 때는 비용인정, 매입세액공제. 단, 업무추진비는 매입세액불공제
	소득공제용	원칙은 연말정산 시 개인의 소득공제 목적으로 활용. 단, 업무용으로 사용했을 때는 홈택스에서 지출증빙용으로 변경해야 비용으로 인정받으며, 개인은 연말정산 시 소득공제 금액에서 제외 처리

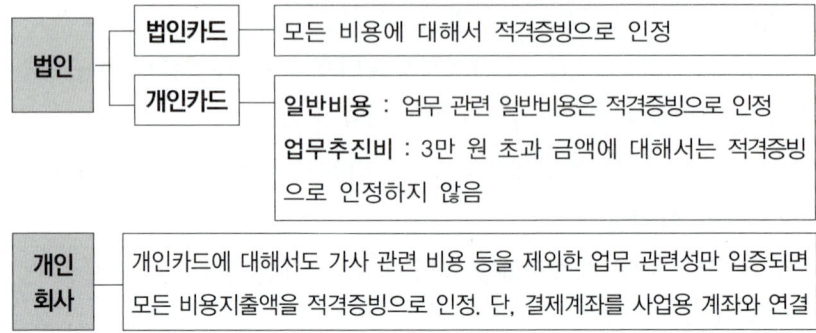

법인	법인카드	모든 비용에 대해서 적격증빙으로 인정
	개인카드	**일반비용** : 업무 관련 일반비용은 적격증빙으로 인정 **업무추진비** : 3만 원 초과 금액에 대해서는 적격증빙으로 인정하지 않음

개인 회사	개인카드에 대해서도 가사 관련 비용 등을 제외한 업무 관련성만 입증되면 모든 비용지출액을 적격증빙으로 인정. 단, 결제계좌를 사업용 계좌와 연결

03 / 3만 원 이하는 간이영수증도 적격증빙

간이영수증은 사업자가 서비스나 물품을 상대방에게 제공한 후 발행하는 영수증이다. 간이영수증은 3만 원 이하(3만 원까지) 지출을 할 때만 적격증빙의 역할을 하며, 3만 원 초과 지출 시에는 앞서 설명한 세금계산서 등 적격증빙을 반드시 받아야 한다.

구 분	적격증빙
3만원 이하	세금계산서, 계산서, 신용카드매출전표, 지출증빙용 현금영수증, 간이영수증
3만원 초과	세금계산서, 계산서, 신용카드매출전표, 지출증빙용 현금영수증

사업과 관련이 있고 건당 거래금액이 3만 원 이하인 경우 소득세나 법인세 납부시 비용으로 인정받을 수 있다. 다만, 부가가치세 신고 때는 매입세액공제를 받을 수 없다.

구 분	매입세액공제	비용처리
세금계산서, 계산서, 신용카드매출전표, 지출증빙용 현금영수증	가능	가능
간이영수증	불가능	3만 원 이하 거래 시 가능

참고로 실제로는 3만 원 초과 거래를 하면서 간이영수증 2~3장을 이용해 3만 원 이하로 발행하는 때는 같은 날 동일 업체에서 발행한 간이영수증을 모두 합산한 금액을 1건으로 간주해 3만 원 기준을 적용한다는 점에 주의가 필요하다.

[예시 1] 과세물품을 11만 원(부가가치세 1만 원 포함)에 구입한 경우

구 분	내 용
세금계산서 등을 받은 경우	• 1만 원은 부가가치세 신고 때 매입세액공제 • 10만 원은 법인세나 소득세 신고 때 비용인정
간이영수증을 받은 경우	• 매입세액불공제 • 비용불인정(건당 3만원 초과). 비용으로 인정받기 위해서는 거래금액의 2%를 증빙불비가산세로 납부

[예시 2] 과세물품을 22,000원에 구입한 경우

구 분	내 용
세금계산서 등을 받은 경우	• 2천 원은 부가가치세 신고 때 매입세액공제 • 2만 원은 법인세나 소득세 신고 때 비용인정
간이영수증을 받은 경우	• 매입세액불공제 • 비용인정(건당 3만원 이하)

04 / 거래명세서는 적격증빙이 아닌 사적증빙

고정 거래처에서 주로 사용하는 거래명세서는 거래 내역을 상세히 기록하기 위한 거래장부이지 세법에서 인정하는 적격증빙은 아니다. 따라서 거래명세서를 주고받을 때는 적격증빙인 세금계산서와 함께 반드시 받아야 한다.

거래명세서 작성 시에는 공급하는 자, 공급받는 자, 거래일, 인수자, 품목 등을 상세히 기재한다.

세금계산서처럼 사장님과 거래처용 총 2부를 작성해 한 장씩 나눠 가지면 된다.

절세를 위해 꼭 챙겨야 하는 증빙과 좀 더 편리한 증빙관리방법

아래의 서류는 종합소득세(법인세) 신고 시 반드시 준비해야 하는 서류로, 만일 직접 안 하고 신고 대행을 맡길 때는 홈택스 아이디와 비번을 가르쳐주고, 6~13번까지의 서류를 제출하면 된다.

1. 세금계산서, 계산서는 홈택스를 활용해 전자로 발행하고, 전자로 받는다.
2. 종이로 받은 세금계산서와 계산서는 반드시 회계프로그램이나 전자적 방법으로 저장해 둔다.
3. 신용카드는 법인의 경우 법인카드를 사용하고, 개인의 경우 사업용 신용카드를 사용한다(신고대행 시에는 신용카드 거래 내용을 엑셀로 내려받아 세무대리인에게 전달한다).
4. 현금영수증을 받을 때는 잊어버리지 말고 반드시 지출증빙용으로 발행받는다.
5. 전기요금, 전화요금 등 지로 영수증을 보관한다. 별도로 지로 영수증을 받지 않고 통장에서 자동이체를 하는 경우 이를 신용카드로 자동이체를 해놓는 것이 좋다.

06. 세무대행 시에는 본인 명의 계좌 출금 명세를 엑셀로 내려받아 세무대리인 에게 제출한다.

07. 세무대행 시에는 연말정산 간소화 pdf 파일(홈택스)을 세무대리인에게 제출한다.

08. 세무대행 시에는 비품 목록(핸드폰, 컴퓨터, 책상 등)을 엑셀로 정리해서 세무대리인에게 제출한다. 이는 감가상각을 통해 비용인정을 받을 수 있다.

09. 인테리어비용, 권리금 등에 대한 세금계산서를 못 받았을 때 계약서와 계좌이체 내역을 보관해 둔다. 세무대행 시에는 세무대리인에게 제출한다.

10. 기부금 지출이 있는 경우 종교단체 등에서 기부금 영수증을 발급받아 보관한다. 세무대행 시에는 세무대리인에게 제출한다.
    ➜ 해당 단체의 사업자등록번호와 단체종류가 확인되는 자료

11. 자동차보험료 등 납입 내역서(리스의 경우 리스상환스케줄)를 보관한다. 세무대행 시에는 자동차등록증 사본과 함께 세무대리인에게 제출한다.
    ➜ 본인 명의 차량만 가능

12. 세무대행 시에는 주민등록등본, 가족관계증명서(가족 공제받을 사람에 대한 정보)를 세무대리인에게 제출한다. 제출 시 공제 안 받을 사람은 체크 후 제출한다.
    ➜ 증명서는 주민등록번호 뒷자리까지 주민등록번호 전체가 나오게 발급받아야 한다.

13. 세무대행 시에는 화재보험이나 4대 보험 납부내역서를 세무대리인에게 제출한다.
    ➜ 저축성보험은 비용인정 안 됨, 단, 개인과 관련된 암보험, 실비보험은 개인사업자는 적용되지 않는다.

14. 청첩장과 부고장을 보관한다.
    ➜ 1장당 최대 20만 원까지 비용인정

15. 사업 관련 차입금의 이자비용 납입증명서
    ➜ 본인 주택 관련 대출이자 비용은 비용인정이 안 됨

16. 사무실 임차료에 대한 세금계산서는 문제없으나 건물주가 발행을 안 해주는 경우 계약서와 계좌이체 내역을 보관해 둔다. 세무대행 시에는 세무대리인에게 제출한다.

   ➜ 증빙불비가산세를 부담하고 비용인정을 받는다.

17. 노란우산공제 납입증명서를 세무대행 시에는 세무대리인에게 제출한다.

18. 연금저축/퇴직연금저축 납입증명서를 세무대행 시에는 세무대리인에게 제출한다.

19. 인건비 지급내역을 원천징수 신고 내용과 상호 대사해 본다.

절세는 적격증빙에서부터 출발한다.

세금 계산의 정확성을 보장하고 절세를 위한 다양한 증빙자료가 필요하다. 주요 서류는 크게 매출 매입증빙, 경비 증빙, 자산 구입 증빙, 기타 증빙으로 나눌 수 있다.

구 분	받을 수 있는 증빙
일반과세자 연 매출 4,800만원 이상 간이과세자 면세사업자	◉ 과세물품 및 서비스 : 세금계산서, 신용카드매출전표, 현금영수증 ➔ 부가가치세 신고를 할 때 매입세액공제 가능 ◉ 면세 물품 및 서비스 : 계산서, 신용카드매출전표, 현금영수증 ➔ 부가가치세 신고를 할 때 매입세액공제 불가능 단, 면세사업자는 과세물품 및 서비스 판매 시 과세사업자로 전환
간이과세자 (연 매출 4,800만원 미만)	◉ 과세물품 및 서비스 : 신용카드매출전표, 현금영수증 ➔ 부가가치세 신고를 할 때 매입세액공제 불가능 ◉ 면세물품 및 서비스 : 신용카드매출전표, 현금영수증 ➔ 부가가치세 신고를 할 때 매입세액공제 불가능
비사업자	원칙적으로 아무런 증빙을 발행하지 못하므로 계좌이체로 대금을 지급하고, 소명자료를 보관한다. (예 : 농부, 어부 등과 거래할 때)

01 / 매출 매입에 대한 증빙

부가가치세 신고 서류는 매출에 대한 부가가치세 신고 내역을 포함하여, 종합소득세(법인세) 계산의 기초 자료로 활용된다.

매입 또는 매출 시 발행된 세금계산서 및 계산서는 비용과 매출의 정확한 산출을 위해 필요하다.

신용카드 매출전표 및 수수료 내역서는 카드 매출과 관련된 수수료를 증명하며, 신고의 정확성을 증진 시킨다.

02 / 경비지출에 대한 증빙

신용카드 사용 내역 및 현금영수증은 경비지출 증빙으로, 모든 지출을 신용카드 또는 현금영수증으로 관리하여 경비 처리의 근거를 마련한다.

인건비 지출 내역은 직원 급여 지급 증빙으로, 계좌이체 내역서를 포함하여 인건비로 인정받을 수 있는 근거 자료가 된다.

차량 보험료 내역서, 통신비 내역서, 공과금 내역서는 각종 고정지출 내역도 적격증빙이 필요하며, 경비처리에 필수적이다.

경비를 허위로 처리하는 다양한 방법들

1. 적격증빙도 없는데 경비로 올리기

경비를 증명하는 자료, 즉 적격증빙으로는 (세금)계산서, 신용·체크카드 전표, 지출 증빙용 현금영수증 등이 있는데, 이런 적격증빙 없이 허위 경비를 소액으로 이런저런 항목의 경비에 끼워 넣어 올리는 수법을 많이 사용한다.

요새 전산화가 촘촘하게 이루어져 있어 증빙자료가 없는데 경비를 올리는 일은 점차 사라지고 있다. 대신, 허위로 세금계산서를 끊어서 경비 처리하는 사례들이 있다. 세금계산서가 있으면 정상 거래처럼 보일 수 있다고 생각하는 건데, 이런 이유로 어떤 업체는 비용처리를 하기 위해 세금계산서를 돈 주고 사기도 한다(자료상 거래). 이런 자료상 거래는 반드시 걸리고, 걸리면 세무조사로 이어질 수 있다는 점을 명심해야 한다.

2. 가사용 지출을 경비로 처리하기

사장님 또는 그의 가족 등이 신용카드로 개인적인 지출을 한 뒤 이를 비용 처리하는 경우다. 이 경우는 국세청에서 사적 경비를 예의주시하기 때문에 가장 적발되기 쉽다.

3. 허위 인건비 경비 처리하기

실제로 근무하지 않는 사람에게 급여를 허위로 지급하고 이를 경비 처리하는 경우다. 보통 믿을 수 있는 가까운 지인이나 가족에게 허위 인건비를 지급하는 사례가 많다. 만약 돈을 받은 쪽과 입을 맞췄다 하더라도, 실제로 일을 하지 않았으니 이는 명백한 위장거래다.

물론, 국세청에서는 이를 잘 알고 있다. 이 때문에 가족이나 친인척을 실제로 고용하여 인건비를 지급하는 경우에도 근무 사실을 입증할 수 있는 출퇴근 기록, 업무 내역 등을 철저히 기록해 두어 가공 인건비가 아니라는 걸 입증하라고 요구한다. 이 깐깐한 증명 요건을 철저히 충족시키지 못하면, 허위 계상된 인건비가 금방 드러난다.

그리고 이름을 잘못 빌려 처리하면 빌려준 사람의 소득이 증가해 종합소득세, 4대 보험, 노인 기초연금 문제가 발생할 수 있으니 주의해야 한다.

03 / 자산 구입에 대한 증빙

차량, 부동산, 인테리어는 자산 구입 시 해당 계약서를 준비하여 자산 구입비용을 처리한다.

장비 및 기기 구입 영수증은 사업 운영에 필요한 장비 및 기기의 구입을 증명하는 영수증, 감가상각의 근거 자료로 사용된다.

04 / 기타 증빙

건강보험료 내역서는 납부한 건강보험료를 필요경비로 처리 가능하다.

사업 관련 대출금 및 이자 내역서는 사업 운영자금으로 사용된 대출과 그 이자를 증명한다.

장애인등록증(부양가족 중 장애인 있는 경우)은 장애인공제 적용을 위해 필요한 증빙이다.

기부금 내역서는 기부한 금액에 대한 증빙 서류로 기부금 공제를 받기 위해 필요하다.

건물주가 세금계산서를 발급해 주지 않는다면?

적격증빙을 미수취한 경우에도 실제 거래가 있었다면 거래 사실을 입증할 수 있는 증빙 서류(계약서, 영수증, 거래명세서, 송금영수증 등)를 통해 사업과 관련된 지출임이 객관적으로 확인되는 경우 장부에 의하여 사업소득 금액을 계산 시 당해 사업연도의 필요경비로 인정받을 수 있다. 단, 세금계산서 등 세법에서 정하는 적격증빙이 아니기 때문에 미수취 금액의 2%에 해당하는 증빙불비가산세는 물어야 한다.

실제 임차료보다 금액을 낮춘 세금계산서를 발급하거나 세금계산서를 발급해 주지 않는 건물주가 있다.

그렇다 해도 실제로 지불한 임차료를 100% 경비 처리할 방법이 있다. 임차료는 주요경비로서 반드시 사업용 계좌에서 이체해야 하는 대상이다. 다운계약서가 있다고 해도 실제 임차료를 사업용 계좌에서 이체했다면 그 증빙만으로도 전액 경비 처리가 가능하다.

예를 들어 실제 임차료는 4백만 원인데 건물주가 2백만 원으로 금액을 낮춰 세금계산서를 발행했다고 가정해 보자. 건물주는 부가세 신고를 할 때 자신이 발급한 세금계산서 내용대로 부동산임대 공급가액 명세서에 월 220만 원(부가세 포함)으로 기재해 신고할 것이다.

하지만 임차인은 실제로 420만 원을 임차료로 지불했으므로 세금계산서 금액이 220만 원에 200만 원을 더해 월 420만 원(부가세 포함)으로 장부에 계상해 손익계산서를 작성할 것이다.

이런 일이 벌어지면 임대인과 임차인의 자료를 크로스 체크를 하는 사후 검증 과정에서 둘 중 누군가는 잘못 신고한 것이므로 당연히 국세청에서는 서로 맞지 않는 부분을 확인하기 위해 소명하라는 안내문을 발송하고 소명하는 과정에서 임대인이 월 임차료를 의도적으로 줄여 신고한 것이 드러나면 국세청은 과거 5년치 부가세와 소득세를 건물주에게 추징할 수 있다.

이런 세금 추징이 임차인의 신고에 의해 일어났음을 건물주인 임대인이 알게 된다면 가만히 있을 건물주가 있을까?

아마도 추징된 세금 일부를 책임지라는 식으로 나올 것이고, 임대차 기간이 만료되면 재계약이 불가능할 것은 불 보듯 뻔한 일이다. 따라서 다운계약서를 요구하는 건물이라면 경비로 처리할 수 있는 부분을 포기하고 건물주가 발행한 세금계산서 금액대로 신고하기로 하고 그곳에서 계속영업을 할지, 다른 곳을 찾아 볼 지 고민해야 할 것이다.

건물주의 요구를 수용했다고 해도 사업용 계좌에서 임차료 전액을 이체했다면 세무조사를 받을 때 문제가 될 수 있으므로 임대사업자가 편법을 요구하는 건물에는 입주하지 않는 게 상책이다.

건물주가 일반과세자인 경우 월 임대료에 대해 무조건 세금계산서 발행 의무가 있으나 연 매출 4,800만원 미만 간이과세자의 경우 세금계산서를 발행하지 못하기 때문에 세금계산서를 받을 수 없으니, 임차인은 무조건 사업용 계좌에서 이체해 금융거래 근거를 남겨야 사업용 계좌 미사용 가산세(0.2%)를 면할 수 있다.

임대인	증빙처리
간이과세자	연 매출 4,800만 원 미만 간이과세자는 원칙적으로 세금계산서를 발행할 수 없다. 따라서 반드시 계좌이체하는 방법으로 월세를 지급해야 한다. 다만, 해당 임차료는 종합소득세나 법인세 신고 때 비용으로 인정받을 수 있다. 연 매출 4,800만 원 이상 간이과세자는 아래 일반과세자와 동일하게 세금계산서를 발급할 수 있다.
일반과세자	세금계산서 발행 의무가 있다. 따라서 월세에 부가가치세 10%를 추가로 냈다면 세금계산서 발급을 요구할 수 있다.

04 부가가치세만 받고 세금계산서 발행해 주면 바보

지인이 매입자료를 맞추기 위해 거래 없이 부가가치세만 주고 세금계산서 발행을 요청하는 경우가 있는데, 해당 거래가 불법이지만 일상에서는 자주 발생한다.

부가가치세 10%만 받고 발행해 주는 것은 손해다. 이유는 세금계산서를 발행하면 10%의 부가가치세와 동시에 종합소득세(법인세)도 추가로 낸다. 즉 나는 부가가치세 10%와 소득에 대한 종합소득세(법인세)를 내야 하는데, 상대방으로부터는 부가가치세 10%만 받았으므로 소득에 대한 세금 소득세(법인세)는 손해 보는 행위다.

예를 들어 거래처 요구로 500만 원의 세금계산서를 발행해 주면서 50만 원의 부가가치세를 받았다고 가정해 보자

세금계산서 발행자는 안 내도 될 75만 원(500만 원의 15% 소득세율 가정, 법인은 10% 가정하면 50만 원)에 대해서는 법인세(또는 소득세)가 과세되고, 50만 원에 대해서는 부가가치세가 과세된다.

따라서 가짜로 발행해 준 500만 원에 대한 소득세(법인세) 75만 원(45만 원)과 부가가치세 50만 원을 받아야 손해가 아니다. 하지

만 부가가치세만 받고 발행해 주었다면 소득세(법인세) 75만 원 (45만 원)의 손해가 발생한다. 즉 지인 또는 거래처의 자료를 맞춰주기 위해 편의를 봐준 것이 손해로 다가오는 것이다.

발행자(손해)		수취자(이익)		
부가가치세	소득세 (세율 15% 가정)	부가가치세	소득세 (세율 15% 가정)	
	법인세 (세율 10% 가정)		법인세 (세율 10% 가정)	
50만 원	75만 원	50만 원	75만 원	
	50만 원		50만 원	

[주] 발행자의 손해를 수취자가 보전해 줘야 한다. 부가가치세만 주는 경우 발행자의 부가가치세만 보존해 주고 소득세(법인세)는 보전해 주는 것이 아니다.

[주] 적용받는 소득세(법인세)율이 높다면 더 많은 세금을 내야 한다.

[주] 부가가치세는 세금계산서를 발행해 줌으로 인해 손해 본 50만 원을 상대방에게서 받으면 손익에 미치는 영향은 0원이지만, 소득세(법인세)는 상대방에게서 받지 않았으므로 75만 원(50만 원)을 내 돈으로 대신 상대방의 세금을 내주는 결과가 된다. 특히 일을 밀어준다는 미끼로 갑이 을에게 매입자료의 발행을 요구하는 경우가 많은데, 만일 500만 원 매입자료를 발행해 주고 75만 원(50만 원)의 남는 돈이 없다면 무조건 손해다. 설령 75만 원(50만 원)의 돈이 남는다고 해도 일은 공짜로 해준 것과 같다.

05 (모바일)청첩장 1장에 20만 원까지 비용처리

01 / 경조사비 세금 신고 때 얼마까지 넣을까?

1년은 52주 매주 경조사비를 20만 원씩 내면 1천 40만 원이 된다.

매주 경조사 참석?

매회 20만 원 경조사비를 낸다?

한번 객관적으로 생각해 보면 정상? 비정상?

연 매출 4,800만 원에 경조사비만 2,400만 원 소규모라 걸리겠어! 하고 신고한 사업자도 봤음

결국 세무서에서 소명 요청해 옴

정상인데 왜 소명 요구하지? 비정상인가?

4,800만 원 버는데, 2,400만 원 경조사비 내는 미친×가 정상일까?

여기서 핵심은 2가지이다.

매주 경조사가 있다는 것은 거래처가 수십 개이고 해당 거래처의 사장 이하 모든 직원의 경조사에 다 참석한다는 의미다. 그런 사람이 있을까? 이 경우는 분명 개인의 경조사뿐만 아니라 자료상에게 청첩장까지 산 것으로 의심받을 만하다. 철저한 소명 준비가

필요한 사례다.

그리고 매출에 비해서 경조사비 지출이 과다한 경우다. 이 경우 위 경우와 마찬가지로 개인의 경조사뿐만 아니라 자료상에게 청첩장까지 산 것으로 의심받을 만하다.

그래서 세무서에서 소명 요구를 받는 것이다.

경조사비는 대한민국 정서상 손쉽게 경비로 인정해 주겠지! 또는 매출이 적은 나까지 문제 삼겠어! 라는 안일한 생각은 금물이다.

경조사비를 지나치게 자주 또는 큰 금액으로 경비 처리를 하는 경우는 지급한 경조사비를 대상자의 소득으로 하여 과세하거나 경비인정이 불가능하다.

(02 / 세무서 소명 요청에 대비한 증빙관리)

사업자가 사업과 관련하여 지출한 경조사비를 경비로 인정받기 위해서는 꼭 부고장, 청첩장 등의 증빙자료를 받고, 지급한 경조사비 내역에 대하여 지급 대장 등을 작성하여 관리해야 한다. 경조사비 지급 대장 작성 시 지급 대상자와 사유, 지급 일시, 금액 등의 내용을 자세하게 작성해 두어야 한다. 소명요구 시 부고 문자, 돌잔치 초대장, 청첩장 캡처본, 원본 등 증빙자료를 반드시 제출해야 한다.

구 분	계정과목	비용인정 한도	증빙
내부 임직원	복리후생비	사회통념상 타당한 금액 (객관적 금액, 경조사 규정 참고)	(모바일)청첩장, 부고장, 문자 내역
외부 거래처	업무추진비	한 곳당 20만 원	

03 / 임직원의 경조사비는 사규에 따라서 지급

실무상 회사에서의 경조사비 지급은 경조사비 지급규정 등 사규
상으로 해당 임직원의 경력, 직급, 회사에 대한 공헌도, 경사(慶
事)와 조사 또는 애사에 따라 지급할 수 있는 금액을 달리 정하
고 있으며, 이에 따라 경조사비를 지급한다. 세무상으로는 경조사
비 지급규정, 경조사 내용, 법인의 지급능력, 종업원의 직위, 연봉
등을 종합적으로 고려해서 지급한 금액이 사회적으로 타당한 금
액이면 복리후생비로써 전액을 비용으로 인정해 준다.

구 분	처리 방법
일반직원	지급 규정에 따라 경조사비가 사회 통념상 타당한 금액이면 비용으로 인정이 되고, 초과하는 경우 해당 직원의 급여에 포함해 근로소득세를 신고 · 납부 해야 비용으로 인정받는다.
임　원	임원상여금 지급 규정에 해당하면 비용처리가 되고, 규정에 없는 경우라면 비용으로 인정받지 못하며, 상여 처분 후 근로소득세를 신고 · 납부 해야 한다.

임직원
- 원칙 : 사내 지급 규정에 따른 지급
- 예외 : 사회 통념상 타당한 금액

거래처
- 일반적으로 20만 원(남의 경조사에 가서 세금계산서를 받을 수 없으므로)

20만 원까지	청첩장 등 소명자료를 받으면 된다.
20만 1원부터	세금계산서 등 적격증빙을 받아야 하며, 받지 못한 경우 전액 비용 불인정

06 입금자와 세금계산서 수취자가 다른 경우 세무처리

01 / 입금자와 세금계산서 수취자가 같아야 한다.

원칙상으로는 계약자와 세금계산서 발행자, 입금자가 동일해야 한다.

입금자와 다른 사업자등록번호로 세금계산서를 발급하면 안 된다. 매출 누락을 위해 매입을 조절하기 위한 경우나 2개 사업체를 운영하면서 A는 간이, B는 일반이라서 B가 매입세액공제를 받기 위해서 이 방법을 많이 사용한다.

❶ 대금은 A 사업자에게 받고 B 사업자와 거래가 없었는데 세금계산서를 B 사업자로 발급하면 가공거래다. 공급가액의 3%를 세금계산서불성실 가산세로 부과한다.

❷ 필요적 기재 사항이 잘못 기재되었으니, 세금계산서가 발급되지 않은 것으로 본다. 공급가액의 2%를 세금계산서 미발급 가산세로 부과한다.

어쩔 수 없이 세금계산서 발행하는 사업자의 대표 이름과 입금자가 다른 경우라면 입금하는 사람과 거래 당사자가 다르다는 확인서를 받아두는 것이 향후 법적인 대응에 유리하다.

재화 등의 공급 주체가 세금계산서 발행 명의자와 다른 위장거래로 발급된 세금계산서도 사실과 다른 세금계산서에 해당함(부가, 수원지방법원-2016-구합-61304, 2016.11.17.)

02 / 계좌이체 시 차명계좌에 입금받는 경우

사업과 관련해서 재화 또는 용역을 공급받거나 공급하는 거래의 경우, 법인은 법인계좌를 사용해야 할 의무가 있으며, 복식부기 의무가 있는 개인사업자는 사업자 명의 계좌를 사용할 의무가 있다.

차명계좌 사용이란 타인 명의로 된 계좌로 입금을 받는 것이다. 예를 들면 배우자 계좌, 법인 대표이사 계좌, 직원 계좌 사용 등이 모두 차명계좌에 해당한다.

차명계좌 사용이 수입금액 탈루와 함께 발각될 경우, 누락된 매출에 대해 부가가치세 추징 및 법인세 또는 소득세 추가 납부세액이 가산세와 함께 추징된다. 또 수입금액 탈루의 의도가 없고 고의성이 없더라도 사업용 계좌 미사용에 대한 가산세를 피할 수 없다.

혹시 실수나 급해서 차명계좌로 입금받은 경우 즉시 법인계좌나 사업용 계좌로 입금해야 한다.

회사가 성장하는 단계에서 고려해야 할 세금 상식

01 간이과세자에서 일반과세자 전환 시 세무 업무

01 / 일반과세자 전환 시점

간이과세자가 일반과세자로 전환되는 시점은 크게 두 가지다.

구 분	전환 시점
자동 전환	연간 공급대가(부가가치세 포함 매출액)가 1억 400만원 이상이 되는 경우, 그다음 해 7월 1일부터 일반과세자로 전환된다. 예를 들어, 2025년 공급대가 1억 400만원 이상이라면 2026년 7월 1일부터 일반과세자로 전환된다.
자진 신청	사업자가 원할 경우 스스로 일반과세자 전환을 신청할 수 있다. 이 경우 신청일이 속하는 달의 다음 달 1일부터 일반과세자로 전환된다.

02 / 일반과세자 전환 후 주요 변경 사항

일반과세자로 전환되면 간이과세자와는 다른 세금 계산 방식이 적용되므로 다음 사항들을 특히 유의해야 한다.

⚫ 세금계산서 발행 의무

일반과세자는 재화나 용역을 공급할 때 세금계산서를 의무적으로 발행해야 한다. 반면 간이과세자는 주로 영수증을 발행하며, 세금계산서 발행 의무가 없다. 다만, 연 매출 4,800만 원 이상 간이과세자는 일반과세자와 동일하게 세금계산서 발행 의무가 있었으므로 별다른 변화가 없다.

⚫ 부가가치세 계산 방식 변경

구 분	계산 방식
간이과세자	(매출액 × 업종별 부가가치율 × 10%) – 공제 세액(매입액(부가세 포함)의 0.5%)
일반과세자	매출세액(판매 금액의 10%) – 매입 세액(매입액의 10%)

⚫ 부가세 신고 주기

구 분	신고 주기
간이과세자	연 1회(1월 25일까지)
일반과세자	연 2회(1월 25일과 7월 25일까지), 법인사업자는 연 4회

03 / 부가가치세 신고의 변화

간이과세자는 세금계산서 발행이 불가능하며 부가가치세 신고도 연 1회였지만, 일반과세자로 전환되면 세금계산서 발행이 필수가 되며, 부가가치세 신고도 연 2회로 늘어나며 매입세액공제가 가능해지는 등 세금 관련 업무가 복잡해진다.

일반과세자 전환 시, 첫 부가가치세 신고는 전환일로부터 25일 이내이며, 만약 연 매출이 1억 400만원 미만일지라도 전환 후에는 2025년 7월 1일부터 12월 31일까지의 기간에 대해 다음 해 1월 25일까지 신고해야 한다.

일반과세자로 전환되면 사업 초기나 매출이 적은 경우 부가가치세 환급이 가능하며, 매출이 적더라도 매입액이 많다면 환급을 받을 수 있어 절세에 유리할 수 있다.

일반과세자 전환 후에는 세금계산서를 반드시 수취해야 부가가치세 매입세액공제를 받을 수 있으며, 카드나 현금영수증으로 결제하더라도 세금계산서와 동일한 효력을 지닌다.

일반과세자는 매출이 없더라도 무실적 신고를 해야 가산세 등의 불이익을 피할 수 있으며, 이는 간이과세자와의 중요한 차이점 중 하나다.

구 분	부가가치세 신고
간이과세자 마지막 신고	전환 직전까지의 간이과세자로서의 매출에 대해 부가가치세를 신고하고 납부해야 한다. 예를 들어, 7월 1일자로 전환된다면 1월 1일부터 6월 30일까지의 매출에 대해 간이과세자로서 7월 25일까지 신고해야 한다.
일반과세자 최초 신고	전환 후 일반과세자로서 첫 부가가치세 신고는 전환일이 속하는 과세기간부터 적용된다. 예를 들어 7월 1일 전환이라면 7월 1일부터 12월 31일까지의 매출·매입에 대해 다음 해 1월 25일까지 신고한다.

04 / 재고매입세액 공제

재고매입세액 공제는 일반과세자 전환 시 재고로 남아 있는 상품에 대해 부가가치세를 공제받을 수 있는 제도로, 간이과세자 때 매입하여 일반과세자로 전환될 때 남아 있는 재고에 대해 세금을 돌려받을 수 있다.

재고매입세액 공제를 받기 위해서는 재고명세서 작성과 매입 세금계산서 등 증빙자료를 잘 보관하여 부가가치세 신고 시 제출해야 하며, 누락될 경우 받을 수 있는 혜택을 놓칠 수 있으니 주의해야 한다.

사업 초기 비용 발생 시부터 세금계산서를 수취하는 습관을 들이고, 전환 이후 세금 신고 시 재고매입세액 공제를 잘 활용하면 예상치 못한 절세 효과를 누릴 수 있다.

05 / 일반과세자 전환 후 소득세 절세를 위한 경비 처리 방법

소득세 측면에서는 일반과세자가 간이과세자보다 세금 부담이 더 커질 수 있으므로, 세금계산서 등을 통한 증빙 관리를 철저히 하여 경비 처리를 늘리는 것이 소득세 절세에 중요하다.

일반과세자로 전환된 후 소득세를 절세하기 위해서는 경비 처리를 철저히 하는 것이 중요하다. 특히, 세금계산서 등을 통해 증빙 관리를 잘하여 사업과 관련된 비용을 최대한 경비로 인정받는 것이 소득세 부담을 줄이는 핵심이다.

이와 관련하여 아래와 같은 경비 처리 방법을 고려할 수 있다.

세금계산서 등 적격증빙 확보

사업 관련 비용지출 시에는 반드시 세금계산서, 계산서, 신용카드 매출전표, 현금영수증 등의 적격증빙을 수취해야 한다. 적격증빙을 통해 지출된 비용만이 경비로 인정되어 소득세 계산 시 과세표준을 낮출 수 있다.

사업 관련성 명확화

경비로 처리하려는 모든 지출은 사업과 직접적인 관련성이 있어야 한다. 개인적인 지출을 사업 경비로 처리할 경우 세무조사 시 불이익을 받을 수 있으므로, 사업과 관련된 지출만 정확하게 경비 처리해야 한다.

복식부기 장부 작성

일반과세자는 복식부기 장부를 작성해야 할 의무가 있으며, 이는 소득세 신고 시 정확한 소득과 지출을 파악하고 절세전략을 수립하는 데 중요한 기반이 된다. 복식부기를 통해 체계적으로 지출을 관리하고 경비를 누락 없이 반영할 수 있다.

개인사업자 법인전환과 절세전략

개인기업을 법인으로 전환하려면 내가 사용하던 부동산이나 여러 자산을 법인 명의로 이전해야 한다. 나는 공장이 있으니까, 공장도 법인 명의로 이전해야 하는데, 엄연히 법인과 개인은 다른 기업이기 때문이다. 방법은 개인기업 사업주인 내가 사업용으로 가지고 있는 유형자산 및 무형자산을 법인에 현물출자 하는 방법과 사업을 양도양수하는 방법이 있다.

구 분	내용
현물로 출자하는 방법	내가 가지고 있는 금전이 아닌 부동산, 채권, 유가증권 등으로 출자하는 것을 말하는데 현금으로 출자하는 것이 아니기 때문에 출자하는 자산의 평가가 조금 까다롭다. 현물출자는 공인된 감정평가기관의 조사를 받아야 하므로 절차가 복잡하고 비용도 만만치 않게 든다.
양도양수로 하는 방법	개인기업의 모든 자산과 부채를 법인에 포괄적으로 양도하는 것을 말하는데 서로 적정한 가격이 형성되기만 하면 쉽게 전환할 수 있으니 가장 선호하는 방식이다.

01 / 법인 전환할 때 세금 문제는?

개인과 법인은 엄연히 다르다. 그래서 개인이 법인으로 자산을 이전하게 되면 이전에 대한 세금도 내야 한다. 즉, 부동산을 이전하는 경우는 양도소득세가 기계장치 등 현물 자산을 이전하는 경우 부가가치세가 발생한다. 하지만 일정 요건을 충족하면 법인전환 시점에는 세금 발생 없이 양도소득세의 부과 시기를 늦출 수 있고, 부가가치세를 과세하지 않는 경우도 있으니 꼼꼼히 살펴본다.

🧑 양도소득세 이월과세

사업용 유형자산 및 무형자산을 현물로 출자하거나 사업양도 및 양수의 방법으로 개인기업을 법인으로 전환하는 경우는 이전 시점에서는 양도소득세를 매기지 않고, 이월과세를 적용받을 수 있다.

이게 무슨 말이냐면, 자산을 양수한 법인은 나중에 자산을 처분 즉, 팔려고 할 때 개인이 종전 사업용 유형자산과 무형자산 등을 법인에 양도한 날이 속하는 과세기간에 다른 양도자산이 없다고 보고 계산하는 것이다. 즉 매각으로 인한 양도소득세 산출세액 상당액을 법인세로 낼 수 있다.

🧑 부가가치세 과세제외

사업용 자산을 비롯한 물적·인적 시설 및 권리, 의무 등을 포괄적으로 승계하는 '사업양도양수 방법'에 의하여 개인기업 자산을 법인으로 이전하는 경우는 재화의 공급으로 보지 않는다. 즉, 사업

양수도 방법에 따라 법인으로 전환하면 부가가치세를 매기지 않는다.

02 / 법인전환을 고려해 볼 규모

개인사업자를 유지하다가 법인으로 전환을 고민하게 되는 시점이 바로 순이익이 많아지거나 매출이 커지는 경우 2가지다. 이는 소득세율과 법인세율의 차이에 그 원인이 있다.

단순하게 세율을 비교하면 개인사업자의 과세표준이 1,200만 원만 넘어도 15%의 세율이 적용되어서 법인세율 보다 높아지기 때문에 불리해 보일 수는 있다.

하지만 개인 자산화 과정에서 발생하는 소득세(배당), 법인 관리의 복잡성, 법인자금 사용의 불편함 등을 고려하면 소득세율 35% 구간이 적용되는 순이익이 꾸준히 발생할 때 법인전환을 고려하는 것이 적절하다.

매출액 기준으로 살펴보면 매출이 3억 원을 초과한 시점에 법인사업자로의 전환을 잘 비교해 보고, 절세가 가능한 방향을 선택하는 것이 현명할 수밖에 없다.

업종별 매출로 살펴보면 도매 및 소매업 15억원 이상, 제조업, 숙박업 음식점업 등 7.5억원 이상, 부동산 임대업, 서비스업 5억원 이상이 그 기준에 해당한다(성실신고확인 대상자).

위 순이익 기준이나 매출액 기준은 일반적인 사항이고, 개인사업자와 법인전환 시의 세금 차이를 계산해 보고 의사결정이 되어야 한다는 점 꼭 참고하기를 바란다. 즉, 각 개인의 소득공제와 세액공제, 세율, 세액감면 등으로 인해 소득세와 법인세의 차이가 발

생할 수 있고, 건강보험료도 영향을 미치므로 이를 고려해 의사결
정을 한다.

❶과 ❷를 비교해 ❷가 유리한 경우 법인전환 고려. 단 감면 대상이 있는 경우
도 반영해서 결정한다.
❶ 개인소득 종합소득세 + 건강보험료 추가부담분
❷ 법인소득 법인세 + 대표이사 인건비에 대한 근로소득세 + 개인 자산화 과
정에서 발생하는 소득세(배당소득세 등)

03 / 개인기업의 법인전환 시 주의 사항

🧑 법인설립에 따른 사전 결정 사항

① 출자금 규모 : 일반 양수도의 경우를 제외하면 1년간 평균순
자산가액 또는 순자산평가액 이상으로 해야 하는데 포괄 양수도
시 사업과 무관한 부동산은 제외할 수 있다.
② 지분 구성 : 향후 법인에서 받을 배당 규모의 조절 및 기업가
치평가를 고려한 사전 증여를 염두에 두고 지분율을 구성하되 주
식 명의신탁과 같은 방법은 증여의제 등의 문제가 발생할 수 있
으므로 주의해야 한다.
③ 법인전환 기준일 : 부가가치세 신고기간이나 개인기업의 결산
작업 소요기간 등을 고려하여 결정해야 한다. 개인기업을 폐업하
는 경우 부가가치세 확정신고를 해야 하므로 법인전환 기준일을
부가가치세 예정신고기간이나 과세기간과 일치시키면 한 번의 신
고로 종결할 수 있다.

🧑 법인전환 및 정리 절차

① 법인설립등기 : 개인기업의 사업장 주소지를 신설되는 법인의 본점 주소지로 하여 법인을 설립(상호, 자본금 규모 및 개인 사업주의 지위 등을 결정)

② 법인사업자 등록 신청 : 관할세무서에 신청해서 법인사업자로 사업자등록증을 교부(법인설립신고 및 사업자등록신청서에 법인등기부등본, 정관, 주주명부, 사업장 임대차계약서 등을 첨부)받는다.

③ 개인기업 결산 : 법인전환 기준일을 정하여 개인기업 결산을 진행하여 자산과 부채의 가액을 확정한다.

④ 사업 양수도 계약 체결 : 신설 법인과 개인 간 사업에 대한 양수도 계약을 체결한다.

🧑‍💼 법인전환 후 기존 거래처와 기존 개인 통장으로 거래해도 되나요?

법인으로 전환한 후 기존 개인 통장으로 기존 거래처로부터 판매 대금을 계속 받는 경우 가지급금 문제가 발생해 나중에 세무상 손해를 볼 수 있으니, 법인전환 후에는 거래를 법인통장으로 해야 한다. 물론 소규모 업체의 경우 안 걸리고 기존 개인 명의 통장이나 배우자 명의 통장으로 거래하는 경우도 종종 있다.

03 법인설립 시 최초 사업연도

01 / 최초 회계연도 설정 기준

법인세법 시행령 제4조에 따르면, 법인의 최초 사업연도는 설립
등기일을 기준으로 시작한다. 이는 해당 법인이 법적으로 성립된
날짜를 기준으로 하기 때문이다.

사업자등록증 상 개업연월일은 실제 영업을 개시한 날짜로, 회계
연도 설정의 법적 기준은 아니다.

02 / 최초 회계연도 설정 예시

예를 들어, 법인이 2025년 3월 15일에 설립등기를 완료했다면

1기 회계연도 : 2025년 3월 15일 ~ 2025년 12월 31일

이후 매년 1월 1일부터 12월 31일까지가 회계연도가 된다.

특정 업종이거나 별도의 이유로 법인설립 시 회계연도를 다르게
설정하려면, 정관에 명확히 기재해야 한다.

03 / 정기 결산일 설정

회사의 정관에 따라 결산일(통상 12월 31일)을 지정하며, 정관에 별도로 명시하지 않은 경우에도 일반적으로 12월 31일을 기준으로 한다.

04 / 세무 신고와 일정

회계연도가 설립등기일을 기준으로 설정되므로, 법인세 신고 및 부가가치세 신고 등의 세무 일정도 이에 따라 결정된다.

[질문]
2025년 12월 30일 자로 법인설립등기를 하였으나 사업자등록증 상의 개업연월일이 2026년 1월 18일 자 일 경우 등기부등본상의 설립 일자와 사업자등록증 상의 개업연월일 중 1기 회계연도는 어느 것을 기준으로 해야 할지 문의드립니다.
[답변]
내국법인의 최초 사업연도 개시일은 설립등기일인 것으로 귀사의 사업연도 개시일은 법인설립등기일인 2025년 12월 30일인 것입니다.

04 법인 대표이사 급여 책정은 얼마를 해야 하나?

과거에는 소득세와 4대 보험 부담을 줄이기 위해 대표이사 급여를 낮게 책정하는 경우가 많았다. 하지만 세금에 대한 이해가 높아지면서 급여를 낮게 책정하는 것이 항상 유리한 것은 아님을 알게 되었다.

직원들 급여는 최저임금을 기반으로 설정되나, 대표이사의 급여는 국세청의 많은 관심을 받으며 임원의 퇴직금 관련해서 규정을 명확히 해야 한다.

법인설립 시 주총에서 결정된 정관에 임원의 보수 한도가 정해져 있다. 이 한도 내에서 임원의 보수 계약서를 매년 작성해야 한다. 스타트업 대표가 무보수 근무를 희망할 경우, 보수 없는 직원으로 신고가 가능하다.

그러나 회사 상황에 따라 대표의 급여를 어떻게 책정할지가 중요하다.

일반적으로 많은 대표들이 원하는 급여로 월 500만 원을 언급한다.

01 / 대표이사 급여 처리의 특징

민법 686조 제1항에 따르면, 특별한 약정이 없으면 임원은 보수를 청구할 수 없으며, 계약이 성립되지 않으면 무보수로 간주된다.

상법 제388조에 의하면, 이사의 보수는 정관에서 정하지 않을 경우 주주총회의 결의로 결정된다. 즉 주주총회에서 지급에 대해서 최종 결정을 해야 한다. 12월 말 법인의 경우는 3월에 법인세 신고를 하기 전에 매년 재무제표를 정기주주총회에서 승인하게 되어있다. 따라서 임원 보수 결정은 정관, 주주총회, 계약서의 세 가지 요소에 기반하여 이루어지는 것이 중요하다.

대표이사는 근로기준법의 적용을 받지 않으므로 급여에 하한선이 없고, 무보수로 일할 수 있다.

급여의 상한은 법률로 규정되지 않지만, 절차를 지켜야 하며 상법에 따라 주주총회 결의로 정해져야 한다.

임원 보수를 지급할 때 그 절차를 거치지 않으면 부당이득에 해당하며, 세법상 비용으로 인정받지 못할 수 있다.

세무서에서 급여가 많다고 판단될 경우 이사회 서류를 요청받을 수 있으므로, 미리 관련 서류를 준비하는 것이 중요하다.

02 / 근로자 보수와 임원 보수의 차이점

근로자들은 근로기준법 제43조에 의해 보수지급에 대한 명확한 규정이 있어, 이를 따르지 않을 경우 위법한 상황이 발생한다.

근로자는 최저임금법 규정으로 인해 임금을 적게 주면 문제가 되며, 이는 강제 규정이다. 반면, 임원의 보수는 민법과 상법에 따라 특별히 규정되지 않으며, 자치 규정으로 운영되기 때문에 유연성이 있다.

그러나 임원의 보수를 자치 규정을 벗어나서 과도하게 지급할 경우 문제가 발생할 수 있다.

❶ 영업이익에서 차지하는 비중, 동종업계 임원과의 급여 격차, 지급 가능성, 급여 변동 추이, 배당금 지급 여부가 포함된다.

❷ 급여가 법인의 영업이익에서 과도하게 특정인에게 집중된다면, 이는 문제가 될 수 있다.

❸ 임원 급여는 사회적 통념과 비교해 판단해야 하며, 동종업계와의 급여 격차도 고려되어야 한다.

❹ 기업의 경영 투명성은 임원 급여 결정에 중요한 요소로 작용하며, 투명성이 떨어지면 기업 건강에 부정적 영향을 미칠 수 있다.

03 / 대표이사 급여의 결정요소

대표이사의 급여는 법인의 이익 수준과 소득세, 건강보험료, 법인세 등을 고려하여 정해야 한다.

신설법인처럼 매출과 순이익이 없는 상황에서는 대표이사 급여를 책정할 필요가 없다. 수익 발생 전까지는 최저급여로 신고하고, 임원의 보수는 매달 조정할 수 있다.

법인의 이익 수준, 사업의 복잡성, 대표이사의 업무 범위, 시장의 경제 불확실성 등을 종합적으로 고려하여 적절한 수준으로 급여를 설정하는 것이 좋다.

임원 급여는 과도하게 높거나 낮지 않도록 주의해야 한다.

대표이사가 높은 월급을 받을 경우 법인세 측면에서는 높은 비용 인정으로 법인세는 줄어들지만 개인소득세 및 4대 보험 납부가 증가하며, 이는 소득신고를 통해 개인 자산 형성에 영향을 준다.

대표자들이 저임금을 설정하는 주된 이유는 세금과 건보료 때문으로 추정된다. 하지만 소득세를 줄이기 위해 급여를 낮추면 오히려 법인세가 증가할 수 있다.

급여는 또한 퇴직금에 영향을 미치며, 퇴직소득세는 장기간 묶여 있던 금액을 일시에 지급받기 때문에 공제 혜택이 많다.

회사의 상황을 정확하게 파악하고 소득세 및 기타 법적인 요건과 조화를 이루는 적정 수준을 찾는 것이 중요하다.

❶ 임원의 보수와 관련된 첫 번째 문제는 손비 처리로, 법인세법의 규정에 따라 과다하거나 부당한 급여는 손금산입되지 않는다고 규정되어 있어, 적절한 급여를 설정해야 법인세 절감 효과를 볼 수 있다.

❷ 상여금의 경우, 임원이나 직원에게 지급된 이익처분은 손금불산입의 대상이 되어 손비 처리할 수 없으므로 규정 및 결의가 필수적이다.

❸ 특수관계자, 즉 가족이 주주인 경우는 형평성을 고려해야 하며, 초과 지급된 금액은 손비 처리되지 않는다고 명시하고 있어 주의가 필요하다.

❹ 퇴직금 또한 정관에 정해진 금액을 초과하여 지급되는 경우 손비처리되지 않으며, 임원 퇴직금의 경우 정해진 기준을 초과하는 경우 근로소득세로 과세되므로 세금이 급격히 증가할 수 있다.

04 / 기본원칙과 급여 책정의 중요성

회사의 자금 흐름에 대한 예측은 중요하며, 매출에 따라 주주들이 자금을 추가해야 할 수도 있다.

일반적으로 대표이사 급여는 월 500만 원이 많이 언급되며, 이는 대표이사의 급여를 최소화하여 월 500만 원, 연봉 6천 만원으로 설정할 경우, 소득세와 국민연금, 건강보험료가 최소화되어 절세 효과가 있기 때문이다.

하지만, 이익이 주기적으로 발생하는 경우 미처분이익잉여금이 쌓여서 이 자금을 일시에 개인적으로 회수할 경우 종합소득세에 포함돼 누진세 체계로 인해 높은 세금을 부담해야 한다.

따라서 매월 급여를 높이고 퇴직급여도 증가시키면, 연간 근로소득세 부담이 늘어나는 대신 쌓인 미처분이익잉여금에 대해서 일시에 내야 할 세금은 줄어든다. 즉 대표이사의 급여를 결정할 때 단기적인 세금 부담만 고려해서는 안 된다.

법인의 월급 결정 과정은 절차상의 중요성을 가지며, 서류와 계약서의 철저한 작성이 필요하다. 이는 향후 세무조사 시 필요한 자료가 된다.

많은 대표이사가 퇴직 전에 급여를 갑자기 올려 퇴직금을 높이려는 경우가 있으나, 이는 국세청의 조사를 받을 수 있다. 대표이사 급여는 회사 운영에 맞춰 지속적으로 조정되는 것이 바람직하며, 세금 부담만을 고려해서는 안 된다.

❶ 임원이 급여를 적게 책정할 경우, 그로 인해 법인세가 증가하며, 퇴직금 부족 문제도 발생한다.

❷ 급여를 대폭 줄이면 대표의 신용평가 점수가 하락할 위험이

있으며, 이는 심각한 문제를 초래할 수 있다.

❸ 과도한 급여는 자금 출처에 대한 소명 리스크를 초래하며, 이로 인해 국세청의 주목을 받을 수 있다.

❹ 급여를 과도하게 많이 가져갈 경우, 소득세 및 건강보험료가 증가하여 재정적 부담이 커지며, 이는 임원의 고충으로 이어질 수 있다.

❺ 과다 지급된 급여는 배당 문제를 일으켜 주주 간의 이해관계에 따라 갈등을 불러일으킬 수 있다.

05 / 대표이사의 적정 급여 책정

❶ 급여와 퇴직금을 적정하게 책정하기 위해서는 정관과 주주총회에서의 근거, 지급 규정의 한도, 그리고 승인이 반드시 필요하다. 세무조사 때 이러한 정관과 주주총회의사록, 이사회의사록 등을 요청하기 때문에 그 중요성이 더 크다고 볼 수 있다.

❷ 비상장 법인 대표의 급여는 이익에 따라 산정되며, 일반적으로 이익의 약 20% 정도를 보수로 가져가는 것이 적절하다고 여겨진다.

❸ 급여는 공평하게 책정되어야 하며, 같은 근무 기간과 역할을 가진 근로자 간에 형평성이 지켜지지 않을 경우, 손비 처리에서 문제가 생길 수 있다.

❹ 퇴직금은 세율이 낮고, 건강보험료가 부과되지 않아 중요한 출구 전략이 될 수 있으며, 지급 규정을 적절히 설정해야 한다.

❺ 개인소득세와 법인세를 비슷한 수준으로 맞추는 것이 중요하며, 이를 통해 손해를 보지 않도록 관리해야 한다.

직원 급여 책정은 얼마를 해야 하나?

01 / 직원 급여를 책정한다.

인건비는 기본급, 각종 수당(시간외 수당, 직급보조비 등), 퇴직금, 복리후생비 등으로 구성된다. 인건비 책정 시에는 통상임금과 최저임금을 준수해야 하며, 이는 근로계약에서 정한 근로를 제공하면 확정적으로 지급받게 되는 임금을 의미한다.

직원을 고용하면서 합의된 금액에 따라서 연봉을 책정하고, 계약서를 작성해서 직원에게도 한 부를 꼭 교부 한다.

그리고 직원 급여가 책정되면, 4대 보험과 세금을 떼고 나머지 금액을 이체해 주면 되는데, 이때 급여 상세 내역이 나온 임금 명세서를 꼭 발급해 줘야 한다.

직원의 상여는 책정된 금액보다 더 줘도 비용 처리하는 데는 법률상 문제가 되지 않는다. 퇴직금도 직원 한도 규정에 따라서 줘야 할 금액보다 더 줘도 전혀 세법상 비용 처리하는 데 문제가 없다. 반면 임원의 경우에는 임원 퇴직금 한도 규정을 두지 않았다면, 당연히 세법상 한도 규정만 줘야 세무상 불이익이 없다.

임원의 한도 규정은 최소 규정이 아니고 최대 규정이기 때문에 이 한도 규정을 넘을 수가 없다.

직원의 경우에는 한도 규정이 최소 규정이기 때문에, 더 주는 건 얼마든지 가능하다. 반면 임원의 경우는 최대한도를 정하고 있으므로 임원 급여 규정에서 정한 금액을 넘어서 줄 수는 없다.

두 차이점을 기억해 두어야 한다.

02 / 같이 일한 가족의 인건비

가족이라도 실제로 같이 일을 했다면 반드시 회사의 인건비로 비용처리를 한다.

가족이 같이 일하는데도, 혹시 인건비 처리하면 세무조사 등 불이익을 받을까 봐 무작정 비용처리를 안 하시는 분들이 있다.

개인의 경우에는 그렇게 하게 되면 소득세를 좀 많이 내는 걸로 끝나겠지만, 법인의 경우에는 이렇게 실제로 일을 했는데 인건비에 대해서 비용처리를 안 했다면, 고스란히 이 금액은 돈이 나갔는데 불분명한 금액이 되어 가지급금으로 처리될 수 있다.

실제로 같이 일하는 가족의 경우에는 반드시 인건비 신고를 하고, 불법 체류자 등의 경우에는 입증할 수 있게 돈을 받아 간 수령증을 만들어서 반드시 사인을 받은 후 신분증 사본을 첨부하고, 사유서 등을 만들어서 기록을 남겨두어야 한다.

분명히 지급한 인건비가 대표이사의 가지급금으로 되어버리면, 회사도 불이익이고 대표이사는 이 금액을 회사에 갚아야 하는 엄청난 불리한 상황이 된다.

급여지급일은 어떻게 결정해야 할까?

01 / 당월 지급 및 익월 지급 여부 결정

급여일을 정할 때 가장 먼저 고려할 사항은 당월 지급으로 할지, 익월 지급으로 할지 결정하는 것이다. 이는 원천세 납부 기한과 관련이 있는데, 원천세는 급여지급일이 속한 달의 다음 달 10일까지 납부해야 하기 때문이다.

당월 지급

6월 1일부터 6월 30일까지의 급여를 6월 중 특정 날짜(말일)에 지급하는 방식이다. 이 경우 6월 급여에 대한 원천세 신고 및 납부는 지급일의 다음 달 10일인 7월 10일까지 완료해야 한다. 정확한 4대 보험 고지 내역 반영을 위해서는 25일 또는 말일로 설정하는 것이 좋다. 급여지급일이 25일 이전이면 두루누리 지원금 반영이 어려울 수 있다.

🧑 다음 달 지급

6월 1일부터 6월 30일까지의 급여를 7월 중 특정 날짜에 지급하는 방식이다. 이 경우 6월 급여에 대한 원천세 신고 및 납부는 지급일의 다음 달 10일인 8월 10일까지 완료해야 한다. 익월 25일에 지급하는 사례도 많으며, 이는 4대 보험 부과 고지가 매월 19일(부과 기준일은 15일 기준)경에 이루어지므로 정확한 행정처리를 위한 여유 기간을 확보할 수 있다. 통상 익월 10일을 급여지급의 한계치로 보는 경우가 많다.

🧑 일반적인 급여일

우리나라 기업 중 상당수는 매월 10일 또는 25일을 급여일로 정하고 있다. 25일 지급은 당월 일한 25일치 급여를 후지급하고 나머지 5일치 급여를 선지급하는 형태이며, 10일 지급은 급여 전액을 후지급하는 형태다. 대기업과 거래하는 중소기업은 물품 대금 지급까지 시간이 소요되므로 후지급 형태를 선호한다.

02 / 근로기준법 및 규정 준수

급여지급일은 근로기준법을 준수하여 설정해야 하며, 이는 근로자의 생활 안정과 직결된다.

🧑 정기 지급 원칙

근로기준법은 임금을 매월 1회 이상 일정한 날짜를 정하여 지급하도록 규정하고 있다. 이는 근로자의 생활 안정을 도모하기 위함이다.

👤 근로계약서 및 취업규칙 명시

사용자는 근로계약서와 취업규칙에 임금 지급일, 지급 방법, 산정 기간 등 임금에 관한 사항을 반드시 명시하고 준수해야 한다. 이를 위반할 경우 3년 이하의 징역 또는 3천만원 이하의 벌금 처분을 받을 수 있다.

👤 휴일 전후 지급

급여지급일이 휴일과 겹칠 경우, 휴일 전 또는 휴일 후로 지급일을 지정할 수 있다. 취업규칙에 '급여지급일이 공휴일인 경우 그 전영업일에 지급한다'는 문구가 있다면 이를 반드시 지켜야 한다. 취업규칙은 상시 근로자 수 10인 이상의 기업에서 필수로 작성하고 이행해야 한다.

👤 월 중도 입사자 급여

월 중도 입사자의 경우, 첫 급여일에 해당 일까지의 급여를 일할계산하여 지급해야 한다. 입사 당월의 임금 정기 지급일에 기왕의 근로에 대한 임금의 전부 또는 일부가 지급되어야 한다.
고용노동부는 월 중도 입사자에게 첫 급여일에 일할계산하여 지급하지 않고 다음 급여일에 지급하는 경우 시정 지시를 내리고 있다.

🧑 임금명세서 교부

사용자는 급여와 함께 임금명세서를 발급해야 하며, 여기에는 임금 지급일, 총액, 구성 항목별 계산 방법 등이 포함되어야 한다. 이를 위반 시 근로자 1인당 500만원 이하의 과태료가 부과될 수 있다.

03 / 급여지급일 변경 시 고려사항

급여지급일을 변경하거나 지연해야 할 경우 준수해야 할 사항들이 있다.

🧑 근로자 동의

급여지급일 변경은 근로자의 생활에 직접적인 영향을 미치므로, 근로자 과반수로 구성된 노동조합이나 근로자 과반수의 동의를 받아야 한다. 근로자 대표와의 합의만으로는 법적 효력이 없다.

🧑 지연 안내 및 동의서 작성

불가피한 사정으로 급여 지급이 지연될 경우, 근로자에게 신속하게 알리고 그 이유와 예상 지급 일정을 안내해야 한다.

임금은 정해진 날에 지급해야 하므로, 급여 지연은 임금체불로 간주될 수 있다. 따라서 지연의 배경과 대책을 충분히 설명하고 동의서를 작성, 보관하는 것이 좋다.

🧑 지연이자 확인

2025년 10월 23일부터는 재직자에게도 임금체불 지연 이자가 적용된다.

이에 따라 미지급된 임금과 퇴직금에는 연 20%의 지연이자가 발생한다. 단 기타 금품에는 근로기준법상 지연이자가 아닌 민법상 지연이자 5%가 발생한다. 여기서 기타 금품이란 사용자가 근로자에게 관례로 지급한 경우가 없거나, 사용자의 재량에 따라 일시적으로 지급한 수당 등을 의미한다. 예를 들어 복리후생, 실비변상적으로 지급된 금품 등이 기타 금품에 해당한다.

근로기준법에 따르면 임금체불 지연이자는 지급 사유 발생일로부터 14일이 지난날을 기산일로 하여 변제일까지 적용된다. 쉽게 말하여 통상임금 지급일 혹은 근로자 퇴사일 기준, 15일째 되는 날부터 실제 임금·퇴직금이 지급된 날까지 지연이자가 적용된다고 이해할 수 있다(근로기준법 제37조).

🧑 서면 통보

급여 지연 소식을 문자로 통보하는 것은 법적 효력이 문제가 될 수 있으므로, 서면으로 통보하는 것이 좋다.

07 창업 초기에 퇴사율을 낮추고 사기를 높여줄 좋은 방법은?

창업 초기 단계에서 퇴사율을 낮추고 사기를 높이기 위한 방법은 다음의 방법을 생각해 볼 수 있다.

01 / 투명한 보상 체계 구축

직원의 급여와 보상을 투명하게 공개하여 불필요한 불만을 줄이고, 직원들이 자신이 공정하게 보상받고 있다는 느낌을 받을 수 있도록 한다. 이를 통해 직원의 신뢰와 만족도를 높일 수 있다.

02 / 강력한 조직 문화 형성

수평적인 조직문화를 조성하고, 직원들이 자유롭게 의견을 나누고 의사결정에 참여할 수 있는 환경을 제공한다. 이는 직원의 소속감과 책임감을 증대시키며, 궁극적으로 퇴사율 저하에 기여한다.

03 / 충분한 교육과 역량 강화

직원들이 자신의 역량을 개발할 수 있도록 다양한 교육 프로그램을 제공하고, 새로운 기술이나 도구에 대한 숙련도를 높여준다. 특히 AI와 같은 신기술 도입 시에는 직원의 참여를 최대한 이끌어 내서 적응력을 높인다.

04 / 개방적이고 솔직한 소통

회사의 전략과 목표를 명확히 전달하고, 직원들과의 열린 소통을 통해 불안감을 해소한다. 이는 직원들이 회사의 방향성을 이해하고, 자신의 역할에 대한 자부심을 가질 수 있게 한다.

05 / 유연한 근무 환경 제공

원격근무나 유연근무제를 적극적으로 도입하여 직원들이 일과 삶의 균형을 잘 맞출 수 있도록 지원한다. 이는 직원의 만족도와 생산성을 동시에 높이는 효과가 있다.

08 비과세 급여를 최적화할 때 주의해야 할 점은

비과세 급여는 소득세를 과세하지 않는 근로소득으로, 근로자의 실수령액을 높이고 사업주는 4대 보험 회사 부담분과 지방소득세를 절감할 수 있는 효과적인 방법이다. 비과세 항목은 세법에 열거된 항목만 비과세가 적용된다.

근로자 입장에서 총수령액은 같더라도 '비과세 항목'이 많을수록 실제로 내야 하는 소득세와 4대 보험료가 줄어든다.

예를 들어, 동일한 총급여 300만 원을 받더라도, 일반 과세소득(기본급 등)의 비중이 작고, 비과세 항목 비중이 높다면 실제 실수령액이 늘어난다.

사업주 역시 4대 보험료 부담이 함께 줄어드는 장점이 있다.

01 / 실비변상적 비과세

실비변상적 비과세 급여는 근로자가 업무 시 개인 비용을 사용하는 경우 회사가 이를 변상하기 위해 급여 항목에 추가하는 금액을 말한다.

🧑 자가운전 보조금

근로자 본인 소유 차량을 직접 운전하여 업무 수행에 이용하고 실제 여비를 받는 대신 지급 기준에 따라 받는 금액 중 월 20만 원까지 비과세가 가능하다. 시외 출장 여비는 자가운전 보조금과 중복 비과세가 가능하지만, 시내 출장 여비는 중복 비과세가 불가능하다. 배우자와 공동명의 차량도 가능하며, 본인 명의 차량 소유 또는 임차한 경우에도 해당한다.

자가운전보조금을 비과세 처리할 때는 회사 내 규정을 명확히 하고, 비과세 조건에 해당하는 직원만, 비과세 처리를 해야지 조건을 충족하지 않는 전 직원을 대상으로 무조건 비과세 처리를 하는 경우 건강보험공단의 불시 점검으로 건강보험료가 추징된다.

🧑 연구보조비

교원의 연구 수당, 특정 연구기관 및 중소기업 부설 연구소 종사자의 연구 수당은 월 20만 원까지 비과세 처리된다. 연구 전담 요원에 해당하는 대표자는 창업 3년 이내 소기업의 경우 연구활동비에 대한 비과세 처리가 가능하다. 연구활동비는 해당 법령에서 정한 연구활동비에 해당하는지 따져봐야 한다.

🧑 일직료/숙직료 및 여비

일직료, 숙직료 또는 여비로서 실비 변상 정도의 금액은 비과세된다. 법인의 종업원이 해외출장으로 인해 실제 소요된 항공료, 숙박비 등을 선지급하고 회사로부터 정산받는 경우, 해당 금액은 근로소득에 해당하지 않는다.

해외근무 중인 근로자의 본국휴가에 따른 여비는 회사 사규 등에 귀국여비 부담 규정이 있으며, 직무수행상 필수적인 휴가인 경우 비과세가 가능하다.

🧑 벽지수당

월 20만 원까지 비과세된다. 다만, 벽지수당 대신 지급받는 출퇴근 보조비는 과세 대상 근로소득이다.

02 / 복리 후생적 비과세

복리 후생적 비과세 급여는 근로자의 근무 환경을 유지하거나 보장하기 위해 회사가 부담하는 금액이다.

🧑 단체 순수보장성 보험

근로자는 단체 순수보장성 보험의 보험료 중 연 70만 원 이하까지 비과세 적용이 가능하다.

🧑 사택 제공 이익

회사 소유 주택을 저가 또는 무상으로 제공하거나 회사가 직접 임차한 주택을 무상 제공할 때 비과세가 가능하다. 단, 사용자는 주주 또는 출자자가 아닌 임원, 소액주주 임원, 또는 임원이 아닌 근로자여야 한다. 근로자의 생활과 관련된 사적 비용(수도 요금, 전기요금, 전화요금, 가스 등)은 사택 제공 이익에 해당하지 않아

과세된다. 소액주주는 발행주식 총액의 1% 이하 또는 액면가 합계액이 3억 원 이하 중 더 적은 금액에 해당하는 조건을 충족해야 한다. 따라서 회사 사택(아파트 등)을 주주인 대표이사가 무상으로 사용하는 경우 해당 시가 상당액을 해당 대표이사의 급여로 보아 과세한다.

🧑 식대

근로자가 식사 기타 음식물을 제공받지 않고 받는 식대는 월 20만 원까지 비과세가 가능하다. 만약 식대를 현금과 현물 음식을 중복해서 제공한다면 현금 20만 원은 과세된다. 식권은 비과세로 처리하고 현금 지급액은 전액 과세해야 한다.

🧑 자녀 보육수당

근로자 또는 그 배우자가 출산하여 6세 이하 자녀를 키우는 경우, 회사로부터 받는 급여 중 자녀당 월 20만 원 이내 금액은 비과세 적용이 가능하다. 자녀당 20만 원으로 2명의 자녀를 둔 경우는 40만 원이다. 맞벌이 부부의 경우 각각 월 20만 원 이내로 비과세 적용이 가능하다. 둘 이상의 회사에서 수당을 받는 경우 자녀수 × 20만 원으로 비과세된다.

🧑 생산직 근로자의 연장근로수당

월 급여가 210만 원 이하이고 직전 과세기간 총급여가 3,000만 원 이하인 생산직 근로자는 연 240만 원까지 연장근로수당에 대해 비과세 적용이 가능하다. 공장 근로자, 아파트 경비원, 건물

미화원, 요양 보호사, 미용실 종업원, 콜센터 직원 등이 생산직 근로자에 해당한다.

- 운전 및 운송 관련직 종사자 : 운전 및 운송 관련 직종
- 서비스 관련직 종사자 : 돌봄 서비스, 미용 서비스, 여가 및 관광 서비스, 숙박시설 서비스, 조리 및 음식 관련 서비스 직종
- 판매 관련직 종사자 : 매장 판매, 상품 대여, 통신 관련 판매 직종
- 단순노무직 종사자 : 운송, 청소, 경비, 가사, 음식, 판매, 농림, 어업, 계기, 자판기, 주차관리 및 기타 서비스 관련 단순노무직 종사자

🧑 국외 근로소득

국외 원양어업 선박, 외국 항행 선박, 항공기 또는 북한 지역에서 근로할 경우 월 500만 원까지 비과세 처리된다. 출장이나 연수 목적일 경우 과세된다. 일반적인 국외 근로소득은 월 100만 원까지 비과세된다.

🧑 직무발명보상금

「발명진흥법」에 따른 직무 발명으로 받는 보상금 중 연 700만 원 이하의 금액은 비과세된다.

🧑 학자금

근로자가 법령에 따른 학교에서 교육받으며 사업자로부터 지원받는 학자금은 비과세된다. 단, 해당 교육이 사업자의 업무와 관련

성이 있어야 하고, 사규나 내부 규칙에 따라 지급되어야 한다.

육아휴직 급여 등

「고용보험법」에 따라 받는 실업급여, 육아휴직 급여 등과 「제대군인지원에 관한 법률」에 따른 전직지원금, 공무원 또는 사립학교 교직원 등이 관련 법령에 따라 받는 육아휴직 수당은 비과세된다.

위자 성질의 급여

근로자가 업무상 재해와 관련하여 사용자로부터 받는 위자 성질의 급여는 비과세된다.

건강보험 등 사용자 부담분

「국민건강보험법」, 「고용보험법」, 「노인장기요양보험법」에 따라 국가, 지방자치단체 또는 사용자가 부담하는 보험료는 비과세된다.

03 / 비과세 급여를 최적화할 때 주의할 점

세법상 요건과 한도 준수

각 비과세 항목(예 : 식대, 자기차량 운전보조금 등)은 법에서 정한 한도와 요건에 맞게 지급되어야 하며, 이를 초과하거나 요건을 지키지 않으면 초과분 또는 전체 금액이 과세 대상이 된다.
식대의 경우 '회사에서 식사를 별도로 제공하지 않는 근로자'에 대해 월 20만 원까지 비과세가 가능하다. 실제 식사를 제공하고도 식대를 추가로 지급하면 세무상 문제가 발생할 수 있다.

자가운전보조금의 비과세는 요건을 따지지 않고 모든 직원에게 적용하지 않도록 주의하고 출산보육수당 등 비과세 한도도 명확히 인지해야 한다.

🙍 노동법상 검토(통상임금성 문제)

세법상 비과세로 인정되어도, 노동법상 '통상임금'에 해당하면 휴일수당, 연차수당 등 각종 수당 산정 기준에 포함될 수 있다.

식대, 차량보조금 등 비과세 수당이 통상임금에 해당되는지 검토를 소홀히 하면, 추가 임금 청구나 소송 등 노동분쟁 위험이 존재한다.

🙍 정확한 증빙과 체계적 자료 관리

각종 비과세 수당은 실제 근무(자동차등록증, 차량 운행 기록 등)나 대상(자녀, 주거 환경 등)에 부합함을 입증할 수 있는 증빙(영수증, 운행일지 등)을 남겨야 한다.

세무조사 시 증빙이 부족하면 추징 위험이 있다.

비과세 항목별 증빙 자료를 체계적으로 관리하는 것이 매우 중요하다.

🙍 한도 미만 이월 적용 불가

비과세 한도에 미달하는 달이 있더라도 남는 금액을 다른 달에 이월해 비과세로 적용할 수 없다. 매월 한도 내에서만 비과세가 인정된다.

🙍 사업장 상황별 적용 가능 항목 확인 필요

직종, 근무 형태, 가족 구성 등에 따라 적용가능한 비과세 항목이 다르므로 전문가 조언을 받아 개별 상황에 맞게 적용하는 것이 안전하다.

3.3% 근로자와 근로소득자는 어떤 점이 다를까?

3.3% 근로자라는 표현은 엄밀히 말하면 잘못된 용어로, 3.3%를 세금으로 원천징수당하는 사람은 '근로자'가 아닌 '사업소득자'다. 즉, 3.3%를 원천징수하는 소득은 프리랜서, 용역계약자, 개인사업자 등 회사와 독립적인 계약 관계에서 용역을 제공하고 그 대가를 받는 사람들에게 적용된다. 이 소득은 '사업소득'으로 분류되어, 소득세 3%와 지방소득세 0.3%를 원천징수한다.

반면 '근로소득자(근로자)'는 회사와 정식으로 근로계약을 맺고, 고용보험 등 4대 보험에 가입하며, 회사의 지휘·감독 아래 근무하는 사람을 뜻한다. 이들은 사업소득자가 아닌 '근로소득자'로, 월급에서 간이세액표에 따라 근로소득세를 원천징수한다.

추가로, 근로소득자는 근로기준법 등 각종 노동법의 보호(최저임금, 퇴직금, 연차, 주휴수당 등)를 받지만, 3.3% 원천징수 대상자인 사업소득자는 이러한 법적 보호 의무에서 제외된다는 점이 더 큰 차이다.

3.3% 근로자의 경우 아래 표에서 근로소득자의 법적 대우를 받아야 함에 불과하고, 실질적으로는 근로소득자이면서 법적 대우는 3.3% 사업소득자(프리랜서 등)의 대우를 받는 경우를 말한다. 즉

실질적으로는 근로소득자로 사용하면서 법적 의무를 회피하고자 하는 계약이다.

항목	3.3% 사업소득자 (프리랜서 등)	근로소득자
계약 형태	용역 계약(업무 위탁계약, 프리랜서 계약)	근로 계약(고용 계약서 작성 필수)
근무시간/장소	자유로운 편(통상 독립적 수행)	회사가 지정한 근로시간 및 장소 준수
업무지시·감독	업무상 지시나 감독 없음 (독립적으로 업무 수행)	회사 지시와 감독하에 근무
4대 보험 가입	원칙적으로 의무 없음(사업자 본인이 부담)	의무 가입(국민연금, 건강보험 등)
퇴직금 지급 여부	지급 없음(독립 계약자이므로)	지급 대상(1년 이상 근무시 필수)
연차휴가	법정 연차휴가 없음	근로기준법에 따라 연차휴가 지급
근로기준법 보호 여부	보호받지 못함(노동법상 근로자가 아님)	근로기준법 보호(최저임금 등 보호됨)
세율(원천징수)	지급금액의 3.3% 원천징수	간이세액표에 따라 원천징수
세금 신고 방식	매년 5월 종합소득세 신고	연말정산

실제로 근로제공을 받으면서도 3.3% 사업소득으로 위장하여 처리하는 것은 위장 프리랜서 문제로, 국세청 및 노동청의 엄격한 단

속 대상이다.

4대 보험 가입 회피 목적으로 3.3% 처리하면, 사업주는 4대 보험료 추징, 과태료 및 가산세를 부담할 수 있으며, 향후 근로자가 퇴직금, 실업급여 등 혜택을 받지 못해 법적 분쟁의 발생 위험이 크다.

10 세무 기장 수수료 체계

세무 기장은 일반적으로
① 매월 청구되는 기장수수료와
② 연 1회 청구되는 조정료(결산료) 2가지 형태의 수수료가 각각
청구된다.

01 / 매달 받아 가는 기장 수수료

매월 1회 청구되는 기장 수수료는 부가가치세 신고, 인건비 신고,
세무 자문, 정기적인 결산에 대한 수수료로 보통 개인은 10만 원
부터 법인은 15만 원부터로 사업장의 매출, 종업원 수, 업종에 따
라 인상 요인이 반영돼 금액이 결정된다.

02 / 법인세 또는 종합소득세 신고조정 수수료

연 1회 청구되는 조정료(결산료)는 3월 법인세 또는 5월 종합소득
세 신고 후 청구되며 회계장부를 세금부과 기준인 세법에 맞게

세무 조정해 주는 것에 대한 수수료로 세무회계 사무실에 따라 차이가 있지만 보통 개인은 30만 원부터 법인은 45만 원부터로 사업장의 매출에 따라서 차이가 발생한다. 연 매출 5억의 경우 100만 원 정도 청구될 수 있다.

최근 정기 소득세(법인세) 신고임에도 세액감면, 공제 반영 후 기본 조정료에 감면, 공제액의 20~30%를 추가 수수료로 청구하는 세무회계 사무실들이 있다.

신고조정 수수료로 상대적으로 큰 금액을 청구하므로 인해 기장을 맡기는 업체는, 해주는 일도 없으면서 돈만 받아 간다고 생각하는 사업주들이 많아 세무사 사무실과 갈등을 일으키기도 한다.

11 직원 휴가는 1년에 며칠을 줘야 할까?

직원의 연간 유급휴가 일수는 근속기간과 출근율에 따라 달라지며, 1년 미만 근로자는 최대 11일, 1년 이상 근로자는 최소 15일의 연차유급휴가를 받게 된다.

근무기간	부여 연차휴가 일수
입사 후 1년 미만(입사 첫해)	1개월 개근 시 1일(최대 11일)
입사 후 1년간 80% 이상 출근	15일
입사 후 3년 이상 근무 시	매 2년 추가근무 시 +1일씩 가산
입사 후 최대 연차휴가	최대 25일까지 가능

• 입사 1년 미만 직원은 매달 개근 시 1일씩 발생한다. 예를 들어 6개월 동안 개근한 신입 사원이라면 6일의 연차를 받을 수 있다.

• 입사 후 1년이 되는 시점에 15일이 새롭게 발생한다.

• 이후 2년마다 1일씩 추가되어 최대 25일까지 늘어난다. 예를 들어, 1~2년 근무자의 경우 15일, 3~4년 근무자의 경우 16일, 5~6년 근무자의 경우 17일, 7~8년 근무자는 18일 등

01 / 연차휴가의 발생 기준

연차 유급휴가는 근로자가 일정 기간 근로조건을 만족하면 사용자에게 제공받는 유급휴가다. 연차휴가는 고용 형태와 관계없이 상시 근로자 5인 이상 사업장에서 주 15시간 이상 근무하는 근로자에게 적용한다.

🧑 1년 미만 근로자

계속 근로 기간이 1년 미만인 근로자 또는 1년간 출근율이 80% 미만인 근로자에게는 1개월 개근 시 1일의 유급휴가가 주어진다. 따라서 1년 미만 근로자는 1년간 최대 11일의 연차를 받을 수 있다. 1년 미만 근로자에게 부여된 연차 유급휴가는 발생일과 관계없이 입사일로부터 1년간 사용하지 않으면 소멸한다.

🧑 1년 이상 근로자

사용자는 1년간 80% 이상 출근한 근로자에게 15일의 유급휴가를 주어야 한다. 이는 입사일 기준으로 1년 1일째 되는 날 15일의 연차가 발생한다. 근속기간이 3년 이상인 근로자에게는 최초 1년을 초과하는 계속 근로 연수 매 2년에 대하여 1일을 가산한 유급휴가가 부여되며, 가산휴가를 포함한 총 휴가 일수는 25일을 한도로 한다. 연차휴가는 근로자가 청구한 시기에 부여한다. 다만, 근로자가 청구한 시기에 휴가를 주는 것이 사업 운영에 막대한 지장이 있는 경우에는 그 시기를 변경할 수 있다.

02 / 연차휴가 산정 기준일

연차 유급휴가의 산정 기준일은 크게 두 가지 방식이 있다.

입사일 기준

각 근로자의 개별 입사일을 기준으로 연차 유급휴가를 부여한다. 이 방식은 근로기준법에 따라 정확하게 연차휴가를 계산하고 지급할 수 있다는 장점이 있다.
그러나 구성원별 연차 소멸 일자가 달라 직원이 많은 경우 연차 촉진 진행 시 관리에 어려움이 있을 수 있다.

회계연도 기준

매년 1월 1일을 기준으로 모든 근로자의 연차 유급휴가를 맞추는 방법이다. 이 방식은 연차 지급 및 사용 가능 기간이 모든 구성원에게 동일하다는 장점이 있다. 또한 연차 촉진을 시행하는 경우 동일한 날짜에 진행하여 모든 구성원의 미사용 연차에 대한 수당 정산 및 촉진이 가능하다. 하지만 구성원이 퇴사할 경우 퇴사 시점에서 입사일 기준으로 연차를 산정하여 비교해야 하며, 회계연도 기준으로 산정한 휴가일수가 입사일 기준으로 산정한 휴가일수에 미달하는 경우 미달하는 일수에 대해 추가로 연차휴가를 부여하거나 연차휴가미사용수당으로 정산해야 한다.

03 / 연차 사용 촉진 제도

연차휴가는 본래 과거의 근로에 대한 보상으로 휴식 기회를 제공하는 것이지만, 최근에는 금전 보상적 측면이 강조되는 경향이 있다. 이에 사용자는 근로기준법 제61조에 규정된 연차휴가사용촉진 제도를 활용하여 근로자의 휴식권을 보장하고 회사의 예산을 절감할 수 있다.

연차 사용 촉진 절차는 다음과 같다.

🔘 1년 이상 근무자

사용자는 연차 사용 기한이 지나기 6개월 전에 근로자에게 미사용 연차 일수를 알려주고 근로자가 사용 시기를 통보하도록 서면으로 촉구해야 한다. 근로자가 10일 이내에 회사에 사용 시기를 알리지 않으면, 연차 소멸 2개월 전까지 근로자에게 연차휴가 사용 시기를 지정하여 서면으로 통보할 수 있다. 이러한 조치가 취해졌음에도 근로자가 연차를 사용하지 않았다면, 사용자는 미사용 연차수당을 지급하지 않아도 된다.

구 분	사용촉진
1차 촉진(시기 지정 촉구)	연차 발생 1년 종료 6개월 전(회계연도 기준으로는 7월 1일 ~ 7월 10일)에 회사는 근로자에게 남은 연차 일수를 서면으로 통지하고, 10일 이내에 사용 시기를 정하여 통보하도록 촉구해야 한다. 이 기간에 근로자가 휴가 사용 계획서를 회사에 제출해야 한다.

구 분	사용촉진
2차 촉진(휴가 사용 촉구)	1차 촉진에도 불구하고 근로자가 10일 이내에 연차 사용 시기를 통보하지 않으면, 회사는 연차 발생 1년 종료 2개월 전(회계연도 기준으로는 10월 31일)까지 미사용 연차에 대해 구체적인 사용 기간을 지정하여 서면으로 통지해야 한다.

1년 미만 근로자

계속 근로한 기간이 1년 미만인 근로자의 경우, 최초 1년의 근로 기간이 끝나기 3개월 전에 미사용 연차 일수를 고지하고 사용 시기 통보를 촉구해야 한다. 근로자가 10일 이내에 사용 시기를 지정하지 않으면 최초 1년의 근로 기간이 끝나기 1개월 전까지 사용 시기를 지정해서 송부하면 된다.

구 분	사용촉진
1차 촉진(시기 지정 촉구)	최초 1년의 근로 기간이 끝나기 3개월 전을 기준으로 10일 이내에 사용자가 근로자별로 사용하지 아니한 휴가 일수를 알려주고, 근로자가 사용 시기를 정하여 사용자에게 통보하도록 서면으로 촉구해야 한다. 단, 서면 촉구 후 발생한 휴가(최초 9개 연차 외 2개 연차)에 대해서는 최초 1년의 근로 기간이 끝나기 1개월 전을 기준으로 5일 이내에 촉구해야 한다.
2차 촉진(휴가 사용 촉구)	1차 촉구에도 불구하고 근로자가 10일 이내에 사용 시기를 통보하지 않으면, 최초 1년의 근로 기간이 끝나기 1개월 전까지 사용자가 사용하지 아

구 분	사용촉진
	니한 휴가의 사용 시기를 정하여 서면으로 통보해야 한다. 단, 1개월 전 기준으로 촉구한 휴가에 대해서는 최초 1년의 근로 기간이 끝나기 10일 전까지 서면으로 통보해야 한다.

🙂 연차 사용 촉진 주의 사항

연차 사용 촉진 제도는 법적 효력을 갖기 위해 몇 가지 중요한 주의 사항을 준수해야 한다.

1. 서면 통지 원칙

연차 사용 촉진의 모든 과정은 근로자와의 분쟁을 방지하기 위해 반드시 서면으로 진행되어야 한다. 이메일이나 사내 인트라넷은 일반적으로 서면으로 인정되지 않지만, 전자결제 시스템이 완비되어 모든 업무를 전자 문서로 관리하며 근로자에게 도달 여부가 명확히 확인되는 경우는 전자 문서 통지가 인정될 수 있다.

2. 개별 통지

회사는 일괄적인 공지가 아닌, 근로자 개인별로 미사용 연차 일수를 알려주며 사용을 독려해야 한다.

3. 시기 지정 명확화

미사용 연차에 대한 사용 시기를 명확히 정해서 근로자에게 통보해야 한다.

4. 노무수령 거부

사용자가 연차 사용 촉진을 했음에도 근로자가 지정된 휴가일에 출근하여 근무를 제공할 경우, 사용자는 노무수령 거부 의사를 명확히 표시해야 한다. 이는 법적 분쟁을 방지하고, 휴가일에 대한 근로수당 지급 의무를 면제받기 위함이다. 예를 들어, 휴가 사용 지정일에 출근하지 말 것을 고지하거나, 출근한 근로자에게 노무수령 거부 의사를 분명히 전달하고 입증 가능한 방법을 사용하는 것이 좋다.

05 / 회사가 반드시 지켜야 할 주의 사항

- 연차휴가 일수는 최소 법정 기준 이상 반드시 부여해야 한다.
- 취업규칙 등 사규에 연차휴가 일수 및 부여 기준을 명시해야 한다.
- 직원의 미사용 연차는 합법적인 연차휴가 사용촉진을 안 한 경우 수당으로 지급해야 한다.
- 직원이 휴가를 요청했을 때, 특별한 사유 없이 휴가를 거부하면 근로기준법 위반이다.

06 / 연차수당의 계산과 지급

연차수당은 근로기준법에 따라 발생하는 연차유급휴가를 근로자가 사용하지 않았을 때 지급되는 임금이다. 이는 근로자의 1일 통상임금에 미사용 연차 일수를 곱하여 계산한다.

🧑 연차수당 계산 방법

연차수당은 '1일 통상임금'에 '미사용 연차 일수'를 곱하여 산정한다.

1. 1일 통상임금 계산

통상임금은 근로자에게 정기적이고 일률적으로 지급되는 소정근로에 대해 지급하기로 정해진 금액을 의미한다. 통상임금에 포함되는 항목으로는 기본급, 직무수당, 직책수당, 기술수당, 정기상여금 등이 있다.

구 분	통상임금 계산
월급제 근로자의 1일 통상임금	월급을 받는 근로자의 경우, 월 통상임금을 월의 통상임금 산정 기준 시간(월 소정근로시간)으로 나누어 통상시급을 구하고, 여기에 1일 소정근로시간(통상 8시간)을 곱하여 1일 통상임금을 계산한다. 예를 들어 월 급여 3,000,000원인 근로자의 1일 통상임금은 (3,000,000원 ÷ 209시간) × 8시간 = 114,832원이다. 여기서 209시간은 1주 40시간 근무 기준으로 월 유급주휴시간을 포함한 소정근로시간이다.
일급제/시급제 근로자의 1일 통상임금	일급제 근로자의 1일 통상임금은 해당 일급이 된다. 시급제 근로자의 1일 통상임금은 통상시급에 1일 소정근로시간(보통 8시간)을 곱하여 산정한다.

2. 미사용 연차 일수 확인

근로기준법에 따르면, 1년 이상 근무한 근로자는 80% 이상 출근 시 15일의 연차 유급휴가를 받을 수 있으며, 3년 이상 계속 근로한 경우에는 최초 15일에 2년마다 1일이 가산되어 최대 25일까지 늘어난다. 1년 미만 근로자의 경우, 1개월 개근 시 1일의 유급휴가가 발생한다. 이 중 사용하지 않은 연차 일수가 연차수당 산정의 기준이 된다.

🧑 연차수당 지급 시기

연차수당은 연차휴가 사용 청구권이 소멸된 날을 기준으로 지급한다. 일반적으로 연차 사용기간 만료일 이후 첫 임금 지급일에 지급된다.

퇴직자의 경우 퇴사 시 미사용 연차가 남아있는 경우, 퇴사일을 기준으로 남아있는 연차 일수에 1일 통상임금 또는 평균임금을 곱하여 수당을 지급해야 한다. 퇴직금 정산 시 미사용 연차수당도 포함하여 지급될 수 있다. 다만, 회사의 취업규칙, 근로계약서, 또는 노조와 체결된 단체협약에 따라 연차수당 지급일이 명시되어 있다면 해당 규정을 따른다.

🧑 연차수당 관련 유의사항

- 연차수당은 휴가 사용이 가능한 마지막 달의 임금을 기준으로 계산하는 것이 일반적이다.
- 통상임금은 고정적인 금액이 아니므로, 연차수당 계산 시점에 근로자의 통상임금을 정확히 파악해야 한다.
- 연차수당은 근로자의 중요한 권리 중 하나이므로, 정확한 계산과 적시 지급이 이루어져야 한다.

회사를 운영하면
알아야 할 세금상식

01 대표이사와 사장의 차이점

사장은 회사업무의 최고 집행자를 의미한다.

개인회사를 흔히 자영업자라고 하기도 하고 개인회사의 대표를 법인의 대표이사와 구분해 사장 또는 대표라고 부른다(대표이사라고는 안 함).

대표이사는 상법상의 용어이다.

상법상 회사의 의사결정은 이사회가 하고 그 대표가 바로 대표이사이다. 계약한다거나 중요한 결정을 내리는 대표라는 것이다.

상법상 법인은 사람과 같은 인격을 부여받았지만, 실제 현실에서는 사람과 같이 경제활동을 할 수 있는 실존하는 존재가 아니므로 법인의 실체적인 경제활동을 대표이사가 법인을 대신해서 하는 것이다.

우리는 흔히 생각하는 대표이사가 실제로는 법인을 운영하고 직원을 고용하며, 각종 지시를 하지만 법률상으로는 대표이사도 법인이라는 사장에 고용된 일반직원과 같다고 보고 업무처리를 해야 한다. 물론 세법상, 고용보험 적용상 일반직원과 다른 예외적인 사항도 있지만, 법률상 지위는 위에서 설명한 바와 같다는 것이다.

구 분	개인회사(사장님)	법인(대표이사)
최고 우두머리	사장 개인	법인(인격을 가진 회사)
의사결정	사장 개인	이사회
회사의 소유주	사장 개인	법인의 주주
사장(대표이사)의 지위	회사 = 사장 개인 것	회사 = 법인 것 대표이사 = 우두머리인 법인을 대신해 회사를 경영하는 사람(의사결정 기구인 이사회의 대표) 따라서 법인에 고용된 사람
1인 회사(법인)	회사 = 사장 개인 것	회사 = 법인 것 대표이사 = 법인을 대신해 일하는 사람
결론	회사는 사장 개인의 것으로 회사의 자금을 마음대로 가져가고 가져올 수 있다.	회사는 법인의 것으로 대표이사는 단지 법인을 대신해 법인이라는 사장에 고용돼 대표적인 활동을 할 뿐 법인이 대표이사 개인 것이 아니다. 1인 법인이라도 법률상 법인이 대표이사 개인 것이 아니다. 따라서 자본을 대표이사 개인이 마음대로 가져오고 가져갈 때는 횡령이 될 수 있으며, 마음대로 쓰면 가지급금으로 세무상 불이익이 있다. 가져가려면 배당의 절차를 거쳐야 한다.

사업과 관련해서 내야 할 세금상식

01 / 사업자가 알아야 할 기본적인 세금

개인사업자는 물건을 사고, 팔 때 부가가치세를 신고납부하고, 매년 번 소득에 대해서는 종합소득세를 신고납부한다.

그리고 임직원을 고용해 급여를 지급하는 경우는 원천세를 신고납부해야 한다.

법인사업자는 물건을 사고, 팔 때 부가가치세를 신고납부하고, 매년 번 소득에 대해서는 법인세를 신고납부한다.

그리고 임직원을 고용해 급여를 지급하는 경우는 원천세를 신고납부해야 한다.

참고로 원천세 신고할 때는 원천징수이행상황신고서에 총괄내역을 기록해 신고납부하는 것이며, 개별 원천징수 내역은 지급명세서를 1년에 1번 별도로 제출한다.

- 부가가치세 신고납부 : 1~2번 홈택스에서 직접 해보면 혼자서도 가능
- 소득세와 법인세 : 초보가 하기에는 어려움. 단 단순경비율 대상자는 가능

구 분		세금 종류
거래에 대한 세금 부가가치세		• 부가가치세를 통해 회사의 매출 사항을 알 수 있고, 매입 내역을 통해 매출과 비교함으로써 대략적인 기업의 이익을 예측할 수 있다. • 부가가치세는 소득세와 법인세의 기초 자료가 되는 중요한 세금이다.
소득에 대한 세금	개인 소득세	• 소득에 대한 세금인 이자소득, 배당소득, 근로소득, 사업소득, 기타소득, 연금소득이 있다. • 이자소득, 배당소득, 사업소득, 근로소득, 연금소득, 기타소득을 합산하여 매년 5월에 종합소득세 신고납부를 한다. • 누진세율(6~45%)이 적용되어 소득이 높을수록 세율이 높다. • 퇴직소득세와 양도소득세는 종합소득과 합산하지 않고 별도로 분류해서 과세하는데, 이를 분류과세라고 한다.
	법인 법인세	• 법인의 소득에 대해서는 법인세를 신고납부하며, 소득세와 같이 누진세율이 적용된다. • 법인세와 별도로 법인의 각 구성원은 소득의 귀속에 따라 소득세를 추가로 납부할 수 있다.
임직원에 대한 원천세		• 원천세는 소득을 지급하는 자가 소득을 지급할 때 세금을 차감하여 국가에 납부하는 제도다. • 위 소득세 중 매달 원천징수를 통해 납세의무가 종결되는 경우도 있고, 나중에 종합소득세에 합산해 신고납부를 하는 경우도 있다. 물론 원천징수된 금액이 있으면 종합소득세 신고납부할 때 차감한다. 이같이 매달 원천징수하는 소득은 종합과세와 구분하기 위해 분리과세라는 용어를 사용한다.

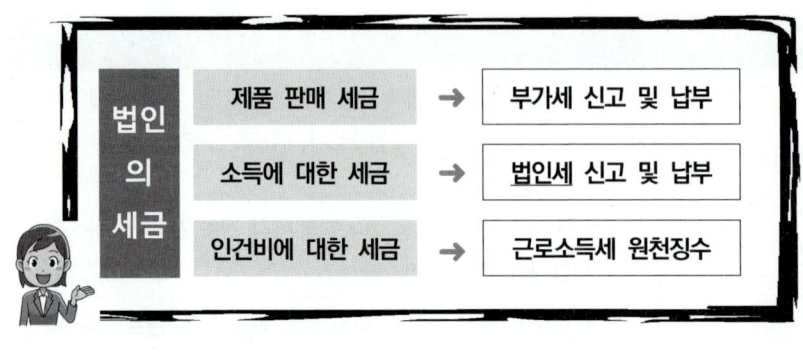

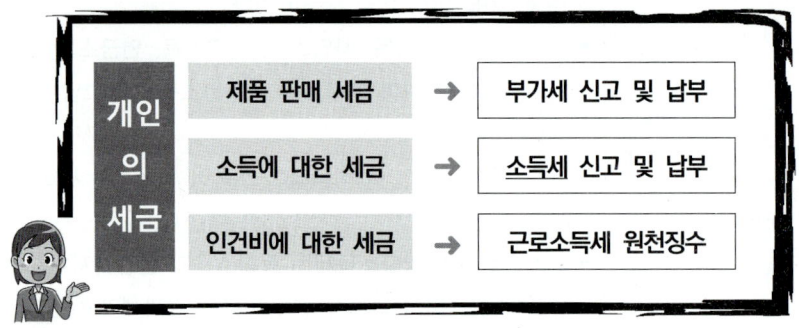

02 / 사업 초기부터 세금 지식을 포기하면 안 된다.

일부 사장님들은 사업 시작 전에 세무사에게 기장을 맡기기로 하고, 세법을 등한시하지만, 이는 위험한 태도이다.

회사의 운영과 성장 과정에서 세무 지식이 필수적이라는 점을 잊어서는 안 된다.

세금을 아는 것과 모르는 상태에서 누군가에게 업무를 위임하는 것은 크게 다르며, 세무 지식은 사업 운영에 필수적인 요소이다.

세금을 아끼는 것은 매출을 늘리는 것과 유사하며, 100만 원의 세금을 줄이는 것은 1,000만 원의 매출 증가와 같은 가치를 지닌다.

따라서, 사업 초기에 세금 관련 업무를 스스로 해보고 어려운 부분은 세무사와 상의하며 성장해야 한다. 이 과정에서 세금 지식이 차곡차곡 쌓이는 것이다.

03 / 세금은 신고납부 제도를 채택하고 있다.

신고납부 제도는 사장 본인이 수익과 지출을 파악해 직접 신고서를 작성해서 신고하고 납부를 해야 한다는 의미다.

신고 시 개인 사용과 사업적 사용을 구분해야 하며, 이 과정에서 사장님들이 가장 혼란을 느끼는 부분이다. 즉 가사와 관련한 개인 지출 비용은 비용처리를 안 해야 하는데, 세금을 줄이기 위해 비용처리하는 사장님들이 많다.

처음 사업을 시작할 때는 연간 세금 납부 날짜와 금액을 이해하는 것이 중요하며, 이를 통해 스스로 세무 관리를 할 수 있다.

04 / 홈택스를 통해 부가세 신고 정도는 쉽게 할 수 있다.

개인사업자가 필수로 알아야 할 첫 번째 세금은 부가가치세로, 이는 상품이나 서비스 거래 시 최종 소비자가 부담하는 10%의 세금을 말한다. 과세되는 재화나 용역을 판매할 때 상품가격에 10%의 부가가치세를 받아서 신고납부하는 세금이다.

부가가치세 신고는 일반과세자와 간이과세자로 나뉘며, 일반과세자는 연 2회 신고를 해야 하고, 간이과세자는 연 1회 신고하게 된다.

홈택스 홈페이지에 부가세 신고를 위한 다양한 영상 자료가 제공

되어 있어 사장님들이 쉽게 접근할 수 있으므로 사전에 세금 신고납부를 위해 해당 영상을 보는 것도 도움이 된다.

연세가 있어 컴퓨터 사용이 어려운 분들을 위해 국세청 민원실에서 부가가치세 신고 지원 서비스를 제공하므로 신고 기간에 세무서를 방문해 이를 활용하는 것도 좋은 방법이다.

초보 사장님들은 꼭 세무사를 찾지 않고도 국세청 홈택스나 관할 세무서를 직접 방문하여 필요한 세무 서비스를 받을 수 있으므로 너무 걱정하지 않아도 된다.

(05 / 소득세(법인세)는 초보 사장님이 알기가 힘들다.)

개인사업자(법인)는 소득이 발생하면 종합소득세(법인세)를 매년 5월(3월)까지 신고해야 하며, 모든 사업장의 소득을 합산해 신고하므로 이에 대한 체계적인 관리가 필요하다.

임직원 인건비, 기부금, 그리고 가족 인건비를 통해 세금 경감을 받을 수 있으므로, 이러한 비용들을 철저히 기록하고 증빙을 첨부하는 것이 중요하다.

종합소득세 신고를 소홀히 하면, 재산 및 소득에 기반한 건강보험료가 추가로 부과될 수 있어 매우 중요하다.

소득세(법인세)는 부가가치세보다 그 신고납부 방식이 복잡한 세목으로, 객관적 비용처리 및 개인적 상황에 대한 이해가 필요하다.

예를 들어, 개인적 사정을 고려한 인적공제에 관한 판단은 개인의 상황에 따라 다르므로, 국세청 사이트에서 관련 자료를 확인하여 스스로 해결하려는 노력이 필요하다.

모르는 부분은 국세청의 전화 상담 서비스를 통해 도움을 받으면서 혼자서도 시도해 볼 수는 있지만, 세법 용어 자체를 모르는 상황에서는 큰 노력이 필요하다.

06 / 임직원 급여에 대해서는 원천징수 신고납부를 한다.

사업자가 근로자를 고용할 경우 인건비 신고를 반드시 해야 하며, 인건비와 관련된 세금도 적절히 처리해야 한다. 특히 인건비는 회사 운영에 있어서 임차료와 함께 큰 비용지출 항목 중 하나이므로 반드시 신고해야 종합소득세(법인세) 신고 때 세금을 줄일 수 있다.

외부 용역을 사용하고, 인건비를 지급하는 때는 인건비의 3.3%를 원천징수 후 반드시 국세청에 신고하고 납부해야 한다.

07 / 세금 신고를 잘못한 경우 즉시 수정신고를 한다.

세금 신고 기한을 준수하고 허위 신고를 피해야 하며, 잘못된 신고는 수정신고를 즉시 해야 가산세 부담을 줄일 수 있다.

사업자는 기한 내에 정확히 신고하는 것이 절세의 필수적이며, 이를 위해 미리 준비해야 한다는 점을 잊어서는 안 된다.

얼마를 팔아야 손해를 안 보나?

사업주가 반드시 분석해 보아야 할 것이 손익분기점 매출액으로, 예상 매출액과의 비교를 통해서 투자의 타당성 및 채산성 여부를 판단하게 된다.

먼저, 손익분기점(Break Even Point)이란 총매출과 그것을 위해 지출된 총비용이 일치되는 매출액을 의미한다. 즉, 일정기간의 매출액이 그 기간에 지출된 비용과 같아서 이익도 손실도 발생하지 않는 지점을 가리킨다.

손익분기점(P) 계산식은 다음과 같다.

$P = F / 1 - (V / S)$

F : 고정비, V : 변동비, S : 매출액

고정비에는 개점 시에 일시적으로 지출되는 부문이 있는가 하면, 매월 정기적으로 지출되는 부분도 있다. 즉, 보증금, 권리금, 관련 시설·인테리어비 등과 같은 항목은 일시에 지불되지만, 임차료나 재료비, 관리비 등은 매월 지출되게 된다.

손익분기점 계산에 있어 보증금이나 권리금 등은 은행에 입금하였을 때의 은행이율만큼의 금액을 매월 지출되는 비용으로 보면 되고, 시설·인테리어비 등에 들어간 비용은 감가상각비로 처리하면 된다.

예를 들어, 점포 임차 기간이 2년이라면 총시설비용(시설·인테리어비 등)을 24개월(2년)로 나눈 금액을 감가상각비로 계산하면 되는 것이다.

하나의 사례를 들어 손익분기점 계산을 해보도록 하자.

올해 4월로 교직 생활 20년이 되는 김씨는 퇴직금 등의 관계로 명예퇴직, 동시에 커피숍을 개점키로 하고 집에서 출퇴근이 비교적 손쉬운 ○○동에 1층 점포를 임차했다.

점포의 임차 기간은 2년이며 임차보증금 3,000만 원에 월임차료 100만 원, 권리금 6,000만 원을 주었다.

그리고 점포의 시설·인테리어비용으로 2,400만 원, 개점에 따른 기타 비용으로 600만 원, 종업원 두 명을 고용해서 인건비로 200만 원, 수도·전기·광열비 등으로 60만 원의 지출이 필요하다고 할 경우 김씨의 손익분기점 매출액은 얼마일까?

❶ 투자 내역

내 용	투자 금액 (만원)	매월 금리 (만원)	연 금리
임차보증금	3,000	25	연 10%
권리금	6,000	50	연 10%
시설 · 인테리어비	2,400	20	연 10%
기타 비용	600	5	연 10%
합 계	12,000	100	

❷ 고정비 내역

내 용	금액 (만원)
매월 금리	100
인건비	200
수도 · 전기 · 광열비	60
매월 임차료	100
감가상각비(2년)	100
합 계	560

❸ 변동비 내역

내 용	변동 비율 (%)
상품 원가율(커피)	60.0
소모품 비율(크림, 설탕, 냅킨 등)	6.0
합 계	66.0

먼저, 비용별로 나누어 살펴보면 다음과 같다.

· 매월 금리 : (1,200만 원 × 10%) ÷ 12개월 = 100만 원

· 감가상각비 : 2,400만 원 ÷ 24개월 = 100만 원

· 상품 원가율 : 커피의 마진률이 40%라면 상품 원가율은 60%가 된다.

· 소모품 비율 : 평균 소모품비 ÷ 매출액

단계별로 공식을 대입해서 손익분기점 매출액을 계산하면,

고정비(F) = 560만 원

변동비율(V/S) = 0.66(66.0%)

손익분기점 = 고정비 ÷ (1-변동비율) = 560 ÷ (1 - 0.66)

= 1,647.1만 원(월)

결국 김씨의 커피숍은 1개월에 적어도 1,647.1만원의 매출액은 올려야 손실 없이 점포를 운영할 수 있게 된다.

이 경우 손익분기점 이후 발생하는 초과 매출액을 전부 이익으로 보아서는 안 된다. 이익은 손익분기점 초과 매출액 중 변동비를 빼거나 총매출액에서 고정비와 변동비 합산 금액을 뺀 나머지 부분이 된다.

05 법인자금을 개인적으로 사용하는 경우 세무상 어떤 문제가 있나요?

01 / 가지급금 처리 및 인정이자 부담

개인적인 용도로 사용한 법인자금은 회사 회계상 '가지급금'으로 처리한다.

가지급금이란 실제로 현금이 나갔지만, 거래 내용이 불분명하거나 미정산된 부분에 사용하는 임시 계정으로, 이 금액이 정산되지 않으면 법인은 인정이자(간주이자) 비용을 부담해야 하며, 이에 따라 법인세 등 추가적인 세금 부담이 발생한다.

가지급금은 다음과 같은 경우에 주로 발생한다.

 개인적인 용도 사용

대표이사가 개인 대출금 상환, 주택 구입, 생활비, 자녀 교육비 등 사적인 목적으로 법인 자금을 사용한 경우 가지급금으로 처리한다.

🙂 증빙 미비

영업 목적으로 지출했더라도 출장비, 리베이트 비용 등 증빙이 불가능하거나, 영업비용 허용 한도를 초과한 경우 가지급금으로 누적된다.

🙂 급여 및 배당 절차 미준수

급여나 배당 등의 정당한 절차 없이 법인계좌에서 대표이사 개인계좌로 자금을 인출하거나, 법인카드를 개인 용도로 사용한 경우도 가지급금에 해당한다.

🙂 허위 인건비 계상

실제 근무하지 않는 배우자나 자녀에게 급여를 지급하거나, 동일직급 대비 과도하게 높은 급여를 지급하는 경우도 가지급금으로 간주될 수 있다.

02 / 법인에 미치는 세무상 불이익

법인자금의 개인적 사용은 법인에 다음과 같은 세무상 불이익을 초래한다.

🙂 인정이자 법인세 증가

법인은 대표이사에게 가지급금에 대한 이자를 받아야 하며, 세법상 적정이자율(4.6%)에 따라 인정이자(이자수익)가 발생한다. 이 인정이자를 수령하지 않더라도 세무당국은 이를 법인의 소득으로 간주하여 법인세를 부과한다.

🧑 지급이자 손금불산입

법인이 대출을 통해 자금을 조달한 경우, 가지급금으로 유출된 금액에 해당하는 대출이자(이자비용)는 업무와 무관한 지출로 간주되어 법인 비용으로 인정되지 않는다. 이는 법인세 부담을 가중시킨다.

🧑 기업 신용도 하락 및 대출 제한

가지급금은 기업의 자산으로 기록되지만, 회수 가능성이 낮아 재무 건전성에 부정적인 영향을 미친다. 금융기관은 이를 사업과 무관한 자금 유출로 보아 대출 심사에서 불리하게 평가하며, 대출 한도 축소 또는 금리 조건 악화, 심지어 대출 거부로 이어질 수 있다.

🧑 세무조사 리스크 증가

국세청은 가지급금을 업무무관 자산으로 보아 세무조사 시 주요 쟁점 사항으로 다룬다. 특히 가지급금이 누적되거나 장기간 정리되지 않으면 국세청의 사전경고시스템(EWS)에 의해 조사 대상으로 지정될 수 있다.

🧑 부가가치세 매입세액불공제

법인카드를 개인 용도로 사용하면, 해당 금액은 세법상 비용으로 인정되지 않으며, 부가가치세 매입세액공제도 받을 수 없다. 또한, 회사 자금을 임의로 유용한 것으로 간주되어 횡령죄로 법적 문제가 발생할 수도 있다. 이런 경우에는 즉시 해당 금액을 회사에 반환하여 상계 처리해야 한다.

03 / 대표이사에게 미치는 세무상 불이익

대표이사가 법인 자금을 개인적으로 사용할 경우, 대표이사 개인에게 다음과 같은 세무상 불이익이 발생한다.

🙂 소득세 및 4대 보험료 증가(상여 처분)

대표이사가 법인에 인정이자를 납부하지 않을 경우, 미지급한 이자만큼 대표이사의 상여금으로 간주되어 소득세와 4대 보험료가 증가한다. 이는 가지급금을 상환할 때까지 매년 부과된다.

🙂 폐업 시 일시 과세

가지급금 잔액이 남은 채로 법인을 폐업하면, 미상환 원금 전체가 일시에 대표이사의 상여로 간주되어 소득세 및 4대 보험료가 부과된다.

🙂 형사적 책임

적법한 절차 없이 회사 자금을 개인적인 용도로 사용하는 행위는 형법상 업무상 횡령죄에 해당하여 형사처벌을 받을 수 있다.

04 / 정상적인 자금 인출 방법

급여 : 근로소득세 부담이 발생한다.

배당 : 배당소득세 및 종합소득세가 발생하며, 주주구성 및 정관 등 법적 절차가 필요하다.

퇴직금 : 장기적으로 적립 및 적법하게 지급할 경우 세 부담이 가장 적을 수 있다.

05 / 가지급금 해결 방안

가지급금을 정리하는 방법에는 여러 가지가 있으며, 기업의 상황에 맞춰 전문가의 도움을 받아 안전하고 세금 부담을 최소화하는 전략을 마련하는 것이 중요하다.

🙎 대표이사의 개인 현금 상환

대표이사가 개인 자산을 활용하여 가지급금을 법인에 직접 상환하는 가장 확실한 방법이다.

구 분	내 용
장점	가지급금 문제가 가장 확실하게 해결되며, 추가적인 세금 부담이 거의 발생하지 않는다.
단점	대표이사가 충분한 유동 자산을 보유하고 있어야 현실적으로 가능하며, 개인 자산이 감소하게 된다.

급여, 상여금 활용

대표이사의 급여를 인상하거나 상여금, 배당금을 통해 가지급금을 해결하는 방법이다.

구 분	내 용
장점	매년 일정액의 가지급금을 정리하기에 적합하며, 비교적 단순한 방법이다.
단점	급여나 상여금은 근로소득으로 간주되어 소득세 및 4대 보험료 부담이 증가한다.

배당금

법인에서 배당금을 받아 가지급금을 변제하는 방법이다.

구 분	내 용
장점	배당금에서 소득세를 제외하고 가지급금 변제가 가능하다.
단점	배당금 또한 소득세 부담이 있으며, 배당은 이익잉여금의 처분에 해당하여 법인의 비용으로 처리되지 않는 단점이 있다.

지식재산권 (특허권, 상표권) 양도

대표이사가 보유한 특허권이나 상표권 등 지식재산권을 법인에 양도하고 그 대가로 가지급금을 정리하는 방법이다.

구 분	내 용
장점	세금 부담이 상대적으로 적으며, 기업의 신용평가 향상도 기대할 수 있다.
단점	특허권 등의 양도 시 과세 관청의 관리 감독이 강화되고 있으므로, 전문가와 충분한 상담을 통해 진행해야 한다. 또한, 법인과 업무 유관성이 있는 자산인지, 개인이 직접 발명한 것인지, 기존 법인 특허와의 상관관계 등을 고려해야 한다.

🧑 개인 소유 부동산 법인 양도

대표이사가 개인 소유의 부동산을 법인에 양도하여 그 양도 대금으로 가지급금을 해결하는 방법이다.

구 분	내 용
장점	양도차익이 발생하지 않는 경우 양도소득세 부담을 피하면서 가지급금을 정리할 수 있다.
단점	특수관계인과의 거래에 해당하므로 법인세법 및 소득세법상 부당행위계산부인 규정을 검토해야 한다. 또한, 매도한 주택에 계속 거주한다면 법인세법상 적정 임대료를 법인에 지급해야 한다. 결국 대표의 자산이 줄어드는 방법이라 선호도는 낮다.

🧑 주식 양도(자사주 매입)

주식을 타인 또는 주식 발행 법인에 양도하여 가지급금을 변제하는 방법이다.

구 분	내 용
장점	비교적 낮은 세금으로 가지급금을 정리할 수 있다.
단점	주식 양도 시 의제배당이나 특수관계인 간 부당행위계산부인 규정 적용에 주의해야 한다. 상법상 자기주식 취득 요건을 충족하지 못하면 업무무관 가지급금으로 간주될 수 있으므로, 전문가를 통해 법률적, 세무적 검토를 거쳐야 한다.

🧑 회계상 오류 수정

가지급금의 최초 발생 원인을 분석하여 오류가 확인되면 이를 수정하는 방법이다.

구 분	내 용
장점	법적 적격증빙을 통해 가지급금을 없앨 수 있다.
단점	증빙 자료가 없어 임시로 처리했던 부분에 대해 증빙이 확인되지 않으면 증빙불비 가산세가 적용될 수 있다. 잉여금이 과다 지출되거나 원가 처리가 제대로 되지 않은 문제들을 전기오류수정 손실로 해결할 수 있다.

06 대표자 개인카드를 사용할 때 주의할 점은?

대표자가 개인카드를 사용할 때는 법인 경비와 사적 경비를 명확히 구분하는 것이 중요하며, 사업 관련성을 입증할 수 있는 추가 증빙자료를 반드시 구비해야 한다. 개인카드 사용 내역이 세무 리스크와 직결될 수 있기 때문에 주의가 필요하다.

01 / 사적 사용 간주 가능성

과세당국은 개인카드 사용 지출이 사업과 직접적으로 관련되어 있는지를 꼼꼼히 검토하는 경향이 있다. 만약 개인카드로 결제한 비용이 사업비임을 증명하지 못하면, 과세당국은 이를 사적 사용으로 간주하여 법인 비용으로 인정하지 않고 해당 금액을 법인 계좌로 환입하도록 요구할 수 있다. 미용실, 헬스장, 병원비 등 업무와 관련성이 떨어지는 지출은 개인카드로 결제해도 비용으로 인정받기 어려울 가능성이 높다. 유흥업소, 클럽, 노래방 등 레저 및 엔터테인먼트 업종의 개인카드 사용은 접대비로 인정되지 않으며, 골프채 등 스포츠 용품이나 헬스장, 요가, 필라테스 개인

이용료는 직원 복리후생비 성격임을 입증하지 못하면 사적 경비로 판단될 수 있다.

리조트나 고급 호텔 숙박비도 출장 목적이 아닐 경우 업무 증빙이 부족하면 사적 경비로 판단될 수 있다. 명품 브랜드 매장, 보석/시계 구매, 고급 의류 매장 등은 개인 사치성 소비로 간주될 수 있다.

사적 경비를 사업비로 처리하면 세무상 '상여처분', '가지급금' 등으로 불이익이 발생할 수 있다.

02 / 추가 증빙 구비 필요

법인의 지출이 세법상 비용으로 인정받으려면 적격증빙이 필요하며, 법인카드 사용 내역은 적격 증빙 요건을 충족하지만, 개인카드 사용 내역은 세법상 적격 증빙으로 인정되지 못한다. 이를 보완하기 위해 지출결의서, 개인카드 영수증 등 추가적인 증빙자료를 준비해야 하며, 이러한 서류를 매번 작성하고 보관하는 과정이 번거로울 수 있다. 지출결의서를 법인세 신고 시마다 제출할 의무는 없지만, 정기세무조사 시 개인카드 사용 내역은 집중 검토 대상이 되므로 증빙 자료가 구비되지 않으면 과거 5개년 치 비용이 소급 부인될 가능성이 있다. 초기 법인의 경우 지출결의서 작성 프로세스가 없을 때에는 거래 목적을 기록한 메모 등을 남기고, 이후 건수가 많아지면 전자 결재 시스템 도입을 고려하는 것이 좋다. 업무용 비용을 개인카드로 지불한 임직원은 영수증이나 매출 전표를 반드시 보관하고, 지출 내역과 목적을 명확히 기록해야 한다.

03 / 법인카드 사용 원칙 준수

법인사업자의 경우 사업자 명의 카드를 사용하는 것이 원칙이다. 불가피하게 개인카드를 사용했더라도 이와 관련된 모든 흐름과 증빙을 꼼꼼하게 마련해야 한다. 반복적인 개인카드 사용이나 부적절한 비용처리는 세무상 불이익의 주요 원인이 될 수 있다.

개인카드를 사용하여 업무비를 처리하는 과정은 번거롭고 복잡할 수 있으므로, 대부분의 경우 법인카드를 사용하여 업무와 개인용 지출을 분리하는 것이 현명한 선택이다. 법인카드는 회사의 신용을 기반으로 발급되는 카드로, 대다수의 기업에서 선호하는 결제 방법이다. 법인카드는 주로 업무용으로 사용되지만, 개인적으로 사용할 경우 세무조사 등의 문제가 발생할 수 있으므로 사적 용도로 사용하는 것은 엄격히 금지되어야 한다. 개인카드를 사용한 지출 내역을 일일이 업무비로 처리하는 것은 노력이 많이 드는 일이며, 법인카드 사용을 통해 업무비를 확실하게 구분하는 것이 합리적이다.

법인카드 사용으로 발생한 마일리지나 리워드는 원칙상 법인 관련 업무에만 사용해야 하며, 대표자가 이를 사적으로 사용하면 세무상 문제가 될 수 있다.

부가가치세는 모든 세금의 기본

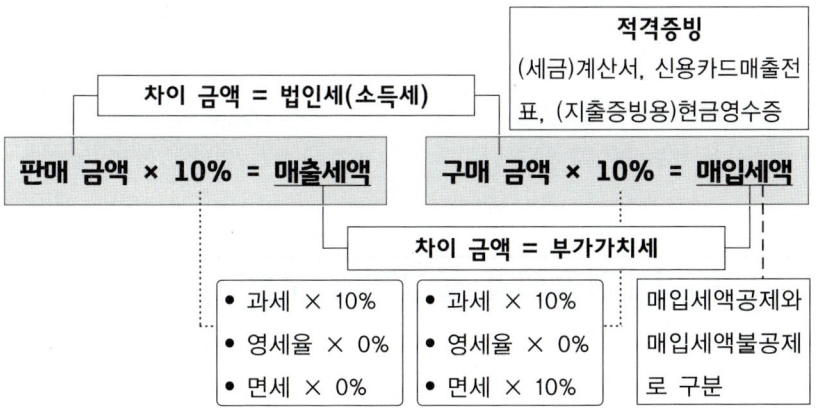

예를 들어 100원(부가가치세 10원)에 구입한 상품을 200원(부가가치세 20원)에 판매하는 경우

판매 금액 200원 - 구입 가격 100원 = 이익 100원은 법인세(소득세)에 해당하고, 판매할 때 받은 부가가치세 20원 - 구매 부가가치세 10원 = 10원은 부가가치세 납부액에 해당한다.

판매 상품은 부가가치세가 붙는 과세 상품과 부가가치세가 붙지 않는 면세상품으로 구분되며, 구매 물품도 부가가치세가 붙는 과세물품과 부가가치세가 붙지 않는 면세 물품으로 나누어진다. 다만 과세되는 물품은 조세 정책상 매입세액공제가 가능한 것과 매입세액공제가 불가능한 물품으로 구분한다.

원칙은 매입세액공제가 가능한 것으로 알고, 예외로 매입세액불공제되는 물품을 암기해 두면 업무가 편리하다.

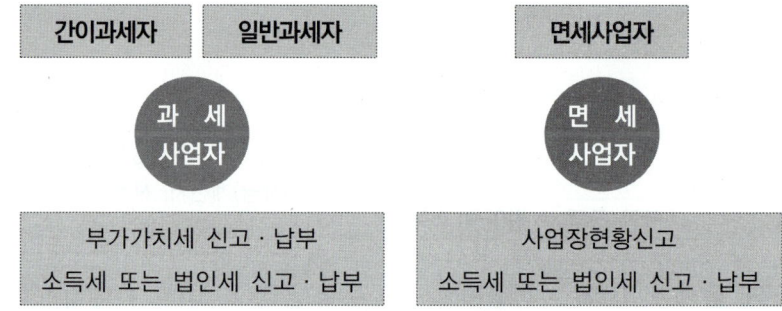

01 / 매입세액공제와 불공제의 구분

매입세액공제를 받기 위해서는 물품의 구입 시 부가가치세를 부담하고 세금계산서, 신용카드매출전표, 지출증빙용 현금영수증 중 하나의 적격증빙을 받아야 한다. 여기서 주의할 점은 간이영수증은 적격증빙이 아니므로 아무리 많은 금액의 간이영수증을 받아도 부가가치세 신고 때 매입세액공제를 받을 수 없다는 점이다.

반면 매입세액불공제란 부가가치세 납부세액 또는 환급 세액의 계산에 있어서 법이론상의 이유나 조세정책 상의 이유로 재화 또는 용역을 공급받은 사업자의 매입세액을 매출세액에서 공제해 주지 않는 지출을 말한다.

현행 부가가치세법상

❶ 세금계산서 미수취·미제출·부실기재

❷ 사업과 직접 관련이 없는 지출에 대한 매입세액

❸ 비영업용소형승용자동차의 구입과 유지에 관한 매입세액

❹ 기업업무추진비 및 이와 유사한 비용에 대한 매입세액

❺ 면세 사업과 관련한 매입세액

❻ 토지 관련 매입세액

❼ 등록 전의 매입세액에 대해서는 매입세액을 공제하지 않는다.

추가로 세금계산서(신용카드매출전표 동일)를 받아도 매입세액공제가 안 되는 업종과 지출이 있는데, 출장 중 지출하는 비행기, 고속버스, 고속철도, 택시 이용료와 국외 지출액이 대표적이다.

그리고 다음의 업종에 대한 지출에 대해서도 매입세액불공제 한다.

① 목욕·이발·미용업

② 여객운송업(국내외 출장 등을 위해 사용한 비행기, 고속버스, 고속철도, 택시) 단, 전세버스운송사업 제외(출장 여비교통비 중) 호텔 등 숙박의 경우는 업무 관련의 경우 매입세액공제가 된다.

③ 입장권을 발행하여 영위하는 사업(공연·놀이동산 입장권)

④ 부가가치세가 과세되는 진료용역을 공급하는 사업(성형수술 등)

⑤ 부가가치세가 과세되는 수의사가 제공하는 동물진료용역

⑥ 부가가치세가 과세되는 무도학원·자동차운전학원

⑦ 기타 노점, 행상을 하는 자

⑧ 국외 사용액(출장 여비교통비 중)

국내의 과세 사업자(연 매출 4,800만 원 미만 간이과세자 제외)로부터 세금계산서 또는 신용카드매출전표를 수취한 경우 매입세액공제가 가능한 것이므로, 국내 사업자가 아닌 자로부터 재화 등을

공급받는 해외 사용분에 대해서는 매입세액공제가 되지 않는다.
⑨ 개인회사 사장님 식비(편법 : 직원이 있는 경우 공제 처리함)

02 / 매입세액불공제 부가세는 법인세(소득세) 비용

매입세액불공제 된다고 법인세(소득세) 신고 때에도 경비인정 자체가 안 되는 것은 아니다.

법인세	매입세액불공제	법인세(소득세) 신고 시 경비인정
손금불산입	등록 전 매입세액	손금불산입
	사업과 관련 없는 매입세액	손금불산입
	세금계산서 미수취 · 미제출 부실기재분 매입세액	손금불산입
손금산입	비영업용 소형승용자동차의 구입과 유지와 관련된 매입세액	❶ 구입 관련 매입세액 : 자본적 지출 ❷ 유지관련 매입세액 : 차량유지비(손금)
	기업업무추진비 관련 매입세액	기업업무추진비로 보아 기업업무추진비 한도 시부인 계산
	토지조성을 위한 자본적 지출 관련 매입세액	토지에 대한 자본적 지출
	영수증(간이세금계산서) 분 매입세액	지출 내용에 따라 손금 또는 자본적 지출
	간주임대료 매입세액	임차인이나 임대인 중 부담한 자의 손금

개인사업자는 사업자등록과 함께 사업용 신용카드와 사업용 계좌를 등록해서 사용하고, 법인은 법인카드와 법인계좌를 사용한다.

지출은 사업용 지출과 개인 가사용 지출로 구분할 수 있는데, 사업자는 사업용 지출에 대해서만 비용으로 인정받을 수 있다. 따라서 사업용과 가사용은 구분되어야 한다.

그러나 소규모 사업자의 경우 이를 구분하지 않는 경우가 많은데, 그럴 경우 나중에 세금 신고 때 일일이 분류해야 하는 번거로움이 발생하고, 기장을 맡기는 경우 세무대리인이 이를 명확히 구분하지 못해 탈세목적이 아닌, 탈세가 발생할 수 있다.

위 문제를 손쉽게 해결하는 방법은 다음과 같다.

❶ 신용카드는 사업용 카드와 개인 가사용 카드 2장을 만들어 구분해서 사용한다. 구분해서 사용해야 세금 신고 때 이를 구분해야 하는 불편함이 없다.

❷ 통장도 사업용과 개인 가사용을 구분해서 사용한다.

가사용 지출도 사업용 경비로 처리하는 사업자가 많은데, 이는 세법상 탈세 행위다.

❸ 법인은 사업과 관련한 업무추진비(접대비)를 비롯한 모든 경비를 법인카드나 법인통장을 이용한다.

법인의 경우 업무추진비(접대비)는 반드시 법인카드를 사용해야 하고, 일반비용도 법인카드를 사용해야 그 내역이 홈택스에 자동으로 등록되어 업무량이 줄어든다.

❹ 법인은 대표이사가 법인통장에서 임의로 인출하는 일이 없어야 한다. 대표이사가 사용하는 불분명한 지출은 가지급금으로 처

리되어 세금이 증가한다.

❺ 법인은 임직원 개인 신용카드의 사용을 최대한 억제해야 한다. 개인 신용카드를 사용할 경우 별도로 이를 구분해서 등록해야 하므로 업무량이 증가한다.

❻ 공과금 등 자동이체는 신용카드로 한다. 이 경우 지출내역이 홈택스에 자동으로 등록되어 업무량이 줄어든다.

05 세금계산서 발행 후 신용카드로 결제를 받은 경우 부가세

세금계산서는 증빙 역할, 신용카드 매출전표는 결제 수단 역할

세금계산서는 대금 결제일에 발급하는 것이 아니라 재화나 용역을 공급한 공급시기(부가가치세 귀속시기)에 발급해야 한다. 따라서 재화가 공급되는 시점에 발급한 세금계산서는 적법한 세금계산서이고, 추후 대금결제만 신용카드로 결제된 것일 뿐이다.

이 경우 공급자 및 공급받는자 모두 세금계산서를 기준으로 부가가치세를 신고·납부 한다. 따라서 세금계산서 발급 시기와 신용카드 결제 시기가 과세기간을 달리해도 세금계산서를 기준으로 부가가치세 신고 · 납부를 한다.

이때 매출자는 신용카드매출전표 여백에 "00년 00월 00일 세금계산서 발행분"을 표기하여 발급해야 하고, 신용카드매출전표는 그 거래 사실이 속하는 과세기간에 대한 확정신고를 한 날로부터 5년간 보관해야 한다.

이때 중복발급에 대한 가산세는 적용되지 않는다.

외상매출금을 신용카드로 결제한 경우 부가가치세 신고 방법은 다음과 같다.

❶ 신용카드 전표 이면에 당초 세금계산서 발행일을 기재하여 대금결제용임을 기재하여 발급한다.

❷ 신용카드 대금결제 분은 매출로 인식하지 않고 외상매출금에 대한 회수로 회계처리한다.

❸ 해당 외상매출금은 세금계산서 발행분으로 부가가치세 신고가 되었으므로 해당 신용카드매출전표 발행분은 과세표준에서 제외되어야 한다.

신용카드매출전표와 세금계산서가 중복으로 발행된 경우는 세금계산서를 기준으로 부가가치세를 신고 및 납부한다는 점에 주의한다.

반면 매입 시에는 세금계산서를 발급받고 신용카드 결제를 한 후 부가가치세 신고 시 매입세액을 중복해서 공제받는 경우는 가산세의 대상이 되므로 이중공제되지 않도록 각별히 주의한다.

◆ 월합계 세금계산서를 발급하고 신용카드로 대금결제를 받을 수 있으나, 재화 또는 용역을 공급하고 신용카드매출전표 등을 발급한 경우는 (월합계)세금계산서를 발급할 수 없음(법규 부가 2010-122, 2010.05.17.)

◆ 자동차 타이어를 도·소매하는 사업자가 타이어를 공급하고 공급받는 자에게 세금계산서를 교부한 후 세금계산서 외상매출분에 대하여 신용카드로 결제받아 신용카드매출전표를 발행하고 세금계산서 발행분을 매출로 신고한 경우 당해 신용카드매출전표 발행분은 과세표준에 포함하지 아니하는 것임(부가, 부가46015-154, 2001.01.20.)

◆ 사업자가 재화를 외상으로 공급하고 세금계산서 교부한 후 외상 대금을 신용카드로 결제한 경우는 세금계산서 매출분(교부분)에 의하여 부가가치세를 신고하는 것이며, 신용카드집계표 상의 대금 결제금액은 부가가치세 신고대상에서 제외되는 것임(부가 46015-1613, 1996.8.9.)

판매 금액에 대한 부가가치세와 소득세(법인세) 신고의 차이

기업이 부담하는 세금 중에서 부가가치세 세목이 차지하는 비중은 매우 크다. 왜냐하면, 부가가치세는 근거과세의 기초가 되고 법인세나 소득세의 크기를 결정하는 역할을 하기 때문이다. 따라서 현행 부가가치세법은 근거과세를 확립하기 위해 다른 세목보다 세세하게 실무상 적용하도록 하고 있다.

예를 들어 부가가치세법에서는 세금계산서에 관련된 가산세 제재 조항이 있다. 세금계산서를 언제 발행해야 하는지도 법으로 규정되어 있는데, 실무담당자가 법의 내용을 무시하고 세금계산서를 발행했다면 가산세뿐만 아니라, 거래상대방이 사실과 다른 세금계산서 수취로 인해 부가가치세 매입세액공제를 받지 못할 가능성이 있다.

이외에도 지점이 여러 군데 있는 경우 사업자등록은 어떻게 하고, 신고 및 납부는 어떻게 해야 하는지 등 실무적으로 중요한 내용이 많다.

부가가치세와 기업회계 그리고 법인세와의 관계를 사례로 살펴보면 다음과 같다.

예를 들어 다음과 같은 거래가 있다고 하자. 부가가치세로 내야 할 금액과 회계상 이익 그리고 법인세는 얼마나 나올까? 단, 기초에 남아 있는 재고상품은 없었으며, 매입한 금액이 아래 기간에 모두 팔렸다고 가정한다.

날짜	내역	수입		지출	
		공급가액	부가세	지급 금액	부가세
OO월 OO일	매입			5,000,000	500,000
OO월 OO일	매출	10,000,000	1,000,000		
OO월 OO일	인건비			3,000,000	
OO월 OO일	복리후생비			1,000,000	100,000
계		10,000,000	1,000,000	9,000,000	600,000

부가가치세는 위의 장부상에 기록 되어있는 것만을 대상으로 계산한다.

앞의 장부를 보면 100만 원의 부가가치세는 판매를 통해 받았고, 물건 구매와 복리후생비 지출로 부가가치세 60만 원을 부담했다. 따라서 이를 기준으로 부가가치세를 계산하면 다음과 같이 납부액이 발생한다.

　　매출세액　1,000,000원

－　매입세액　600,000원

＝　납부세액　400,000원

부가가치세는 사업자가 매출을 발생시키는 과정에서 거래상대방으로부터 받은 부가가치세에서 본인이 부담한 매입세액을 차감한 금액을 내거나 환급받은 세금이라고 할 수 있다. 따라서 부가가치세가 붙지 않는 인건비 등의 항목은 부가가치세 제도와 전혀 관계가 없다.

한편 법인세(개인회사는 소득세)는 앞의 부가가치세와는 관계없이 계산되는 항목이다. 법인세는 어떻게 계산되는지 알려면 일단 회계상의 이익을 구해야 한다.

회계상의 이익
　　수익 : 10,000,000원(부가가치세는 불포함)
― 비용 : 　9,000,000원(부가가치세는 불포함)
＝ 이익 : 　1,000,000원

회계상의 이익은 벌어들인 수입에서 경비로 나간 돈을 뺀 이윤의 성격을 갖는다. 그래서 궁극적으로 법인세나 소득세는 이 이윤에 부과되는 세금이며, 다음과 같이 계산된다.

법인세는
　　회계상의 이익 : 1,000,000원
± 세무조정 : 　　　　　― 원
＝ 과세표준 : 　1,000,000원
✖ 세율
＝ 산출세액 : 　　 90,000원

앞에서 본 바와 같이 부가가치세의 총매출액은 종합소득세의 수입금액이 되고, 이를 근거로 부과되는 건강보험료도 올라갈 수 있다. 즉, 부가가치세 신고액은 결국 다른 소득 자료의 원천이 되므로 신고 때에는 항상 주의가 필요하다.

종합소득세 신고 때에는 각 과세기간 부가가치세 신고 때 신고한 부가가치세 신고서상의 금액란의 합계액이 수입금액이 된다. 즉, 세액을 포함하지 않는 금액의 합계가 수입금액이 된다.

예를 들어 원재료를 110만 원에 사면서 제품을 만들어 165만 원에 판매한 경우 종합소득세 수입금액은 다음과 같다.

총수입금액	:	1,500,000원	= 165만원 × 100/110
− 필요경비	:	1,000,000원	= 110만원 × 100/110
= 종합소득세 수입금액 :		500,000원	

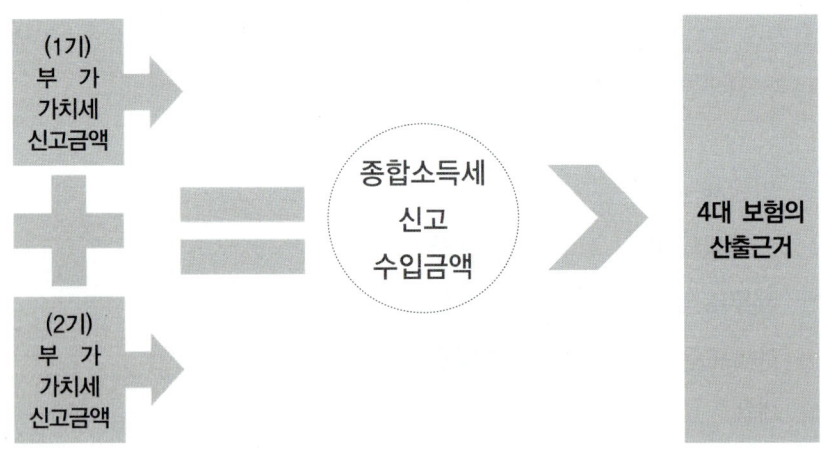

현금 매출도 누락 없이 꼭 신고하라

현금 매출의 경우 고객이 현금영수증을 발행해 가지 않는 경우 상호 체크가 되지 않아 빠뜨려도 안 걸릴 것 같은 생각이 든다. 그러나 세금 신고를 빠뜨리는 경우 낭패를 볼 수 있다. 물론 안 걸릴 수도 있지만, 국세청 전산망의 발달로 주위에 유사한 업종의 현금 신고율 등을 분석해 현금 신고율이 낮은 경우 세무조사를 받을 수 있다.

❶ 탈세 제보를 통해 걸리는 경우가 많다.

❷ 거래처와의 입출금 내역을 살펴보다 걸릴 수 있다.

❸ 부동산 거래나 부채상환 과정에서 걸릴 수 있다.

❹ 차명계좌로 거래한 내역이 걸리는 경우가 많다.

❺ 매입 대비 매출 규모를 추정해 걸리는 경우가 많다.

현금 매출 누락과 관련한 세금 추징 사례를 살펴보면 다음과 같다.

01 / 현금 매출 누락 한 오픈마켓 사업자

인터넷 오픈마켓에 입점한 통신판매업자 A는 소비자에게 물품을 판매하고 신용카드 외에 은행 계좌 등을 통해 현금으로 대금을 결제받았다.

세금계산서 수수 내역 등을 검토한 결과 오픈마켓 사업자에게 지급한 판매수수료 규모에 비해 매출을 현저히 적게 신고한 혐의가 있어 분석 대상자로 선정하였다.

월별 판매수수료 정산 내역, 신용카드·현금영수증 발행 내역, 인터넷 인지도 정보 수집 내용 등을 구체적으로 확인한 결과 은행 계좌를 통해 받은 현금 매출액을 신고에서 빠뜨린 것으로 확인되어 가산세와 함께 부가가치세를 추징하였다.

02 / 개인 돈, 접대비 공제받은 도매업자

도매업을 영위 하는 법인사업자 B는 대표자가 개인적으로 사용하거나 거래처 접대를 위해 사용한 법인 신용카드 결제금액을 사업용 신용카드 사용액으로 매입세액공제를 받았다.

국세청이 법인 신용카드 결제 내역을 검토한 결과 가사 용도 사용 금액, 유흥주점·골프장 이용 금액 등이 과다하여 분석 대상자로 선정하였다.

신용카드사용 목적, 사업과의 관련성 여부, 거래처 접대성 비용의 지출 여부 등을 구체적으로 확인한 결과 매입세액이 공제되지 않는 개인적 사용 또는 접대성 경비가 포함된 사실을 확인하여 법인사업자 B에 대해 가산세와 함께 부가가치세를 추징하였다.

월매출 1,000만 원이면
소득세는 얼마를 내야 하나요.

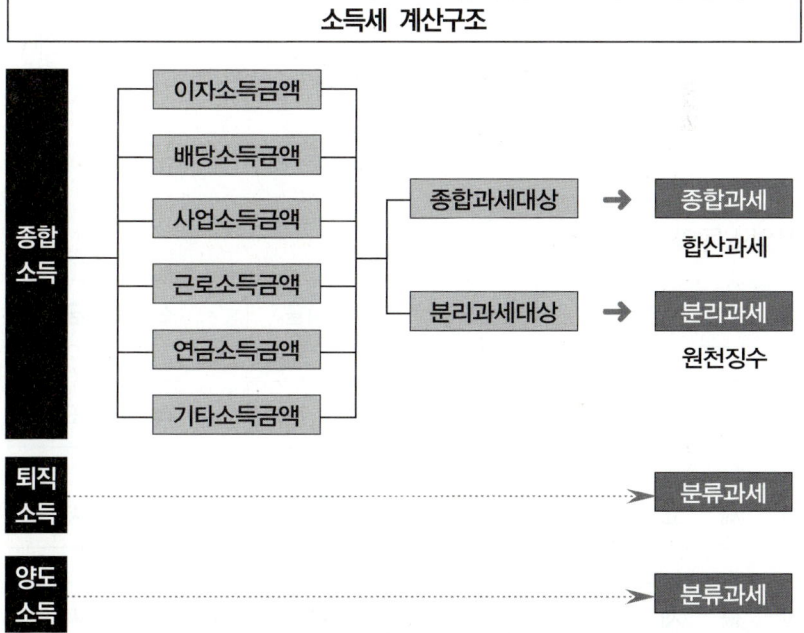

소득세 계산구조

종합소득
- 이자소득금액
- 배당소득금액
- 사업소득금액
- 근로소득금액
- 연금소득금액
- 기타소득금액

종합과세대상 → 종합과세
합산과세

분리과세대상 → 분리과세
원천징수

퇴직소득 ⟶ 분류과세

양도소득 ⟶ 분류과세

종합과세 : 종합소득세 계산 시 합산해서 과세하는 것
분리과세 : 소득을 받을 때 상대방이 지급 총액에서 공제(원천징수)해서 납부
한 세금으로 모든 세금 문제가 끝나는 것
분류과세 : 소득을 각각 분리해서 과세한다는 것(종합, 퇴직, 양도 분류)

저의 월 소득은 1,000만 원입니다. 종합소득세는 얼마나 나올까요? 라고, 묻는 질문자에게 얼마나 나옵니다. 하고 정확히 답하는 것은 잘못된 답변이다.

왜냐하면, 종합소득은 개인 사정을 세세히 알지 못하면 수입이 얼마인데, 얼마의 세금을 낸다고 확정하기가 곤란하다. 즉, 종합적인 여러 사항 중 한 가지만 빼고 물어봐도 세금이 달라질 수 있기 때문이다.

앞서 표에서 본 바와 같이 종합소득을 구성하는 소득의 종류도 다양하다. 내가 종합과세 되는 소득이 무엇이 있는지부터 파악하는 것부터 시작해서, 이중 비용은 얼마를, 소득공제와 세액공제는 얼마를 받을 수 있는지까지 다양한 공제 항목을 일일이 적용해야 정확한 계산이 가능하다.

[사업소득의 계산구조]

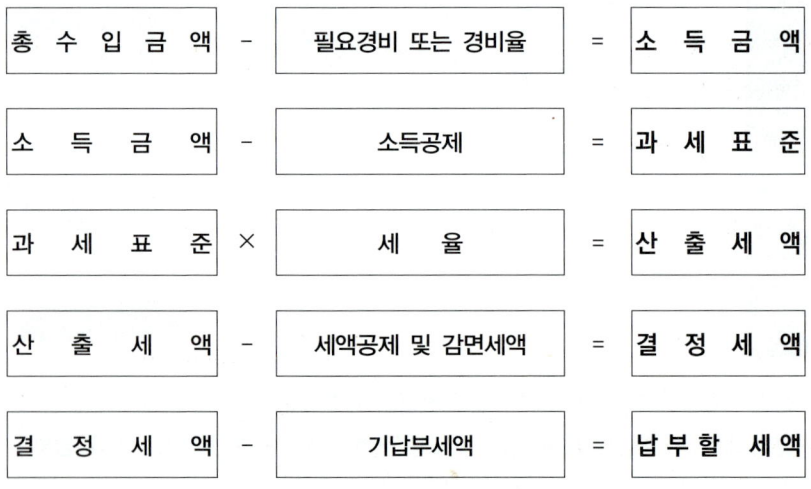

총 수 입 금 액	−	필요경비 또는 경비율	=	소 득 금 액
소 득 금 액	−	소득공제	=	과 세 표 준
과 세 표 준	×	세 율	=	산 출 세 액
산 출 세 액	−	세액공제 및 감면세액	=	결 정 세 액
결 정 세 액	−	기납부세액	=	납 부 할 세 액

개인사업자가 내는 사업소득세의 계산구조는 위와 같다.

사업소득만 있는 개인사업자는 수입금액에서 각종 비용을 차감하고, 본인 공제와 국민연금 공제, 표준공제만을 차감한 금액에 세율을 적용한 후 혹시 원천징수 당한 금액이 있으면 이를 차감한 금액이 낼 수 있는 최대 금액이 된다. 즉, 이렇게 계산한 금액 이상은 내지 않는다.

참고로 개인사업자의 사업소득 금액은 사업자가 기장했느냐, 기장을 안 한 상태에서 신고하느냐에 따라 달라지므로, 여러 가지 변수가 다양하다.

그러나 기장을 한 후 신고하는 종합소득세가 대체로 저렴하고, 혹시 적자가 나도 다음 종합소득세 신고할 때 공제받을 수 있다.

 옆집 사장님의 소득이 저희보다 많은데, 세금은 왜 적게 내요

친구는 월급도 나보다 많고, 옆집 사장님과 이야기하다 보니 연 매출도 우리 회사보다 많던데, 세금은 적게 내요. 이거 세법이 잘못된 거 아닌가요?

이런 일이 가능한 걸까! 충분히 가능하다.

1. 장부를 기장 했느냐, 안 했느냐?
2. 비용을 누가 더 인정받았느냐?
3. 공제가능한 가족의 수는 누가 더 많은가?
4. 공제가능한 가족에 대한 지출을 누가 더 많이 했느냐?
5. 공제 대상 금융상품을 누가 더 납부했느냐?
6. 4대 보험 납부액은 누가 더 많은가?

등등 각 개인의 상황에 따라 종합소득세가 다르게 나올 수 있다.

🕵️ 건강보험료가 갑자기 오를 수 있다.

개인사업자는 세금뿐만 아니라 4대 보험에 대한 의무도 있으므로 해당 보험료 부담도 함께 생각해야 한다.

물론 직원들의 인건비 신고에 따른 보험료 부담도 신경 써야 하지만, 사업자 본인의 보험료도 연 단위의 정산 과정에서 큰 부담이 될 수 있어 주의해야 한다.

예를 들어 건강보험은 5월에 종합소득세 신고를 하고 나면 사업자가 건강보험 공단에 종합소득 금액으로 보수총액신고를 하고, 공단에서는 그 금액을 기준으로 부과할 건강보험료를 책정하는데, 이 경우 월별 건강보험료 산정기준이 달라지는 상황이 된다.

2026년 기준으로 보면 1~5월 건강보험료는 2024년 소득을 기준으로 부과됐고, 6~12월 건강보험료는 5월에 신고한 2025년 소득으로 부과되는 것이다. 이에 따라 매년 종합소득세 신고가 끝난 후 6월이 되면 이미 낸 보험료를 정산하는 절차를 거치는데, 해마다 소득이 오르는 경우 앞서 적게 낸 보험료를 몰아서 한 번에 부과받게 된다. 6월에 정산한 보험료는 7월이나 8월에 부과되는데, 이때 사업자들이 보험료 폭탄을 맞게 되는 것이다.

물론 건강보험은 10개월 분할납부도 가능하지만, 종합소득세를 신고할 때부터 전년도 대비 소득증가분에 따른 건강보험료 정산에 대해서도 자금관리를 통해 대비해 두는 것이 좋다.

09 사업분할 또는 소득분할을 통해 과세표준을 낮춰라.

신용카드 제도와 현금영수증 제도로 인해 매출은 고스란히 드러나고 사업용 계좌를 통해서 재료 구입비, 인건비, 임대료를 지출하게 되었기 때문에 비용을 부풀리는 건 꿈도 꿀 수 없는 것이 요즘의 현실이다.

이와 같은 현실 속에서 자영업자가 할 수 있는 최소한의 절세원리는 사업의 분할이나 소득의 분할을 통해 개인별 과세표준을 낮추는 일이다.

종합소득세는 누진과세가 되므로 소득이 높으면 상대적으로 높은 세율을 적용받는다. 즉, 한 사람이 많은 소득을 가짐으로 인해 최고세율을 적용받지만, 이를 여러 사람에게 분산시킴으로써 최저세율을 적용받을 수도 있다. 이는 소득세가 개개인별로 과세하는 것을 원칙으로 하고 있기 때문이다.

예를 들어 자기 건물에서 식당을 운영하는 경우 장사가 잘되어 세금이 많다면 남편이 모든 재산을 소유한 상태에서 운영하는 것보다 배우자에게 건물을 증여하고, 성인이 된 자녀 이름으로 사업자등록증을 내서 자녀가 식자재를 공급하도록 하는 것이 좋다.

❶ 배우자에 대한 증여는 배우자에 대해서 10년 이내에 6억 원

이하의 증여를 한 경우에는 증여세가 없으므로 증여세를 신고한다.

이 경우 배우자 명의의 건물을 임대해서 사용함으로써 배우자에게 소득을 분산시킴으로 인해 세금을 줄일 수 있다.

❷ 자녀 명의로 사업자등록을 한다.

자녀 명의로 된 사업장으로부터 식자재를 공급받음으로써 자녀에게 소득을 분산시킬 수 있다.

그러나 위의 예에서 주의할 점은 이렇게 사업을 나눔으로 인해 남편이 줄어드는 세금과 부인이 건물임대에 따른 세금 + 아들의 식자재 공급에 따른 세금의 증가분을 계산해서 이익이 될 때 해야 한다.

사업 또는 소득 분산을 통해 얻을 수 있는 절세효과

❶ 남편의 사업 또는 소득 분산을 통한 세금 감소액 – 부인이 건물임대에 따른 세금 – 아들의 식자재 공급에 따른 세금의 증가분 = (+)실행, (–)미실행

❷ 소득 분산을 통해서 본인 명의로 된 재산을 배우자와 자녀 명의로 이전할 수 있으므로 소득세뿐만 아니라 장래에 상속세 과세표준까지 줄이는 효과를 얻을 수 있다.

❸ 사업 분산과 소득 분산을 통해서 자녀에게 매달 식자재 공급 마진 만큼 증여하는 효과를 얻을 수 있다.

절세의 기본! 비용지출 관리

01 개인사업자의 절세전략과 리스크관리

01 / 주요 세금 항목

🙍 부가가치세

일반적으로 법인사업자는 1년에 4회, 개인사업자는 2회 신고·납부를 한다. 다만, 7월 1일 기준 과세유형전환 사업자(간이 → 일반)와 예정부과기간(1월 1일~6월 30일)에 세금계산서를 발급한 간이과세자는 1월 1일~6월 30일을 과세기간으로 하여 7월 25일까지 신고·납부해야 한다.

매출세액에서 매입세액을 차감한 금액을 부가세로 납부한다. 전자세금계산서 발급 및 매입세액공제를 철저히 관리해야 한다.

🙍 소득세

직원 급여에서 원천징수한 소득세를 매월 10일까지 신고·납부하고 매년 5월에 전년도 소득에 대한 종합소득세를 신고·납부한다.

사업소득세는 기장에 의한 신고와 추계신고를 할 수 있으며, 매출 규모에 따라 간편장부를 사용할 수 있다.

02 / 4대 보험료

직원이 있는 경우 매월 4대 보험료를 신고·납부해야 하며, 사업주도 국민연금과 건강보험에 가입해야 한다.

03 / 세무 관리

🧑 세무 관리 방법

구 분	내용
장부 기장	소득과 지출을 기록한 장부를 정확히 관리하여 세무 신고 시 활용한다. 이는 간편장부 또는 복식부기로 나눌 수 있으며, 매출 규모에 따라 신고 방식을 선택할 수 있다.
전자세금계산서 발행	법적으로 부가가치세 납부 의무가 있는 개인사업자는 전자세금계산서를 발행해야 하며, 발행 기한(다음 달 10일까지 발행, 11일까지 전송)을 준수해야 한다.
경비 처리	사업 관련 경비는 모두 세금 공제를 받을 수 있으므로, 경비를 정확하게 기록하고 증빙 서류를 보관해야 한다. 가사용 경비를 세무상 경비에 포함하면 안 된다.

🧑 세무 절세전략

구 분	내용
세액공제 활용	소득세, 부가가치세 신고 시 받을 수 있는 각종 세액공제를 최대한 활용한다.
감가상각	유형자산의 감가상각을 통해 매년 일정 금액을 비용으로 처리할 수 있다. 이는 소득세 절감에 도움이 된다.

구 분	내 용
절세 상품 가입	개인사업자는 개인형 IRP(개인형 퇴직연금) 등 세액공제가 가능한 금융상품에 가입하여 절세 혜택을 받을 수 있다. 연금저축은 개인사업자가 절세를 위해 활용할 수 있는 대표적인 상품이다. 연간 납입한 금액에 대해 일정 금액까지 소득공제를 받을 수 있다. 사업에 필요한 보험료를 경비로 처리하여 소득세를 줄일 수 있다. 예를 들어, 화재보험이나 배상책임보험 등이 해당한다.

세무 신고 및 납부 기한 관리

구 분	내용
정기적인 세무 일정 관리	부가가치세, 소득세, 원천세 등의 납부 및 신고 기한을 미리 파악하고, 일정 관리 시스템을 통해 이를 체계적으로 관리한다.
세무 대리인 활용	세무사나 회계사와 같은 전문가의 도움을 받아 복잡한 세무 업무를 처리할 수 있다. 특히, 법령이 자주 변경되므로 전문가의 도움을 받는 것이 중요하다.

세무 리스크관리

구 분	내용
세무조사 대비	국세청 세무조사에 대비하여 모든 서류를 철저히 준비하고, 문제가 될 수 있는 부분을 사전에 점검한다.
세금 체납 방지	세금을 체납하면 가산세가 부과될 뿐만 아니라 신용도에도 영향을 미칠 수 있으므로, 반드시 납부 기한을 지키도록 한다.

02 절세를 위한 법인의 세무 관리

01 / 현금결제 유도를 통해 매출누락을 하면 안 된다.

최근 신용카드 사용으로 현금 매출이 많이 줄었지만, 할인 등을 통해 현금결제를 유도하고 매출을 자연스럽게 누락하는 형태의 탈세가 많다. 소액인 경우 코인노래방, 오락실, 간이음식점, 자판기업 등 아직 현금결제가 남아 있는 업종이 대부분이다.

그리고 현금결제를 유도하면서 필수적으로 따라오는 방법이 사업용 계좌 또는 법인계좌가 아닌 가족이나 지인 등 타인 계좌로 받는 방법이다.

금액이 큰 실내장식 건설업, 체육시설(실내골프장, 무술학원, 필라테스, 요가 등), 학원, 미용실 등이 타인 계좌를 이용하는 대표적인 업종이다.

또한 세원 추적이 어렵다는 이유로 해외에서 용역을 제공하거나 통관 없이 제품을 수출하는 경우 매출누락으로 이어지는 경우가 많다. 해외 고액 연봉 운동선수(프로게이머), 외국인, 외국기업 용역제공업체, 해외 보따리상 등이 대표적이다.

이와 같은 매출누락은 납세자의 소득금액이 현저히 낮음에도 예금, 주식 등 금융자산이 고액으로 증가하거나, 아파트, 상가 등 부동산을 취득하거나, 고가의 자동차를 취득한 경우 '자금출처조사'라는 세무조사를 통해 적발되는 사례가 대부분이다. 즉 소득은 해당 부동산을 취득할 만큼 되지 않는데, 고가의 아파트를 구입하고, 고급 차량을 운행하는 경우가 대표적이다.

이는 대다수 남에게 과시하고자 하는 욕구에서 시작된다.

또한 매출누락을 한 경우 해당 사업장은 해당 업종의 평균 소득률보다 현저하게 낮을 수밖에 없다. 따라서 세금 신고 시 업종 평균 소득률에 맞추려는 사업자가 많다.

02 / 대표이사가 마음대로 가져가는 돈은 가지급금 발생

대표이사가 법인의 현금과 예금 등 자산을 이유 없이 가져가고 적격증빙을 첨부하지 않는 경우 가지급금이 발생한다.

가지급금은 법인자금 인출에 따른 이자가 발생(연이자 4.6%)하고 동 이자를 내지 않는 경우 법인세를 증가시킴과 동시에 대표자 상여로 처분되어 대표자의 근로소득세를 증가시키는 악순환이 반복된다. 또한 가지급금이 고액인 경우 법인자금 배임, 횡령 문제가 발생할 수 있으며, 결국은 세무조사의 대상이 될 수 있다.

대표이사가 변경되거나 폐업을 하면 모든 가지급금이 정리되는 것으로 오해하는 실무자가 많은데, 가지급금은 직접 현금 및 이와 유사한 가치가 있는 것으로 해결하지 않으면 끝까지 따라다닌다는 점을 반드시 알아야 한다.

03 / 소명을 위해 통장에 지출 내역 기재

법인계좌 등에서 이유를 알 수 없는 지출이나 임직원이 증빙 없이 사용하는 지출은 결국 가지급금이 될 확률이 매우 높다. 이유를 알 수 없는 지출을 줄이고 지출내역을 명확하게 관리하기 위해서는 적격증빙을 첨부하는 것이 최선이지만 적격증빙을 제출하지 않는 임원이 상당히 많다. 따라서 법인계좌에서 지출 시 '적요', '내 통장표시' 등을 활용해 업무추진비의 경우 상대방 업체의 상호를 기재해 두거나 상대방 이름 또는 지출 이유를 메모해 두는 습관을 들이는 것도 중요하다.

특히 대표이사의 개인 가사용 지출은 필히 이를 구분 기재해 둔다.

04 / 업무용승용차 보험 가입 후 운행일지를 작성해 둔다.

법인명의 승용차는 '업무용 전용보험'에 꼭 가입한다. 미가입 시 관련 비용이 모두 비용이 부인되고, 대표이사 등에게 상여 처분되어 대표자의 세금이 증가한다. 또한, 고액 승용차는 반드시 운행일지를 작성한다. 미작성으로 인해 비용처리가 일부 부인되면 대표이사 등에게 상여 처분되어 이 또한 대표자의 근로소득세가 증가하게 된다. 따라서 고액 승용차는 운행일지 작성을 권장한다.

'업무용 전용보험'이란 보험가입 시 운전자 특약을 임직원으로 한정하는 것을 말한다.

1,500만 원은 무조건 비용인정 되니, 운행일지 작성을 무조건 안하는 실무자가 많은데, 차량운행일지를 작성하지 않는다고 직접적

인 가산세 대상이 되지는 않는다. 다만 업무용승용차 관련비용 명세서를 제출하지 않은 경우와 제출하더라도 손금산입한 금액 중 명세서에 사실과 다르게 기재된 경우 가산세가 부과된다. 따라서 업무용승용차 관련비용 명세서를 정확히 작성해 가산세 부담을 지지 않으려면 차량운행일지의 작성을 권한다.

05 / 적격증빙 수취를 누락했어도 소명증빙은 구비

법인에서 사업용으로 지출했으나 세금계산서, 카드사용 등 적격증 빙을 누락한 경우 지출 금액의 2%의 가산세를 부담하고 지출 사실을 소명하는 경우 경비로 인정받을 수 있다. 다만 업무추진비는 개인사업자를 제외한 법인은 반드시 법인카드를 사용해야 한다.

업무추진비는 개인사업자는 개인카드를 사용해도 문제가 없지만 법인은 법인카드를 사용하지 않으면 지출 사실을 소명해도 비용 인정 자체가 안된다. 물론 비용인정이 안 되는 대신 가산세도 없다.

간혹 지출결의서만 작성하면 모든 적격증빙 문제가 해결되는 것으로 오해하는 실무자가 있는데, 이는 내부관리 목적뿐만 아니라 혹시 모를 소명 문제를 해결하기 위한 일종의 방편일 뿐이지 적격증빙을 대신해 주지는 않는다.

06 / 거액의 경비처리를 위해서는 인건비 신고는 필수

직원, 프리랜서, 일용직에게 인건비를 지출했으나 신고를 누락한 경우 비용처리가 불가능하다. 특히 평소에 세금을 누락한 후 세금

신고 때 자료 부족으로 인건비 신고 가능 여부를 문의하는 경우가 많은데, 평소에 신경 써서 인건비 신고를 해두어야 한다. 특히 가족회사의 경우 일하지 않는 가족 인건비를 가짜로 신고하는 경우도 많지만, 오히려 반대로 일하는 가족의 인건비를 신고 누락하는 경우도 많으니, 이점에 주의한다.

일하지 않는 가족의 인건비를 비용처리하는 것은 탈세지만, 일한 가족의 인건비를 비용처리 안 하는 것은 세금을 국가에 기부하는 행위다. 그러니 가족 인건비를 대표이사 한 사람에게 몰지 말고 가족에게 분산 처리한다.

❶ 직원들에게 명절 상여, 휴가비, 복리후생비 등은 과세소득이므로 근로소득세 신고납부 후 경비 처리한다. 특히 계정과목 상 복리후생비로 처리한다고 무조건 비과세 처리되는 것이 아니므로 주의한다.

❷ 프리랜서에게 지급하는 인건비는 근로소득이 아닌 사업소득이다. 따라서 사업소득으로 3.3% 원천징수 후 신고납부를 한다.

07 / 법인카드의 사적 사용(사업 무관 지출)

사업 초기에는 법인카드의 한도가 적고, 통장 개설이 어려운 경우가 많다. 따라서 법인카드보다는 체크카드의 사용을 고려해 보는 것도 하나의 방법이 될 수 있다. 또한 통장 개설이 어려운 경우 본인이 개인적으로 사용하는 주거래 은행에서 법인통장을 개설하는 것도 하나의 요령이 될 수 있다.

법인카드는 발급과 동시에 자동으로 국세청에 등록이 된다. 개인사업자가 사업용 카드를 별도로 등록해야 하는 점과 차이가 있다.

즉 개인사업자는 사업용 신용카드를 홈택스에 별도로 등록해야 하지만 법인카드는 자동 등록된다. 따라서 사업과 무관한 병원, 미용실, 마트, 자녀 교육비, 주택관리비 등 지출을 법인카드로 사용하고 별도로 사용액을 법인통장으로 돌려받지 않으면 가지급금 처분되어 대표이사의 근로소득세가 급격히 증가하는 요인이 된다. 실무자는 대표이사 사적 지출에 대해서 어떻게 처리하는지 문의하는 경우가 많은데, 이는 대표이사의 통장에서 법인통장으로 돌려받지 않으면 대표자의 상여로 소득처분 후 근로소득세를 신고 납부해야 한다.

그리고 지출에 대한 적격증빙을 첨부하지 못할 때는 법인통장에 해당 지출의 사용 내역을 메모해 두는 것도 통장관리를 효율적으로 하는 방법이다.

08 / 장기 미수채권은 대손 처리

중소기업으로 매출 발생 후 2년이 지났지만, 대금을 받지 못한 경우 세법상으로 '대손' 처리가 가능하다. 법인세 비용처리는 물론, 부가가치세도 환급이 가능하다.

세금계산서 발행 후 해당 업체의 부도로 세금계산서 발행을 취소하려는 사업자가 있는데, 단순히 부도라는 이유로 세금계산서 발행을 임의로 취소하면 안 된다.

이 경우 발행한 세금계산서는 정상적으로 세금신고를 한 후, 대손이 발생한 때에 원금은 대손상각비로 소득세(법인세) 신고 때 비용처리한다. 반면 부가가치세는 대손세액공제를 받으면 된다.

09 / 정기 배당을 통해서 잉여금 및 가지급금 관리를 한다.

배당을 한꺼번에 하면 소득세는 누진세 체계이므로 세금 부담이 커질 수 있다. 따라서 계획적인 정기배당을 통해 세금과 건강보험료 등을 아끼고 법인자금을 출금할 수 있다.

배당결의(3월 말) 이후 3개월 내 배당금을 인출하지 않으면 지급이 의제되어 세금이 부과되므로 6월 말 전에 배당금을 인출해야 한다.

적절한 배당을 통해 가지급금을 정리하는 지혜가 필요하다. 즉 대표이사가 주주인 경우는 법인으로부터 배당을 받아 가지급금을 상계하는 방법이 있다. 다만, 배당소득세는 부담해야 한다.

참고로 창업 초기라면 대표이사 1인에게 지분을 몰아주기보다는 가족에게 지분을 나누어주면 배당소득이 분산되어 세금을 줄일 수 있다. 따라서 대표이사 배우자 자녀 2인이 있다면 지분을 30%, 30%, 20%, 20% 등으로 쪼개는 것도 절세의 한 방법이다.

03 | 세금계산 시 경비 처리 가능 금액

01 / 매입 비용, 인건비, 임차료

매입비용, 인건비와 임차료는 종합소득세를 장부에 의해 신고를 안 했거나 아니면 수령하지 못했던 세금계산서가 있는 경우에도 사업과 관련된 지출로서 반영할 수 있다.

🤵 무기장 신고 시 매입비용과 임차료, 인건비

구 분	해당 경비
매입 비용	매입비용은 재화의 매입(사업용 고정자산의 매입을 제외)과 외주가공비 및 운송업의 운반비로 한다. 재화의 매입은 재산적 가치가 있는 유체물(상품 · 제품 · 원료 · 소모품 등 유형적 물건)과 동력 · 열 등 관리할 수 있는 자연력의 매입으로 한다. 즉 상품 · 제품 · 재료 · 소모품 · 전기료 등의 매입비용과 외주가공비 및 운송업의 운반비를 말한다. ❶ 음식 대금, 보험료, 수리비 등 용역(서비스)을 제공받고 지출한 금액은 매입비용에서 제외되어 주요경비에 포함되지 않으나,

구 분	해당 경비
	❷ 운송업 및 운수 관련 서비스업을 영위하는 사업자가 타인의 운송 수단을 이용하고 그 대가로 지출한 금액은 매입비용에 포함한다.
	❸ 외주가공비는 사업자가 판매용 재화의 생산 · 건설 · 건축 또는 가공을 타인에게 위탁하거나 하도급하고 그 대가로 지출하였거나 지출할 금액으로 한다.
	❹ 운송업의 운반비는 육상 · 해상 · 항공운송업 및 운수 관련 서비스업을 영위하는 사업자가 사업과 관련하여 타인의 운송 수단을 이용하고 그 대가로 지출하였거나 지출할 금액으로 한다.
	❺ 외주가공비와 운송업의 운반비 이외의 용역을 제공받고 지출하였거나, 지출할 금액은 매입비용에 포함하지 않는다.
	매입비용에 포함되지 않는 용역은 다음과 같다.
	① 음식료 및 숙박료
	② 창고료(보관료), 통신비
	③ 보험료, 수수료, 광고선전비(광고선전용 재화의 매입은 매입비용으로 함)
	④ 수선비(수선 · 수리용 재화의 매입은 매입비용으로 함)
	⑤ 사업서비스, 교육 서비스, 개인 서비스, 보건 서비스 및 기타 서비스(용역)를 제공받고 지급하는 금액 등
	⑥ 기부금 등 사업과 직접 관련 없는 지출 금액
임차료	사업에 직접 사용하는 건축물 및 기계장치 등 고정자산을 타인에게서 임차하고 그 임차료로 지출하였거나 지출할 금액을 말한다.
	❶ 리스료(금융리스, 운용리스)는 임차료에 포함하지 않는다.
	❷ 매출액의 일정 비율에 해당하는 수수료를 지급하는 백화점 등에 입점한 업체가 매월 매출액의 일정액을 백화점 등에 임차료로 지급하는 것은 사업용 고정자산에 대한 임차료에 해당한다.
	❸ 인터넷 쇼핑몰 판매자가 인터넷 오픈마켓에 입점하여 약정에 따라 판매 대금의 일정 비율을 오픈마켓 운영 사업자에게 지급하는 판

구 분	해당 경비
	매 수수료는 사업용 고정자산에 대한 임차료의 범위에 포함되지 않는다.
인건비	종업원의 급여·임금 및 일용근로자의 임금과 실지 지급한 퇴직금을 말한다. ❶ 인건비는 근로의 제공으로 인하여 지급하는 봉급·급료·보수·세비·임금·상여금·수당과 유사한 성질의 급여로 함(비과세 포함) ❷ 사용자로서 부담하는 건강보험, 고용보험료, 국민연금, 산재보험료 등과 종업원에게 제공한 식사, 피복 등 복리후생비는 인건비에서 제외 ❸ 사업소득인 자동차 판매원에 대한 수당은 주요경비(인건비)에 포함되지 않는다.

🧑 기장 신고 시 추가로 인정받을 수 있는 비용

위의 내용은 무기장에 의해 종합소득세 신고 시 인정받을 수 있는 매입비용과 임차료, 인건비 등을 예로 든 것이며, 기장, 즉 장부를 작성해 신고하는 경우 적격증빙을 갖추면 업무관련한 지출의 경우 모두 비용으로 인정된다.

예를 들어 매입비용 중 아래 비용은 무기장-기준경비율에 의해 신고 시 매입비용에 포함되지 않아 경비인정이 어렵지만 기장에 의한 복식부기의무자, 간편장부대상자는 적격증빙이 있으면 비용인정이 된다.

① 음식료 및 숙박료
② 창고료(보관료), 통신비
③ 보험료, 수수료, 광고선전비(광고선전용 재화의 매입은 매입비용으로 함)

④ 수선비(수선·수리용 재화의 매입은 매입비용으로 함)

⑤ 사업서비스, 교육 서비스, 개인 서비스, 보건 서비스 및 기타 서비스(용역)를 제공받고 지급하는 금액 등

⑥ 기부금 등 사업과 직접 관련 없는 지출 금액

간혹 본인이 사업자라는 이유로 개인을 위한 지출 및 가족을 위한 지출 등 생활비까지 회사경비로 처리하려는 사장님이 있는데 이는 원칙적으로 경비인정이 되지 않는다. 즉 사업 관련 지출과 개인 생활비를 구분해서 경비 처리해야 한다.

물론 생활비까지 세금을 적게 내기 위해 뒷일은 생각 안 하고 경비 처리하거나 괜히 엄한 직원에게 그런 것도 못 하냐고 갑질하는 사장님에게는 대책이 없다.

02 / 수도, 전기, 가스, 통신비 등

특히 통신비(전화요금, 인터넷, 휴대폰 요금, 산업용 통신비 등)는 사업자의 카드로 결제하지 않고 자동이체로 처리하는 경우가 많고 청구가 지로용지로 되는 경우가 많은데, 이때 별도로 사업자로 요청하여 매달 사업자등록번호가 기재된 세금계산서 기능을 하는 지로용지를 수령해야 한다.

03 / 건물관리비

지방세로 납부하는 주민세, 등록면허세와 본인 명의 자가로 사업장을 쓰는 경우 재산세 등도 사업용 필요경비로 반영될 수 있다.

04 / 차량 관련 경비

차량 등록증(자가용), 렌트 또는 리스 계약서, 할부의 상환 스케줄표 등의 서류를 제출받는다.

자가로 보유한 경우는 차량 등록증을 할부, 렌트, 리스로 보유한 경우는 렌트 또는 리스 계약서 및 할부의 상환 스케줄표를 제출하면 렌트나 리스로 나가는 차량 관련 경비와 이자비용까지 모두 사업자의 소득에서 경비로 처리가 가능하다.

05 / 수리비, 자동차세, 보험료

업무용 차량의 수리비, 자동차세, 보험료 등은 한 대당 최소 1,500만 원까지 경비로 인정받을 수 있고, 업무용 승용차 운행일지를 작성하면 운행 비율에 따라 추가로 인정받을 수 있다. 여기서 차량 수리비를 보험처리하는 경우 수선비는 이미 보험료를 통해 경비처리가 되었으므로 부가가치세를 부담한 후 수리비에 대한 세금계산서를 받으면 되며, 자차 부담금을 별도로 낸 경우 동 비용은 경비처리가 가능하다.

06 / 금융 관련 경비

대출 원금은 경비처리가 안 되고 이자비용은 경비처리가 되는데 이자비용 경비처리와 관련해 업무용 대출이어야 하므로 사업자 대출을 받아야 한다.

사업과 관련된 대출이자 납입내역(이자지급 내역서), 사업에 관련된 보험료 등은 소득세 신고 기간에 맞춘 납입내역, 손비 처리 확인서를 받아둔다.

07 / 기부금 관련 경비

특례기부금, 종교단체 기부금, 일반기부금 등이 있으며 반드시 기부금 영수증을 제출해야 경비 처리가 가능하다. 즉 기부금이라고 무조건 인정이 되는 것이 아니므로 기부금 영수증을 반드시 첨부해야 한다.

08 / 기타 경비

개인사업자는 가사 관련 비용 및 개인을 위한 지출을 제외하고는 경비로 인정받을 수 있으므로 반드시 세금계산서 등 적격증빙을 수취해야 하며, 영수증에 대해서는 영수증수취명세서를 작성한다. 시설투자 또는 물건을 매입하면서 증빙을 받지 못했거나 돈만 계좌이체로 보내고 증빙을 받지 못한 경우에는 비록 적격증빙은 아니지만, 사업과 관련된 지출로서 소득세(법인세) 신고 시 경비로 반영할 수 있다.

이러한 비용이 3만 원 초과 시 증빙불비가산세 2%가 추가될 수 있지만, 소득세 신고 시 경비로 반영하는 것이 절세 혜택으로 더 크기 때문에 꼭 체크해 두어야 한다.

참고로 간혹 엉뚱한 생각으로 증빙불비가산세 2%를 부담하고 증빙으로 인정받는 것이 부가가치세 10%보다 싸다고 생각하는 경우가 있는데, 이는 위험한 생각이다.

우선 증빙 없이 기장에 의한 신고를 하는 경우 비록 증빙불비가
산세 2%를 부담한다고 해도 국세청의 세무조사 대상이 될 가능
성이 크며, 무기장으로 신고한다면 상대적으로 기장에 의한 신고
보다 더 많은 세금을 낼 가능성이 크다.

09 / 기장대행 시 알아두어야 할 증빙

기장대행 시 다음의 서류는 제출하지 않아도 된다.
① (전자)세금계산서 및 (전자)계산서
② 지출증빙용 현금영수증 내역
③ 사업용 신용카드 내역
하지만 다음의 경우는 기장대행 시 추가로 세무사 등에게 제출해
야 한다.
① 종이, 간이영수증
② 경조사비 증빙(청첩장, 부고장 등)
③ 제로페이 사용 내역
④ 사업자 미등록 카드 사용 내역(백화점 카드, 가족카드 등)
⑤ 개인카드 사용 내역
⑥ 적격증빙을 수취하지 못한 지출 사실을 입증할 만한 증빙

04 가사 비용 회사경비 처리는 탈세의 기본이다.

01 / 세법상 가사 관련 비용의 판단 기준

세법상 가사 관련 비용의 판단 기준은 업무와의 직접적인 관련성을 기준으로 결정된다. 즉 업무무관지출이나 가사 관련 비용은 동일하다고 보면 된다.

가사와 관련된 비용은 일반적으로 필요경비(손금)로 인정되지 않는다. 그 이유는 세법에서 개인의 생활비, 가사와 관련된 비용은 사업 목적이 아닌 개인의 용도로 간주되어 필요경비로 공제될 수 없기 때문이다. 다음은 주요 판단 기준이다.

가사 비용은 개인이나 가족의 생활을 위한 비용이므로, 업무와 직접적인 관련이 없는 경우가 많다.

❶ 사업 운영과 무관한 생활비는 경비로 공제될 수 없다.

❷ 개인적인 용도로 사용하는 차량 유지비는 업무와 관련성이 없다면 경비로 인정되지 않는다.

❸ 사업 목적과 명확한 관련성이 입증되지 않은 지출은 세법상 공제받기 어렵다.

예를 들어 주거비용, 가족의 생활비, 가사 도우미 비용, 대표이사 개인과 관련된 비용을 회사경비로 처리하는 경우가 대표적이다.
이는 유독 대표이사에 한정된 것이 아니며, 회사가 제공하는 사택에 대해서도 주거나 생활비 성격의 전기료, 수도료는 거주하는 종업원이 부담하도록 하고 있다. 즉 종업원의 사택 생활비에 대해서도 회사경비로 인정해 주지 않는다.
업무무관비용으로 의심받는 대표적인 사례는 다음과 같다.

구 분	사례
가족 관련 비용	• 대표자의 가족 차량 유지비 또는 개인 사용 차량의 보험료, 수리비 등이 업무와 무관하게 경비로 처리되는 경우 • 가족 여행비를 출장비나 업무추진비로 처리하는 경우 • 가족 식사비나 개인 생활비를 업무 경비로 처리하는 경우 • 실제로 근무하지 않은 사주 가족에게 고액의 급여를 지급하는 경우 • 대표이사나 가족 등 특수관계인이 개인적인 용도로 법인자금을 사용하는 경우
사적 용도의 자산 사용	• 업무와 관련 없는 고가의 자산(예 : 고급 차량, 요트, 별장 등)을 업무 자산으로 구입하여 경비 처리하는 경우 • 개인 자산을 법인 명의로 등록하여 유지비나 감가상각비 등을 경비처리하는 경우 • 업무와 무관한 서화나 골동품을 구입하고 유지하는 데 드는 비용 • 업무용으로 구입한 콘도 회원권을 개인적으로 사용하는 경우
의심스러운 업무추진비	• 업무추진비로 처리된 비용 중 실제 접대와 무관한 사적 모임의 식사비나 오락비 • 과다한 업무추진비나 거래와 무관한 인물에 대한 접대를 업무 경비로 처리하는 경우 • 거래처에 지나치게 고가의 선물을 주고 비용으로 처리한 경우

구 분	사 례
대표자의 사적비용	• 대표자의 개인 신용카드로 발생한 사적 지출을 업무비용으로 경비 처리하는 경우 • 대표자나 임원의 개인적인 취미활동이나 동호회 비용을 업무 경비로 처리 • 법인카드를 개인적인 용도로 사용하는 경우(식사, 쇼핑, 여가 활동 등 개인적인 소비에 법인카드를 사용한 경우)
비업무용 임대료	• 법인이 대표자 또는 가족이 소유한 부동산을 비업무적으로 사용하면서 임대료를 경비로 처리하는 경우 • 개인 소유의 부동산을 회사에 임대하고 임대료를 지급받은 경우 대표이사나 가족이 사용하는 사택 비용을 회사 비용으로 처리

02 / 가사비용을 회사 비용으로 처리하면 무조건 걸리나?

가사비용을 회사 비용으로 처리하는 것도 요령이 필요할 수 있다. 그러나 이런 요령도 불법이지만 전적으로 규모가 크지 않은 회사에만 예외적으로 허용될 수 있는 부분이라고 생각하면 된다. 즉, 결과적으로는 절세가 아닌 탈세 부분이다. 단, 그 금액이 소액으로 인해 조사 인력을 투입해 추징하는 경우 그 실효성이 떨어지므로, 대대적인 단속을 통해 적발하지 않을 뿐이다. 이는 단지 요행을 바라는 행위에 불과하므로 판단은 사장님이 직접 해야 한다.

❶ 도·소매, 서비스, 건설, 병원 등 제조와 전혀 관계없는 회사가 마트에서 구입하는 원재료 영수증은 가사 관련 비용으로 볼 가능성이 크므로 절대 회사 비용으로 처리하면 안 된다. 물론 음식점과 같이 마트에서 원재료를 구입해야 하는 업종은 주말에 구입해도 증빙을 갖추면 문제가 없다.

❷ 반면, 회사나 가정에서 모두 사용하는 컴퓨터, 프린트, 스캐너 등 전자기기와 책상, 의자, 책꽂이, 문구 등 사무용품은 신용카드로 결제 후 회사 비용으로 처리해도 해당 건이 회사 규모에 비해 자주 발생하지 않으면 문제가 되지 않을 수 있다. 물론 걸려도 회사 비품이라고 우길 수 있는 품목이다.

❸ 식대의 경우 평일 점심시간에 발생하는 식비나, 가끔 저녁 시간에 발생하는 식비는 복리후생비 또는 회식비로 문제없이 처리할 수 있다.

그러나 너무 자주 발생한다거나, 근무를 안 하는 토요일 오후 시간대나 일요일 식비 지출액은 가사 관련 비용으로 문제가 발생할 수 있다.

🧑‍💼 국세청에서 꼭 들여다보는 탈세 사례

참고로 국세청에 가장 많이 적발되는 사례를 살펴보면 다음과 같다.

❶ 접대성 경비를 복리후생비 등으로 분산 처리

❷ 근로를 제공하지 않은 기업주 가족에게 인건비를 지급하고 비용처리

❸ 신용카드 사적 사용

❹ 재고자산 계상 누락 등을 통해서 원가를 조절하는 경우

❺ 세무조사 후 신고 소득률 하락 등

국세청은 기업소득 유출, 수입금액 누락, 소득 조절, 조세 부당감면 등으로 세금을 탈루할 우려가 있는 자영업 법인, 취약·호황 업종의 신고 내용을 개별 정밀 분석한 자료로 성실 신고를 별도 안내한다.

❻ 소비지출 수준을 통해 소득 추정분석

소득신고에 비해 해외여행 등 소비지출이 상대적으로 많은 경우 세무조사 대상이 될 수 있다.

---

❼ 원가를 과대계상 한 경우

상호 증빙이 없이 세무조사만 안 받으면 걸리지 않을 거라는 생각에 임의로 원가를 과대계상 해 세금을 탈루하는 행위는 세무조사를 받을 확률이 높다.

❽ 일요일에 마트를 가서 장을 보고 법인카드로 결제한 경우. 음식점과 같이 주말에도 마트에서 원재료를 구입해야 하는 업종은 예외

지출 항목	설명	예시	매입세액공제 및 비용처리
개인적인 여행비용	사업주가 가족 또는 친구와 함께 개인적인 여행을 위해 지출한 비용	항공권, 숙박비, 관광지 입장료, 개인 목적 골프 회원권을 회사 사용 목적으로 위장해서 구입	불공제(경비처리 불가)
비업무용 차량 유지비	개인 소유 차량에 대한 유지비용	연료비, 보험료, 차량 정비비 등	불공제(경비처리 불가)
	택시업체나 렌트카 업체 등의 영업용이 아닌 소형승용차의 구입 및 유지에 필요한 비용		불공제되지만 증빙에 의해 경비인정은 가능
사적 선물 비용	비즈니스와 무관하게 친구나 가족에게 주는 선물의 구입	생일 선물, 명절 선물 등의 구입비용	불공제(경비처리 불가)
개인적인 식사비용	업무와 관련이 없는 개인적인 용도의 식사비	가족 외식, 친구와의 개인적인 식사비용, 동창회 회비	불공제(경비처리 불가)

지출 항목	설명	예시	매입세액공제 및 비용처리
개인적인 건강 관련 비용	사업주가 개인적인 건강을 위해 지출한 비용	병원 진료비, 건강검진 비용, 개인 헬스클럽 이용료, 성형수술 비용	불공제(경비처리 불가)
개인 취미활동 비용	취미활동이나 여가를 위한 지출	운동, 영화 관람, 레슨 수강료, 장비 구입, 취미 강좌 수강료	불공제(경비처리 불가)
개인 자산 구입	개인용도의 고가 자산 구입	고가 시계 구매, 개인 소장용 미술품	불공제(경비처리 불가)
사적인 기부	업무와 관련 없는 개인 명의의 기부	정치 후원금, 개인적 관심사(동창회)에 따른 기부	불공제(경비처리 불가)

개인의 의식주와 관련해서 지출하는 가사관련비용을 비용으로 인정해 주면 극단적으로 전 국민이 사업자등록 후 본인의 의식주와 관련한 지출을 모두 비용처리 후 세금을 내지 않을 것이다.
사업자등록 유무와 관계없이 본인의 일상과 관련된 비용은 인정을 해주지 않음으로써 사업자와 비사업자의 과세형평을 맞추는 것이다.

남의 계좌로 대금을 받는 경우 세무상 위험과 대처 방법

01 / 남의 명의로 돈을 받으면 모두 불법인가?

본인이 아닌 다른 사람의 계좌를 차명계좌하고 한다. 본인이 아닌 가족이나 종업원 이름의 계좌, 법인이 아닌 법인의 대표자 개인 계좌도 차명계좌이고, 사업자가 타인 명의 계좌로 거래대금을 입금받은 경우도 모두 차명계좌를 사용한 것에 해당한다.

기본적으로 합법적인 차명계좌는 없다. 문중이나 교회 등 단체의 금융자산 관리 계좌, 동창회나 계 등 친목 모임의 회비관리 계좌 등 사회통념상 인정되는 목적으로 이용되는 경우 예외가 인정되기도 하는데, 나머지는 모두 불법이라고 보면 된다.

02 / 어쩔 수 없는 경우 업무처리

불가피하게 사업자 본인 계좌가 아닌 계좌를 사용해 매출 대금을 받는 일도 있다. 급하게 법인계좌가 기억나지 않아서 개인 계좌로 주고받는 경우가 있을 수 있고, 신용불량으로 압류가 되는 문제 때문에 다른 사람을 통해 대금을 받는 일도 있다.

이때는 입금된 금액을 누락하지 않고 매출 신고를 해야 하고, 그 대금을 곧바로 사업자 본인 계좌로 입금하는 것이 좋다. 시간이 지나면 차명계좌로 입금된 사실을 잊어버리게 되고, 추후 고의적인 의도가 있는 것으로 비칠 수 있기 때문이다.

또 차명계좌로 출금이 이뤄진 경우에도 출금된 금액이 사업과 관련한 경비임을 증명할 수 있는 근거와 출처가 있어야 한다. 그렇지 않으면 과세 관청에서는 사업자 본인 계좌가 아닌 차명계좌를 통해 출금된 것으로 보게 된다.

가장 중요한 것은 이렇게 사업자 본인 계좌가 아닌 계좌로 입출금되는 것이 결코 반복적으로 일어나서는 안 된다는 것이다. 불가피하게 일시적으로 일어날 수는 있지만, 계속해서 반복된다면 세무조사 대상이 될 수 있다. 국세청이 차명계좌에 대해 인식하는 것은 오직 한가지 '탈세' 뿐이다.

03 / 법인과 개인의 계좌관리 차이점

요즘 법인 중에서도 1인 주주법인이나 가족법인이 많은데, 이 경우 법인과 대표이사를 동일시하는 경향이 있다. 예를 들면 대표이사의 필요에 따라서 법인계좌에서 출금하는 것이 자연스럽게 이뤄지는 경우다.

이를 가지급금이라고 하는데, 세법상으로는 대표이사가 법인에서 빌린 것으로 나중에 갚아야 하고, 이자도 지급해야 하니까 주의해야 한다.

개인사업자의 경우는 대표자의 필요에 따라 출금하더라도 크게 문제가 되지는 않겠지만, 부채의 합계액이 사업용자산의 합계액을 초과하는 경우는 신경을 써야 한다. 이 경우 초과인출금이라고 해서 그 이자 비용에 대해 필요경비로 처리하지 못할 수 있다.

특히 개인사업자는 사업 용도와 개인적 용도의 구분이 모호하고 혼재돼 있으므로 지급이자 중 초과하는 부분에 대해 필요경비로 인정되지 않는다는 점을 기억해야 한다.

04 / 차명계좌 매출을 누락 했다면?

차명계좌로 들어온 매출을 누락한 경우는 높은 가산세가 적용된다. 고의로 적극적인 탈루를 한 것으로 보기 때문이다.

세법에서는 '사기 기타 부정한 행위'라고 하는데, 당초 내야 할 세금에 더해 납부불성실가산세와 신고불성실가산세까지 부과된다. 이때 사기 기타 부정한 행위에 해당하면 신고불성실가산세가 일반적인 10%가 아니라 40%로 부과된다. 또한 현금영수증 발급 업종이라면 현금영수증 미발급 가산세도 부과된다.

무엇보다도 큰 페널티는 세법상 세금을 부과할 수 있는 부과제척기간이 일반적인 5년이 아닌 10년으로 늘어난다는 점이다. 한 번의 세무조사에서 과거 10년 치 세금을 전부 추징당할 수도 있다는 것이다. 그뿐만 아니라 누락한 매출이 조세 탈루 행위에 해당하는 경우는 검찰 등에 고발 조치가 되어 형사처벌도 받을 수 있다.

05 / 세무조사를 예방하는 방법은?

개인사업자, 특히 복식부기 의무자는 사업 관련 거래대금을 주고받을 때 꼭 사업용 계좌를 통해서 하는 것이 필요하다. 법인도 반드시 법인 명의의 계좌를 사용해야 한다. 특히 사업용 계좌와 법인계좌는 '사업과 관련해서' 사용하는 것이 중요하다.

사실 세무조사를 예방하는 최선의 방법은 성실신고이다. 요즈음은 탈세 제보와 신고가 자유롭게 이뤄지는 환경이다. 항상 주위의 누군가가 있다고 생각하고, 탈세의 유혹이 있더라도 뿌리치는 것이 핵심이다.

구체적으로는 반드시 세금계산서, 신용카드, 현금영수증 등 적격증빙을 받고, 현금거래보다는 계좌이체 등으로 근거를 명확하게 남겨두는 것이 필요하다. 특히 특수관계자 간 거래에서는 시가보다 과하게 높거나 낮지 않도록 사전에 시가에 대한 검토가 필요하다. 가족의 인건비는 확실한 근거가 있어야 할 것이다.

06 / 세무조사가 나왔을 때 현명한 대처법

차명계좌로 인한 세무조사라면 대부분은 주위 제보에 따른 조사이거나 고액의 현금 입출금이 국세청에 포착된 경우가 많다. 따라서 대부분 금융기관을 통해 계좌 전부의 입출금 내역을 조회하게 된다. 당사자는 물론 당사자와 거래가 있었다고 인정되는 사람 모두를 상대로 검사와 조사가 이뤄진다.

국세청은 모든 제보에 관해 조사하는 것이 아니라 구체적이고 신빙성이 있는 제보에 대해서만 조사를 하므로 일단 조사가 시작되면 가볍게 끝나기 어렵다. 물론 조사 이전에 소명 안내를 통해 소명받고 종결될 수도 있지만, 소명이 잘 안된 경우는 세무조사로 전환될 수 있다.

세무조사, 특히 차명계좌로 인한 세무조사는 대응이 정말 힘들고 사업자 혼자서 감당하기도 벅찬 것이 사실이다. 과거의 기억까지 떠올려서 금융거래 내역을 하나하나 소명해야 하고, 그 근거를 제시해야 한다.

감가상각을 통해서 손익 조절이 가능하다.

세법상 유형자산에 대한 비용처리는 감가상각을 통해서 가능하다. 그러나 사업자가 임의로 감가상각비를 비용처리 하지 않는 것에 대해서는 감면 등을 받는 경우와 업무용 승용차 정액법 5년 상각을 제외하고는 강제 규정이 없으므로 감가상각비를 비용 계상하지 않는 것도 가능하다. 하지만, 공인회계사의 외부감사를 받는 업체의 경우 감가상각비의 미계상이 수익비용 대응의 원칙에 어긋나므로 외부감사 지적 사항이 될 수 있다.

회사의 유형자산은 토지를 제외하고 일정 기간 감가상각비를 계상해 비용처리를 할 수 있다. 그 결과 회사는 감가상각비만큼 법인세 또는 소득세가 감소한다.

회계기준과 세법은 감가상각비 처리 기준이 각각 다르다. 일반기업회계기준에서는 유형자산을 내용연수 동안 정해진 방법에 의해서 각 회계기간 동안 배분하는 반면 세법은 법률 규정에 의해서 결정된 감가상각방법과 내용연수를 반영해 계산된 감가상각비 범위 내에서 감가상각비를 임의로 계상할 수 있다.

외부감사를 받는 기업의 경우 회계기준에 따라 회계처리를 해야 하므로 회사가 감가상각비를 임의로 비용 계상하기는 사실상 어렵다.

그러나 비외감 중소기업의 경우 회계기준보다는 세법을 기준으로 회계 처리하는 경우가 많으며, 특히 감가상각비는 세법에 따라 회계 처리하는 경우가 대부분이다. 따라서 감가상각범위액을 초과하지 않는 범위 내에서 회사가 감가상각비를 임의로 비용 계상하거나 극단적으로 감가상각비를 계상하지 않더라도 세법상으로는 아무런 문제가 되지 않는다. 이를 결산조정의 원칙이라고 한다.

법인세법에서는 기업이 감가상각비를 계상하지 않은 경우 감가상각비를 계상하지 않는 사업연도의 이익이 증가하여 법인세를 더 부담하게 되는 결과가 되므로 감가상각비의 계상을 강제할 필요가 없으므로 법인이 감가상각비를 장부에 비용으로 계상한 경우에 한해서 손금으로 인정하는 임의상각 제도를 채택하고 있다.

그런데 만약 회사가 본점을 지방으로 이전해 지방 이전에 따른 세금 감면을 적용받고 있다고 할 경우 회사는 세금을 감면받는 기간에는 감가상각을 비용 계상하지 않을 유인에 빠질 수 있다. 비용을 적게 계상해 세금이 높게 과세 되더라도 세금 감면을 받으므로 감가상각비의 임의상각 제도를 이용해 감가상각비의 비용 계상 시점을 감면 기간 이후(감가상각은 임의상각 제도이므로 감면 기간에는 감가상각비를 계상하지 않고 감면 기간이 끝난 시점부터 감가상각비를 장부에 계산하는 방법)로 이연한다면 감면은 감면대로 받고 그 이후에는 감가상각비를 비용 계상한 금액만큼 절세 효과를 중복해 누리게 되기 때문이다.

예를 들어 2020년에 취득한 감가상각자산을 2020년 감가상각을 안 한 경우 신고한 내용연수 5년인 2024년에 무조건 감가상각이 종료되는 것이 아니라, 5년이 경과한 2025년도에도 감가상각비를 손금산입할 수 있다. 즉 세법상 내용연수가 지나더라도 미상각잔액에 대한 감가상각을 계속해 손금에 산입할 수 있다. 따라서 감면 기간에는 감가상각을 멈춘 후 감면 혜택을 최대한 받은 후 감면이 끝나면, 다시 감가상각비를 계상해 법인세 절세 혜택을 최대한 볼 수 있다. 따라서 이를 방지하기 위해 감가상각의제 규정을 두고 있다. 세법은 이러한 조세 회피 행위를 방지하기 위해 법에서 규정한 세금 감면을 받는 회사는 감가상각비를 반드시 장부에 반영해야 하며, 장부에 반영하지 않을 경우 '세무조정'을 통해 과세표준에 비용으로 반영해야 한다. 이를 '감가상각의제'라고 하며 '감가상각비의 임의상각 제도'에 대한 예외 규정이다. 한마디로 세금 감면을 받은 경우 감가상각을 강제로 시키는 것이다.

기업은 세무적 측면에서 이익이 발생한 사업연도에는 감가상각비를 계상하고, 손실이 발생한 연도에는 감가상각비를 계상하지 아니하기도 하며, 또한 금융거래(대출 시 감가상각비만큼 이익이 줄어들어 재무제표상 이익이 적게 보일 수 있음) 등의 목적으로 영업이익률 등을 높이기 위해서 감가상각을 하지 않는 예도 있다.

외부감사 대상 법인은 감면 여부와 관계없이 회계감사를 받아야 하므로 기업회계기준에 의하여 감가상각비를 계상해야 한다.

감가상각의제 규정을 적용받는 법인과 업무용 승용차를 제외한 일반적인 감가상각비는 내용연수기간 동안에 연속하여 전액 상각되어야 한다거나, 당해 내용연수 내에서만 감가상각하도록 강제하는 것은 아니다.

취득일부터 처분일까지의 보유기간 중 사업에 사용한 기간에 따라 계산하며, 사업연도 중 취득하거나 처분(또는 폐업)하는 경우는 감가상각 계산의 개시시기와 종료 시기의 파악이 중요하다.

법인이 감가상각비를 결산서 상 손금으로 계상하지 아니하거나,

과소 계상한 경우는 감가상각의제 대상 법인인 경우를 제외하고는 법인세법상 다른 불이익은 없다.

구 분		감가상각비 계상
기업회계		내용연수와 잔존가액을 추정해서 계속적으로 감가상각비를 계상한다. 단, 외부감사대상 기업의 경우 외부감사를 위해 반드시 매년 감가상각비를 계상하지만, 중소기업의 경우 손익에 따라 감가상각비를 장부에 계상하지 않는 경우도 있다. 이는 감가상각이 결산조정 사항이므로 장부에 감가상각비의 계상 여부가 회사의 결정 사항이기 때문이다.
세법	원칙	매기 감가상각범위액 내에서 회사의 선택사항(임의상각) 따라서 장부에 감가상각비를 계상한 경우는 감가상각범위액 내에서 회계상 비용처리를 인정하고, 감가상각 범위를 초과하는 금액은 비용으로 인정하지 않아 손금불산입한다.
	예외	다음의 경우는 조세정책적 목적으로 신고조정 허용 또는 강제상각을 한다(무조건 감가상각을 한다). 1. 강제상각 ❶ 2016년 1월 1일 이후 개시하는 사업연도에 취득하는 업무용 승용차의 감가상각비 ❷ 세액감면을 받는 경우의 감가상각의제 ❸ 특수관계인으로부터 자산 양수를 하면서 기업회계기준에 따라 장부에 계상한 자산의 가액이 시가에 미달하는 경우 감가상각비 손금산입 특례 2. 임의 신고조정 ❶ 한국채택국제회계기준 도입법인의 경우 유형자산과 법에 정한 무형자산의 감가상각비 ❷ 조세특례제한법에 따라 2021년 12월 31일까지 취득한 설비 투자자산의 감가상각비

[주] 적자가 발생하면 은행과의 거래가 원활하지 못할 수 있어 결손을 줄이거나 이익을 늘릴 필요가 있는데 이때 감가상각비를 계상하지 않으면 도움이 된다.
[주] 취득가액이 100만 원 이하의 경우 고정자산으로 계상하기보다는 취득한 연도에 전액 비용으로 처리하는 것이 좋다.

세법상 승용차 사용에 대한 불이익

세법에서 승용차에 대한 규제는 부가가치세 매입세액불공제와 소득세(법인세)에서 업무용 승용차 관련 비용의 손금불산입 특례제도가 있다.

다만 업무용으로 사용된 비영업용 승용차는 차량 취득부터 유지비용까지 사업 목적으로 사용했다는 것을 입증할 수 있다면 소득세(법인세) 신고할 때 비용으로 처리할 수 있다.

개인사업자 중 복식부기 의무자라면 차량이 2대(법인은 1대) 이상일 때 업무용 승용차 전용 보험에 가입해야 비용처리가 가능하다. 반면 업무용으로 사용하는 트럭은 무조건 비용처리가 가능하다.

결국 승용차에 대해서는 세법상 규제가 있지만, 트럭이나 배달용 오토바이 등은 업무용으로 사용했다는 증명만 하면 특별한 제한 없이 비용인정뿐만 아니라 매입세액공제도 받을 수 있다.

따라서 가족이 사용하는 등 편법 사용 목적이 아니라면 경차, 트럭, 배달용 오토바이, 9인승 이상 승합차를 업무용으로 사용하면 세금 절세 혜택을 누릴 수 있다.

01 / 무조건 절세 혜택을 보는 차량과 업종

아래의 경우는 매입세액불공제와 업무용 승용차 손금불산입 특례의 적용 대상이 되지 않는 차량이다.

구분	임직원전용자동차보험 가입×, 차량운행일지 작성×, 매입세액공제○
차종	오토바이(스쿠터 등 배달용 오토바이), 경차(모닝, 레이, 스파크, 캐스퍼), 트럭 등 화물차(스타렉스, 카니발, 포터, 봉고 등), 밴(VAN)형 자동차, 9인승 이상의 승합차(카니발)
업종	운수업, 자동차판매업, 자동차임대업, 운전학원업, 경비업법 등 노란색 번호판, 장례 식장 및 장의 관련업을 영위하는 법인차량과 운구용 승용차

02 / 승용차를 사용하는 경우 절세전략

차량을 업무용으로 사용하는 경우 업무전용자동차보험에 가입하고 운행일지를 작성한다.

법인세법시행규칙 제27조의2 제4항 및 업무용 승용차 운행기록방법에 관한 고시(국세청 제2016-12호)상의 운행기록부 작성 방법 8란상 직원의 출퇴근용(원격지 출/퇴근 포함) 주행거리는 업무용 사용 거리로 규정하고 있는바 법인의 임직원이 실제로 사택 및 자택에서 본사로 출퇴근하는 것이라면 업무용 사용 거리로 인정된다.

그러나 주말 나들이나 골프 등 사적인 취미활동에 회사 차를 이용할 때는 개인 비용으로 주유하고 이를 기록해 놓아야 불이익을 막을 수 있다.

차량은 운행일지를 작성하고 '업무용'으로 사용한 부분에 대해서만 원칙적으로 경비 처리할 수 있다. 어디까지를 '업무'로 볼 것이냐가 문제인데, 거래처 방문, 판촉 활동, 회의 참석 외에 출퇴근도 업무의 범위에 포함된다. 출퇴근용도 업무용으로 인정하는 이유는 산재보험 등에서 출퇴근까지 업무로 인정하는 점을 고려했다.

차량운행일지를 작성하면 업무용으로 인정하는 업무의 범위는 다음과 같다.

① 거래처/대리점 방문

② 회의 참석

③ 판촉 활동

④ 출/퇴근(원격지 출/퇴근을 포함)

⑤ 교육훈련

⑥ 직원야유회 관련 운행

⑦ 거래처 접대차 및 판촉 활동

⑨ 기타 업무 사용

03 / 승용차를 사적으로 사용한 경우 세무 처리

법인의 경우 사적으로 사용한 비용은 사용자에게 소득 처분되어 법인세를 추징당할 뿐만 아니라 사용자도 소득세를 추가로 부담해야 하는 상황이 발생한다.

개인사업자의 경우 경비로 인정하지 않기 때문에 소득세를 납부해야 한다.

① 대표자가 접대 등으로 인한 골프장 방문 여행 등을 목적으로 사용한 경우

② 운행기록부를 허위로 작성한 경우

③ 운행기록부를 미작성한 경우

④ 업무전용자동차보험 미가입한 경우

⑤ 리스 또는 렌탈 등 임차료 비용 한도 초과한 경우

⑥ 대표이사 자녀 등 가족이 개인적 용도로 사용한 경우

구 분		내 용
개인사업자		경비인정 안 되어 사업소득세 과세표준이 올라간다.
법인	사업자	경비인정 안 되어 법인세 과세표준이 올라간다.
	근로자	급여에 포함되어 근로소득세가 올라간다.

위에서 보는 바와 같이 법인의 경우 경비인정 못 받아 손해 보고, 사적 사용자는 근로소득세를 납부해야 하는 이중적 손해가 발생한다.

08 법인에서 상품권을 구매할 때 주의할 점은?

법인에서 상품권을 구매할 때는 구매 목적을 명확히 하고, 적절한 증빙서류를 철저히 관리해야 한다. 상품권은 현금처럼 사용될 수 있으므로, 내부 통제 시스템을 강화하여 부정 사용을 방지하고 예산 활용을 최적화하는 것이 중요하다.

01 / 구매 목적의 명확화 및 처리 방식

상품권 구매는 구입 시점이 아닌 사용 시점에 비용처리가 가능하며, 그 목적에 따라 회계 처리 방법이 달라진다.

업무추진비(접대비)

상품권을 거래처에 선물로 제공하는 경우 업무추진비(접대비)로 처리할 수 있으며, 이때는 특별한 주의가 필요하다. 거래처 접대 목적의 상품권은 법인명의 신용카드로 결제해야 하며, 건당 3만 원을 초과하는 경우 신용카드 결제 등 정규 영수증을 수취하지 않으면 손금으로 인정받을 수 없다. 업무추진비(접대비)는 한도를 초과하는 금액에 대해 손금불산입한다. 또한, 거래처나 고객에게 제공 시 귀속자를 특정할 수 있도록 상품권 관리대장을 구비하여 지급 일자, 금액, 수령인, 사용 목적, 업무 관련성 등을 입증해야 한다. 이를 입증하지 못할 경우 대표자의 상여로 소득 처분될 수 있다.

🧑 복리후생비

직원들의 생일이나 명절 등 특별한 기념일에 상품권을 제공하는 경우 복리후생비로 사용될 수 있다. 직원에게 상품권을 제공할 경우 이는 근로소득으로 간주되어 소득세가 부과될 수 있으므로, 연말정산 시 이를 포함하여 신고해야 한다. 소득세법상 비과세 혜택을 받을 수 있는 한도액을 초과하지 않도록 주의해야 하며, 초과 시 근로소득으로 간주된다. 다만, 직원의 경조사비로 지급한 경우에는 급여로 보지 않고 복리후생비로 처리할 수 있다. 반대로 성과급 형태로 지급되거나 개인별로 차등 지급(생일 선물, 명절 선물)되는 경우 현금성 급여로 간주되어 원천징수가 필요하다.

🧑 광고선전비

상품권을 마케팅 목적으로 대중에게 배포하는 경우 광고선전비로 처리할 수 있으며, 이 경우 해당 비용을 전액 손금으로 인정받을 수 있다. 업무추진비(접대비) 한도 제한을 받지 않으나, 광고선전비로 처리하려면 상품권 배포의 목적과 대상이 명확히 구분되어야 한다. 협력업체 직원에게 지급할 경우에는 기타소득으로 처리하여 지급 원인에 따라 원천징수가 필요할 수 있다.

🧑 적격 증빙 및 관리

상품권 구매 시에는 명확한 증빙 자료를 통해 모든 거래를 입증해야 한다.

🧑 결제 방식

상품권은 무기명 채권으로서 세금계산서나 계산서를 발행할 수 없으므로, 법인카드나 사업자용 체크카드를 사용하여 신용카드 매출전표를 받는 것이 가장 적절하며 좋다. 현금으로 구매하는 경우 입증이 어려울 수 있으며, 입증되지 않을 경우 세무 리스크가 발생한다.

🧑 필요 서류

법인카드로 상품권을 구매할 때는 사업자등록증 사본과 구매자의 신분증, 명함 등 직원을 확인할 수 있는 서류가 필요하며, 본인 확인 절차가 요구된다.

🧑 관리대장

상품권은 누가, 언제, 어떤 목적으로 사용했는지 증명해야 하므로 상품권 관리대장을 작성하여 구매일자, 금액, 지급 내역, 수령인, 사용 목적 등을 기록하는 것이 중요하다. 이는 세무조사 시 증빙 자료로 활용될 수 있으며, 관리대장이 미비하거나 출처 및 귀속자가 명확하지 않을 경우 법인세 또는 소득세가 추징될 수 있다.

🕵️ 세금 문제

상품권 자체에는 부가가치세가 부과되지 않지만, 상품권을 사용하여 물품이나 서비스를 구매할 때 부가가치세가 적용된다. 상품권 구매 시 발생하는 부가가치세는 매입세액공제 대상이 아니다.

02 / 세무상 주의사항

구 분	주의 사항
필수 증빙 확보	구매시 법인카드를 사용하고 사용 시 상품권 사용 내역 및 지급대상자 확인 자료(명단, 서명 등) 보관
부가가치세 매입세액공제 불가	상품권 구매 시에는 재화·용역 공급이 이루어지지 않아 부가가치세 과세대상이 아니다. 따라서 매입세액공제도 불가능하다. 상품권의 구매 시점이 아니라 상품권으로 물건을 실제 구매한 시점에 부가가치세 과세 여부가 결정된다.
사용 목적에 따른 세무 처리	• 직원 복리후생 : 복리후생비로 처리 가능, 선물로 지급하는 경우 과세 • 거래처 접대 : 업무추진비로 처리, 한도 초과 여부 반드시 확인 필요 • 경품·사은품 : 광고선전비로 처리 가능, 지급 명단과 지급 사유 증빙 필수 • 개인적 사용(사적 유용) : 업무무관비용으로 보아 손금불산입 및 대표자 상여 처분 가능
상품권 사용처 불명확 시 위험	세무조사 시 '실제 사용 내역' 소명 요구가 많다. 특히 거래처 증정 목적이라고 주장하면서 명단·수령확인서 미비하면 부인될 수 있다.

구 분	주의 사항
	사용처 불명확 → 전액 업무무관비용으로 보아 법인세·소득세 추징

04 / 회계처리 시 주의점

상품권을 바로 사용하지 않으면 상품권 또는 선급비용으로 계상한다.

상품권을 사용하는 경우 목적에 맞는 계정과목(복리후생비, 업무추진비, 광고선전비 등)으로 대체 처리한다.

05 / 법적·관리상 주의 사항

- 현금성 자산이므로 분실·유용 위험이 높음 → 보관·관리 담당자 지정 필수
- 사용내역(일자, 수량, 지급대상, 지급사유) 관리대장 작성
- 경품용 상품권은 지급액이 25만원 이상이면 소득세법상 원천징수 의무가 발생한다.

06 / 세무조사에서 자주 지적되는 사례

- 거래처 접대용으로 구매했으나 수령자 명단 미비
- 대표이사 개인 용도로 사용
- 전 직원 복리후생비 명목으로 지급했으나 일부 직원만 수령

- 경품 지급 후 원천징수 미이행
- 구매만 하고 연말까지 사용내역 미보고 → 업무무관비용 처리

07 / 상품권 '깡' 세무조사

상품권 '깡'은 상품권을 할인된 가격으로 현금화하는 불법적인 행위로, 비자금 조성이나 자금세탁에 악용될 수 있어 국세청의 주요 감시 대상이 된다. 이러한 행위가 적발될 경우 세금 추징은 물론, 조세범처벌법에 따른 제재를 받을 수 있다.

국세청은 기업 세무조사 과정에서 상품권 사용을 용도에 따라 접대비나 복리후생비 등으로 사용한 경우 크게 문제 삼지 않는다. 그러나 상품권은 현금과 유사한 유가증권의 성격을 지니기 때문에 그 용도와 귀속이 불분명할 경우 세무조사의 중대한 쟁점으로 부상하며, 이는 기업과 경영자에게 상당한 세무 리스크를 초래할 수 있다.

🧑 물품 판매 또는 서비스 제공 없는 허위 거래를 통한 환전

상품권 '깡'의 가장 일반적인 형태로, 가맹점이 실제 물품이나 서비스를 판매하지 않았음에도 불구하고, 판매가 이루어진 것처럼 꾸며 상품권을 받고 수수료를 제외한 현금을 상품권 제공자에게 지급하는 행위다. 특히 신용카드를 사용하여 상품권을 구매하고 이를 현금으로 전환하는 행위는 '상품권 깡'으로 불리며, 불법 대부업으로 간주될 수 있다. 여신전문금융업법 제19조 제5항 제1호

는 물품 판매나 서비스 제공 없이 신용카드를 이용해 거래가 이루어진 것처럼 꾸미는 행위를 불법으로 규정하고 있다.

🧑 가맹점의 물품 대금 결제 수단으로 상품권 사용

가맹점이 받은 온누리상품권을 다른 상인에게 물품 대금 등으로 사용하는 행위는 부정 유통 행위에 해당하며, 이는 '상품권 깡'의 유형이 대폭 확대된 사례에 포함한다.

🧑 타인 명의를 이용한 상품권 대량 구매 후 환전

지역 상품권을 대량으로 구매하기 위해 지인 등 여러 사람을 동원하여 구매한 후, 본인이 운영하는 사업장에서 총액을 환전하는 방식으로 이루어지기도 한다. 이는 조직적으로 상품권을 환전하려는 '깡' 행위로 간주된다.

🧑 개별 가맹점 등록 없는 상품권 수취 및 환전

정식으로 가맹점 등록을 하지 않고 상품권을 수취하여 현금화하는 행위 또한 불법 행위에 해당한다.

🧑 현금 결제 상품의 환불을 통한 현금 취득

다른 사람이 현금으로 결제한 상품을 환불하고 그 현금을 취하는 행위도 상품권 '깡'의 한 유형으로 법적 문제가 발생할 수 있다.

🧑‍💼 소비쿠폰의 중고거래 및 허위 결제 악용

정부가 발행하는 소비쿠폰을 되팔거나 허위 결제에 악용하여 현금화하는 행위도 불법으로 간주되어 보조금 목적 외 사용으로 엄정 대응 대상이 된다.

구 분	세무상 처리 결과
부가가치세	상품권 구매 시점에는 재화·용역 공급이 아님 → 매입세액 공제 불가 그럼에도 공제했다면 전액 추징 + 가산세
법인세(손금 인정 여부)	• 사용처 불명확 : 업무무관비용으로 전액 손금불산입 • 대표·임직원이 사용한 정황 : 대표자 상여 처분(개인 소득세 추가) • 접대·광고·복리후생으로 주장 시 증빙 미비면 부인(증빙불비가산세 2% 등)
원천세	경품·사은품으로 외부 제공하면서 원천징수(기타소득 20% + 지방세 2%) 미이행 시 → 미납 원천세 + 가산세
형사·행정 리스크	• '카드깡' 성격이면 여신전문금융업법 위반, 사안에 따라 업무상 횡령·배임 • 내부자 비자금 조성으로 판단 시 고발·수사의뢰 가능

회사를 운영하면서 하는
탈세 업무처리

01 관행적으로 하는 알쏭달쏭 탈세 업무

01 / 자가운전보조금 무분별한 비과세 처리

자가운전보조금을 출퇴근 교통비, 통근수당 등으로 직원 전원에게 월 20만 원 한도 내 일률적으로 지급하면서 모두 비과세로 처리하는 경우가 있다.

실제로 비과세가 인정되려면, 직원이 본인 소유 차량을 업무(출장 등) 수행에 직접 사용해야 하며, 지급 규정, 업무내역 증빙 등 엄격한 요건을 갖춰야 한다.

세무조사 시 비과세 요건 미충족이 드러나면, 해당 금액 전체가 근로소득 과세 대상이 되어 소득세, 지방소득세, 4대 보험료까지 소급추징될 수 있다.

추가로 가산세, 과태료 등 행정처분까지 받을 수 있다.

최근에도 건강보험공단 등에서 자가운전보조금을 악용해 보험료를 줄인 회사가 적발되어 조사 및 추징이 진행된 사례가 많다.

02 / 근로자를 3.3% 근로자로 고용

🧑 소송 및 노동청 진정 시 소급 부담

근로자가 퇴직 시 '근로자성'을 주장하여 노동청, 법원에 진정·소송을 제기하면, 노무관계가 인정될 경우 4대 보험, 퇴직금, 연차수당, 해고예고수당 등 각종 법적 지급의무가 소급 적용된다.

미납보험료와 임금 차액, 각종 과태료 및 가산세까지 일시에 부담해야 한다.

3.3% 사업소득세만 떼고 처리했더라도, 사용자의 지휘·감독, 근로시간, 업무 장소 고정 등이 인정되면 근로자로 보호된다.

🧑 4대 보험 및 퇴직금, 각종 수당 미납추징

4대 보험 미가입 시, 적발되면 보험료 전액(사업주·근로자 몫 모두)과 가산금까지 추징 대상이 된다.

퇴직금, 연차수당, 임금 등 근로기준법상 보호를 회피한 경우, 모두 소급 지급해야 하며, 이는 상당한 금전적 손해가 될 수 있다.

🧑 법적·형사적 리스크

위장도급, 위장 프리랜서 등 '가짜 3.3%' 고용은 근로기준법, 사회보험법 위반으로 행정처분 및 형사처벌 대상이 될 수 있다.

실제 현장에서는 노동자가 다치거나, 부당해고·임금 체불 등 문제 발생 시 사업주가 모든 책임을 져야 하므로 단기비용 절감 유인이 결코 이득이 되지 않는다.

🏃 근로자 피해도 심각

정작 근로자는 4대 보험, 퇴직금, 산재 등 사회적 보호를 받지 못해 사회안전망의 사각지대에 놓이게 되고, 권리 구제를 위해 별도의 소송 절차를 거쳐야 하는 불이익을 겪게 된다.

(03 / 포괄임금제의 편법적 운영)

포괄임금제는 근로시간 산정이 객관적으로 어려운 경우에만 예외적으로 사용할 수 있으며, 모든 수당이 법정 기준에 충족해야 한다.
사업주의 단기적 비용 절감, 행정 간소화 목적의 무분별한 포괄임금제 운용은 오히려 더 큰 재정적·법적 손해를 초래할 수 있으니, 적용 시 각별히 주의해야 한다.

🏃 임금 체불 및 소급 지급 부담

포괄임금제가 유효하려면 반드시 근로시간 산정이 사실상 곤란해야 하고, 포괄임금에 포함된 수당이 근로기준법상의 각종 법정수당(연장, 야간, 휴일)에 미달하지 않아야 한다.
위 두 가지 중 하나라도 미충족하면, 계약은 무효가 되어 해당 차액을 임금체불로 간주, 최대 3년 치 법정수당을 소급 지급해야 할 수 있다.

🏃 노동청 진정 및 소송, 행정처분

근로자가 초과근로수당 등 미지급분을 노동청·법원에 제기할 수 있다.

사업주는 이때 미지급분(임금, 연장·야간·휴일수당 등)을 한 번에 지급해야 하며, 임금체불로 형사처벌까지 받을 수 있다.

근로계약서상 합의 여부, 실제 근로시간 산정 가능성 등도 쟁점이 되므로, 단순히 '포괄임금' 명목만 앞세우면 사업주가 오히려 불리해진다.

🧑 계약 재작성 및 추가 행정비용

포괄임금제 적용이 부적합하다고 판정되면, 근로계약을 새로 작성해야 하고, 수당 산정 방식, 임금체계 전반을 다시 조정해야 한다. 근로자와의 분쟁이 발생하면 회사 신뢰도 저하, 인력 이탈 등 부수적 손실도 고려해야 한다.

04 / 퇴사 후 재입사를 활용한 퇴직금 중간정산의 편법적 운영

퇴직금 중간 정산은 「근로자퇴직급여 보장법」상 허용된 특별한 사유(예 : 무주택자 주택 구입, 6개월 이상 요양, 부양가족 치료비, 신용 회복 지원 등)에 해당할 때만 가능하다.

중간 정산을 신청하려면 반드시 법정 사유가 있는지, 관련 증빙 서류(진단서, 가족관계증명서, 주택 구입 계약서 등)가 필요한지 확인해야 하며, 사용자 역시 이를 꼼꼼히 검토 후 승인해야만 한다.

법정 사유가 없다면 어떠한 노사 합의가 있더라도 퇴직금 중간정산은 무효이며, 법적 문제를 해결할 수 없다.

만약 이 법정 요건에 해당하지 않음에도 불구하고 퇴직금을 중간에 지급한다면 다음과 같은 문제가 발생한다.

🧑 법적 효력 없음

중간정산 사유가 없는 상황에서 지급된 퇴직금은 법적으로 "퇴직금 지급"으로 인정되지 않는다.

근로관계가 종료될 때 실제 전체 근속기간을 기준으로 다시 퇴직금을 산정해야 하므로, 사용자는 동일 기간에 대해 "퇴직금 이중지급" 위험이 있다.

🧑 사용자 불이익

법정 요건에 맞지 않는 퇴직금 중간정산은 근로자퇴직급여 보장법 위반이 되어, 사업주에게 행정제재(과태료 등)가 부과될 수 있다.

근로자가 실제 퇴직할 때 법적으로 전 기간 퇴직금을 다시 청구할 수 있으므로, 사용자는 이미 지급한 중간정산 분과 별도로 전체 퇴직금을 또 지급해야 할 수 있다.

최근에는 이를 회피하는 수단으로 퇴사 처리 후 재입사하는 방법을 많이 사용하는데, 이는 원칙적으로 합법적인 절차가 아니다.

05 / 월급에 포함해서 퇴직금을 지급하는 경우

월급에 퇴직금을 포함해서 지급하는 관행(예 : "연봉에 퇴직금 포함", "월급에 퇴직금을 나눠 지급")은 법적으로 인정되지 않는다.

퇴직금은 "근로자가 퇴직할 때" 별도로 산정·지급해야 하며, 근로계약서에 '퇴직금 포함' 명시를 했더라도 법적 효력이 없다.

"월급에 포함" 방식은 근로자가 실제 퇴사할 때 소급해 퇴직금을 다시 지급해야 하므로, 사용자는 동일 기간에 대해 퇴직금을 두

번 지급하는 결과가 될 수 있다.

법 위반으로 노동청 진정, 분쟁 발생 시 사업주에게 불리하게 작용할 수 있다.

06 / 법에 어긋나는 각서는 효력이 없다.

각서는 결코 근로기준법을 우선할 수 없으며, 법령에 위반되는 각서는 무효다.

근로조건의 정함은 반드시 근로기준법 및 관련 법령, 취업규칙 등 상위 제도에 부합해야 하며, 불리한 내용의 각서는 효력이 인정되지 않는다.

헌법 > 관계 법률(근로기준법 등) > 단체협약 > 취업규칙 > 근로계약 및 각서 순으로 상위의 규범이 우선한다.

따라서, 근로자와 사용자 간 각서, 합의서, 서면 약정 등이 있다 하더라도 근로기준법에서 규정한 내용(예 : 최저임금, 근로시간, 퇴직금, 해고제한 등)보다 근로자에게 불리하게 정한 각서는 그 부분에 한해 무효다.

예를 들어, 퇴직금을 포기하거나 연장근로수당을 받지 않겠다는 각서 등은 법적으로 인정되지 않는다.

오히려 근로기준법 등 노동관계 법령 또는 취업규칙, 단체협약 등 상위 규정이 우선 적용된다.

예외적으로, 각서나 근로계약 등에서 근로자에게 법률이나 취업규칙보다 '더 유리한 조건'을 정했다면 그 부분은 유효하다.

그러나, 근로자의 권리를 법 이하로 제한하거나 박탈하는 각서는 법적으로 보호받지 못한다.

02 누구나 사용하는 탈세 수법은 반드시 걸린다.

가장 전통적인 탈세 수법은 매출누락, 가공지출을 통한 비용 과대계상이다. 즉 매출을 누락하거나 원가의 과대계상, 인건비 과대계상의 수법이 전통적인 방법이다. 하지만 이는 적격증빙의 활성화로 상당히 줄어들고 있는 것이 현실이다.

인건비를 부풀리는 방법으로 일반적으로 가장 많이 사용하는 방법은 월급보다 더 많은 돈을 계좌에 이체해 준 후 월급을 제외한 금액은 다시 돌려받는 방법이다.

❶ 근무 사실이 없는 가족에게 고액 급여를 지속적으로 거짓 지급하고, 해외 현지법인에 외환을 송금하여 자녀 유학비용으로 변칙 유용하는 경우

❷ 회사 명의로 고가 자동차를 취득하여 사주 가족 각자의 자가용(일명 "무늬만 회사 차")으로 사용하는 등 호화 사치를 일삼으며 관련 비용을 회사경비로 처리 후 세금을 탈루

❸ 법인카드로 가족 명품 구입 및 해외여행 등 호화 사치 생활을 영위하는 등 회사자산의 사적 사용 및 관련 비용 경비 처리로 세금 탈세

❹ 임원 명의 위장계열사를 설립하여 부당 통행세 이익 제공 후 되돌려 받는 수법으로 회사자금 유출 등 다수의 탈세

❺ 회사 명의로 아파트를 취득하여 가족 주거용으로 사용

03 납세성실도 관리가 가장 확실한 절세방법

세금 구조를 보면 수입 - 지출(법인세 또는 소득세), 즉 이익에 대해서 세금을 부과하거나 매출세액 - 매입세액에 대해서 세금을 내게 되는데, 구조상 수입이나 매출세액은 적어야 하고, 지출이나 매입세액이 많으면 그만큼 세금을 적게 내게 된다. 따라서 대다수 납세자는 세금 신고 때 수입이나 매출은 적게 잡히게 하려 하고, 지출이나 매입은 많이 잡히게 하려 한다.

경리직원은 회사 재무와 관련된 원천자료를 만들고 주무르는 장본인이므로 원천데이터의 정확성은 경리직원의 전문적인 지식 및 마음가짐과 사장의 마음에 달려 있다고 보면 된다.

그리고 경리직원은 항상 내가 처리한 방법이 법에 어긋나지 않는지, 혹시 불법인지, 알면서 처리한 것이 걸리지 않을까 불안해한다.

01 / 소액이나 단순 기장 오류는 넘어갈 수 있다.

결론적으로 세무서는 특정 회사의 직원이 아니므로 그 회사에서 발생하는 모든 거래 내용을 알 수가 없다. 따라서 전적으로 회사에 대한 원천자료를 기장하고 신고하는 경리담당자 또는 이를 대행해 주는 회계사나 세무사 등 전문가들의 신고 사항에 의존할 수밖에 없다.

그렇다고 국세청이 납세자의 신고내역을 무조건 100%로 믿을 수도 없고, 공무원을 일일이 모든 회사에 파견해 감시할 수도 없는 것이 현실이다.

02/ 국세청이 회사의 탈세를 찾아내는 기본적 장치

그러므로 첫 번째, 감시 도구로 활용하는 것이 증빙이다. 즉, 회사와 회사 또는 회사와 개인 간의 거래를 할 때 얼마에 팔았고, 얼마에 샀는지? 를 부가가치세 신고를 할 때 판매자와 구매자가 서로 나누어 가진 2장의 세금계산서를 각각 제출하도록 하고 있다.

이 경우 매출자는 몰라도 매입자는 세금을 적게 내기 위해 반드시 증빙을 제출할 것이므로 판매자가 세금을 적게 내고자 하는 행위를 사전에 방지할 수 있다.

참고로 이와 같은 상호 증빙의 역할을 해주는 것이 세금계산서, 계산서, 신용카드 매출전표, 현금영수증이다. 따라서 이를 빠뜨릴 때는 반드시 걸리게 되어있다.

또한, 두 번째로 활용되는 것이 공익 제보이다. 즉, 내부고발자에게 일정액의 포상금을 주는 방식으로 공익 제보를 유도하고 있다. 공익 제보를 받으면 내부적으로 타당한 경우 정기세무조사와 별도로 세무조사를 해서 세금을 추징하게 된다.

세 번째로 국세청 전산망을 통해 탈세 의심 사업자를 추려내어 특별 세무조사 등을 통해 세금을 추징한다.

03/ 금융거래보다 납세성실도 관리가 우선

법인의 경우 법인통장, 개인의 경우 사업용 계좌 등 금융거래를 이용하는 것이 좋다. 물론 최근에는 금융거래 조작 등을 통해서 가공거래를 합리화시키려고 노력하는 업체가 많다. 이에 따라 세무공무원이 불성실 신고가 발생하는 경우 금융거래의 신뢰보다는 해당 업체의 납세 신뢰성을 먼저 판단한다. 따라서 평소에 세금과 관련된 문제를 손쉽게 해결하기 위해서는 평소에 기업의 납세성실도를 높여두는 것도 실무 기술 중의 하나로 보인다. 즉, 납세성실도가 낮은 기업은 특정 사안이 발생하는 경우 납세성실도가 높은 기업에 비해 금융거래에 대해서도 신뢰를 받지 못하고 세금을 추징당할 수 있다.

법인카드 관리를 철저히 해서 세는 회삿돈을 지켜라.

임직원이 법인카드 사용 시 지켜야 할 규칙이 필요하다.

개인의 비용이 아닌 회사의 공적인 비용인만큼 아무 때나 마음대로 사용할 수 없고 무분별한 법인카드 사용은 회사자금의 유출뿐만 아니라 각종 세금 부담으로 다가온다.

따라서 임직원은 재무팀이 수립한 법인카드 사용 범위, 법인카드 사용 규정, 법인카드 한도에 맞춰 사용해야 한다.

또한 재무팀은 법인카드 사용 규칙의 수립에서 그치지 말고 사용후 발생하는 모든 상황에 대한 관리도 적극적으로 이루어져야 한다. 언제, 어디서, 어떻게, 왜 지출되었는지 확인하는 과정이 필요하다. 사용된 비용이 올바른 곳에 제대로 사용되었는지 지출보고서를 통해 정리되어야 하고, 영수증 등 적격증빙을 모아서 회계처리도 진행해야 한다. 이러한 데이터 기반이 있어야 타 부서의 임직원이 법인카드를 무분별하게 사용하는 것을 사전에 방지할 수 있다. 특히 그 사용 내역이 불분명하거나 사용 범위에 어긋난 사용에 대해서는 참가인원과 사용 목적을 명확히 기록한 사용 내역서를 받아두는 것이 필요하다.

01 / 사용할 카드 종류 선택

법인카드를 사용하는 자와 목적, 그리고 이에 따른 카드 종류를 선택해야 한다.

예를 들어, 임직원 모두가 함께 사용하는 공용이거나, 각 직원에 게 하나씩 발급해 주는 개인형일 수도 있다. 하지만 카드 종류와 무관하게 카드를 사용한 모든 이들은 지출보고서를 작성하고 제출하는 것에 대한 책임이 뒤따른다.

사용자에 따른 법인카드 종류는 크게 다음의 2가지로 구분해 볼수 있다.

① 무기명(공용) 법인카드 : 기업 명의의 무기명 법인카드로 법인 명의의 계좌로 결제되며, 법인에 책임이 있다.

② 기명식 법인카드 : 법인 비용으로 처리되어 경비 사용과 지출 증빙은 무기명과 차이가 없지만, 특정 임직원을 사용자로 지정하여 임직원 성명이 카드에 표시되는 만큼 개인의 지출 관리가 쉽다.

개인 계좌로 출금이 가능하나, 개인 계좌로 출금 시 결제 대금 책임은 우선 개인이 지며, 법인은 연대 책임을 진다.

02 / 법인카드 사용 범위 지정

법인 운영을 하기 위해 필요한 지출에 대해서만 승인 범위 내에 서 사용이 되어야 한다. 따라서 법인카드 사용 범위 규정을 만들 고 철저한 관리가 필요하다.

① 사내 소모품, 사무기기, 각종 비품 등의 구매 대금

② 광고판촉비, 회의비, 회식비

③ 차량 및 보험과 관련한 비용

④ 복리후생비, 업무추진비

⑤ 교육비

⑥ 기타 공적비용

유흥업소 또는 골프비용 등 일반적으로 업무 관련성을 명확히 입증하기 곤란한 사용은 금하고, 피치 못할 사정으로 특수한 지출을 한 경우는 사용 목적, 참석자 및 연락처 등 소명자료를 작성해 제출하도록 한다.

이는 지출 내역이 사업에 필요한 지출이 아니거나 탈세 목적으로 사용된 것이 의심스러울 경우, 국세청에서 소명자료로 지출 내용에 대한 적격증빙의 제출을 요구하는 예도 있기 때문이다. 대표적인 특수한 경우를 살펴보면 다음과 같다.

① 정상적인 업무시간 외 주말, 공휴일, 심야, 새벽에 사용한 경우

퇴근 시간 이후에도 야근이나 회식, 접대 등에 법인카드를 사용할 수 있다. 다만, 과세 관청 입장에서는 일반적인 업무시간 이외의 특수한 법인카드 사용분에 대해서는 업무 목적 이외로 사용한 것으로 의심한다.

② 평소 근무지에서 멀리 벗어난 곳이나 업무 장소 외에서 사용한 경우

③ 본인이 아닌 친인척이 사용하거나 친인척을 동반한 출장, 기타 장소에서 사용한 경우

업무상 출장을 가는 경우 일반적으로 회사 직원이 동행하지만, 피치 못할 사정으로 가족이나 친인척이 동반하는 경우가 있는데, 이

는 특수한 경우이므로 그 사유를 소명할 수 있는 서류를 만들어 보관해야 한다.

④ 특정 장소에서 집중적으로 자주 사용한 경우 일명 카드깡에 대해 의심받을 수 있다.

⑤ 상품권, 금 등이나 골프용품, 고가의 주류 등 사치성 물품을 구입하는 경우

상품권이나 금은 통화 대용 수단으로 악용될 소지가 크고, 비자금 목적으로 사용될 수 있으므로 의심하며, 고가의 주류는 대표이사 개인적 지출, 사치성 물품은 대표이사 가족의 법인카드 사용을 의심받을 수 있다. 따라서 이를 업무추진비로 지출했을 때는 해당 내역을 별도로 관리해야 한다.

⑥ 업무 관련성이 현저히 떨어지는 장소인 사우나, 미용실, 노래방, 골프연습장 등에서 사용한 경우

특히 평일 오후 시간이나 주말, 휴일 등에 근무지 밖의 원거리나 집 근처에서 사용했을 경우 사적 사용분에 대해 의심한다.

따라서 복리후생비로 처리하는 경우 참가인원과 목적을 적어서 관리하는 것이 필수적이다.

만일 의심 거래 관련 지출에 대한 소명을 제대로 하지 못하면 부정 사용으로 처리되어, 법인세법상 비용으로 인정받지 못해 법인세 부담 증가 및 가산세가 발생할 수 있다.

따라서 사적인 용도 사용의 경우 설마 세무조사를 받을까 안일한 마음에 법인카드를 사용하지 말고, 공적이더라도 특수한 지출의 경우는 소명자료를 철저히 준비해 둘 필요가 있다.

03 / 법인카드 지출 검토 및 승인자 결정

법인카드 예산과 한도를 설정하고 이에 따라 지출을 검토한 후 승인할 사람이 누가 될 것인지 결정해야 한다. 최종 확인은 회계팀이 진행하는 것이 대표적이다. 책임자는 정해진 법인카드 한도, 법인카드 사용 범위, 그리고 사용 규정에 따라 승인 여부를 결정하게 된다.

대기업의 경우 지출 검토 및 승인자는 직급이 높고 비교적 원칙주의자를 지정하는 것이 좋다. 그렇지 않으면 무조건 승인되므로 누구나 눈치를 보지 않고 법인카드를 마구 사용할 수 있다.

반면 중소기업의 경우 비교적 직급이 낮은 경리담당자가 법인카드 사용내역을 관리하는 경우가 많은데, 이 경우 불필요한 지출이 증가하고 법인카드 관리가 적절히 되지 않는 경우가 많으므로 법인카드 사용내역을 주기적으로 대표이사에게 보고하도록 하는 시스템을 마련해 둘 필요가 있다.

04 / 법인카드 사용 사업비용에 대한 정의

사업비용의 범위를 구체적으로 정의해야 한다. 예를 들어, 국내외 출장(해외 출장으로 해외에서 법인카드를 사용한다면 사용내역이 자동 반영되지 않는다는 단점은 있지만 증빙수취는 쉽다.)을 간다면 법인카드를 사용하게 될 수 있다. 출장도 업무의 일환이고, 비용이 발생하기 때문이다. 하지만 사무실 출퇴근용 주유비 등 법인카드 사용 범위에 포함되는지? 애매하게 느껴지는 경우들이 존재한다.

이런 애매한 부분에 관한 규정이 구체적이고 확실하게 정해져야 한다. 회사의 상황 등 다양한 요소를 반영하여 법인카드 사용 범위를 더욱 명확히 정의할 필요가 있다.

05 / 지출결의서 제출과 관리 주기 수립

재무회계팀은 지출이 법인카드 사용 규정에 알맞게 이루어졌는지, 법인카드 한도를 넘지 않았는지 등에 대해 결산하고 정리하는 시간이 필요하다. 임직원들은 재무팀의 정산 시기에 맞추어 부서별 법인카드 사용 내역을 결산해 제출하도록 할 필요도 있다.

법인카드 사용을 특정인이 취합해서 전표 처리하지 않고, 사용자가 직접 프로그램에서 전표처리할 경우 개인적 또는 부서 단위로 불필요한 법인카드 사용이나 사적 사용 후 이상한 증빙을 첨부하는 일도 발생한다.

06 / 법인카드 부정 사용 시 페널티

법인카드는 당연히 업무용으로 사용되어야겠지만, 때로는 그 기준이 모호하거나 업무에 해당하지 않는 용도로 사용되는 경우가 발생한다. 악의 없는 실수라 해도, 결과적으로는 법인카드 사용 규정에 어긋난 것이다. 따라서 잘못된 지출, 승인되지 않은 카드 이용, 카드 분실 및 도난 등의 상황에 대한 페널티가 명확해야 한다. 공적인 카드를 개인적으로 사용한 경우 해당 금액을 개인 통장에서 법인통장으로 이체하는 방식으로 불법 사용액을 회수한다. 또한 상습적이고 그 금액이 큰 경우는 사용을 제한하거나 법인카드를 회수하는 조치도 필요하다.

07 / 창업한 지 얼마 안 된 법인은 체크카드 사용

법인 신용카드는 법인의 신용도 기준으로 발급되기 때문에 법인 설립 후 당장은 발급 조건이 굉장히 까다롭다. 설령 발급된다고 해도 그 한도가 작다.

따라서 체크카드의 사용을 권한다. 체크카드는 법인계좌와 연동되어 발급되는 카드이기 때문에 발급 측면에서 쉽지만 보유하고 있는 자금 안에서 한정적으로 사용해야 하므로 자금 운용이 불편할 수 있다.

그러나 점차 법인의 사업이 발전하고 신용이 생겨 신용카드를 발급받고 한도가 올라갈 때까지는 체크카드를 사용하고, 추후 자금 운용이나 포인트 활용 측면에서 신용카드 사용을 점차 늘리면 된다.

탈세로 의심받는 사장님의 지출 사례

01 / 대표이사 (스크린)골프 비용

임직원(대표이사 포함)의 골프비용(스크린 골프 포함)을 업무추진비 처리하는 경우가 많다.

특정 임직원(대표이사 포함)에게 국한되어서 골프비를 법인카드로 지출한다면 원칙적으로 근로소득으로 보아 원천징수 신고를 하는 것이 원칙이다.

하지만 많은 실무자는 이를 업무추진비(접대비)로 처리하고 있다. 골프비용은 국세청 세무조사 시 관심 지출 항목이므로 실질적으로 영업을 위해서 다른 업체와 함께 골프를 치거나 식대를 제공하는 등 무상으로 재화를 제공한 때에는 해당 참석인원과 연락처를 별도로 관리해 두는 것이 좋다.

그런데 골프 라운딩 비용이라고 해서 모두 업무추진비로 보지는 않는다. 만약 비용 전액을 사장님이 모두 지출했다면 업무추진비로 볼 수 있겠지만 N분의 1씩 각자 지출한 경우는 업무추진비로 보지 않는다.

이 경우는 친목 모임에서 개인용도로 지출한 것으로서 업무 관련성이 있다고 보지 않기 때문에 회사 비용으로 인정되지 않는 것이다.

이렇듯 사장님과 관련한 회사지출 금전이 세무상 비용으로 인정되는지? 에 대해 관심을 둘 필요가 있다.

02 / 사주 일가의 헬스 회원권 비용처리

법인 명의 고가 헬스 회원권을 사주 일가가 사용하는 경우 업무무관자산에 해당하나 관련 세무조정을 누락하고 지출 비용을 손금에 계상한 후 법인세를 탈세했다. 즉 법인 명의로 종합체육 시설물 이용권 등을 취득한 후 사주 일가가 사적으로 사용한 후 임직원을 위한 업무관련 자산 및 복리후생비로 처리하여 법인세를 신고했다.

국세청은 법인이 취득한 ○○피트니스 회원권의 실제 이용자를 파악하여 법인에 근무하지 아니하는 사주 일가가 사용한 사실을 확인 업무무관자산에 대한 세무조정 및 사적 사용 경비를 손금불산입하고, 사용자에게 소득 처분하여 법인세 등 ○억원을 추징했다.

회원권 보증금에 대한 가지급금 인정이자 익금산입, 관련 지급이자 손금불산입 처리한다.

03 / 해외여행·골프비용 복리후생비 처리

법인카드로 해외여행·골프 등 법인의 업무와 관련 없이 사적으로 지출한 금액을 복리후생비 등으로 비용처리 후 이에 대한 세무조정(손금불산입)을 누락했다.

법인카드 사용자료 중 사적 사용 개연성이 높은 ① 신변잡화 ② 가정용품 구입 ③ 업무 무관 업소 이용 ④ 개인적 치료와 해외 사용액에 대해 회사 비용으로 처리하지 않도록 주의한다.

국세청은 신용카드 사용액, 해명자료를 검토하여 업무와 관련 없이 지출한 비용을 손금불산입하여 법인세 등 ○억 원을 추징했다.

04 / 가족 인건비 가공경비 처리

실제로 법인에 근무하지 않는 대표이사 가족에게 인건비를 허위로 지급한 것으로 처리해 법인세 탈루를 했다.

국세청은 대표이사 배우자의 근무내역 분석 결과, 배우자는 자녀 해외 유학 동행을 위해 장기간 해외에 체류하였으며 체류국에는 해당 법인의 해외 현지법인이 없는 등 근로 용역제공 사실이 없음을 확인, 이에 자녀 해외 유학 출국 시점부터 가공계상한 급여 등을 손금불산입(대표자 상여 처분)하여 법인세 등 ○억 원을 추징했다.

05 / 대표이사 최고경영자과정 원우회비 지출

자치회비가 학교에서 공식적으로 등록금과 함께 징수되는 필수비용일 경우 학자금 지원의 일환으로 비용 처리할 수 있다. 단, 반드시 관련 사규와 증빙 구비, 그리고 세무상 요건을 확인해야 하니, 구체적인 내역과 증빙자료를 사전에 점검한다.

🧑 자치회비의 손금 산입 요건

자치회비가 법인 업무와 관련되어 있고, 교육기관이 등록금과 함께 필수로 징수하는 경우 법인이 임직원에게 지원한 자치회비는 "교육훈련비"로서 손금처리가 가능하다.

교육과정 수강이 회사의 업무향상 및 경영능력제고 등과 직접 관련되어야 하며, 사내 규정(교육훈련비 지원 규정 등)이 존재하고, 임의로 특정 임원만을 위한 지원이 아니어야 한다.

수업료(등록금)와 함께 징수되는 자치회비로, 교육기관의 공식 영수증 발급분이어야 한다.

🧑 원우회비, 동문회비, 임의 친목회비 등은 불인정

최고 경영자 과정 중 자치회 활동과 무관하게 별도로 걷는 원우회비, 동문회비 등은 업무관련성이 없다고 보아 손금산입이 불가능하다.

법인이 이 비용을 대납할 경우, 대표자 등 임직원의 근로소득으로 간주되어 원천징수 등 세무처리해야 한다.

대표이사·임원이 지원받은 자치회비가 학자금 범위를 초과하거나, 업무 관련성이 불분명한 경우 근로소득으로 간주되어 원천징수 대상이 될 수 있다.

🧑 증빙 및 처리 실무

자치회비가 등록금과 별도로 징수되더라도, 학교 명의의 청구서·영수증 등 객관적 증빙이 있어야 하며, 영수증이 자치회장 등 개인 명의라면 세무상 인정이 어려울 수 있다.

06 / 회사 소유 아파트 대표이사 거주

회사가 아파트를 매입해서 사장님이 무상으로 사용하면 어떻게 될까?

출자 임원(대표이사)이 회사 아파트를 무상이나 저가의 임차료만 지급하고 사용하는 경우 적정 임대료만큼은 회사가 수익을 얻은 것으로 보게 된다.

그리고 무상으로 사용한 임원은 적정 임대료만큼을 근로소득으로 보아 근로소득세를 내야 한다.

07 / 대표이사 사적 경조사비 회사 대납액

사장님이 사적 경조사비를 회사에서 지출하는 경우 무조건 비용으로 인정될까?

일반적으로 20만 원 내에서는 경비로 인정되는 것으로 알고 있으나, 동창이나 지인 등 사업과 관련 없는 사적인 부담액을 회사가 지출하는 경우는 회사 비용으로 인정되지 않는다.

만약 사장님 자녀가 결혼할 때 회사에서 경조사비를 지출하면 어떻게 될까?

이 경우 모든 임직원에게 차별 없이 적용되는 경조사비에 대한 사내 규정에 따라 지출하면 비용으로 인정된다.

08 / 대표이사 과도한 인건비 또는 무보수 처리

임원 보수는 정관에 정하게 돼 있는데, 일반적으로 주주총회에 위임해 총액을 정하고 다시 이사회결의를 통해 사장님 급여가 확정된다. 사장님 급여는 이같이 상법상 정해진 절차에 따라 정하면 된다.

그렇지만 세법은 바라보는 관점이 좀 다르다.

물론 정관 등에 따른 보수 기준을 초과해 지급한 급여는 당연히 회사 비용으로 인정되지 않으며, 정당한 사유 없이 동일 직위에 있는 다른 임원보다 많은 급여를 지급할 경우 그 초과 금액은 비용으로 인정되지 않는다.

회사 사정이 좋지 않을 경우 대표이사가 급여를 받지 않는 경우가 있는데, 근로소득세나 4대 보험을 내지 않는다는 것과 회사의 비용을 줄여 이익을 늘려 재무 상태가 개선될 여지는 있다. 하지만 회사가 당장 현금으로 급여를 지급하지는 못하는 상황이더라도 대표이사 급여는 책정해 놓는 것이 여러 면에서 유리하다.

일단 급여는 비용으로 처리되고 당해연도 회사에서 결손이 나면 다음 해에 이월해서 비용공제를 받을 수도 있다. 또한 가지급금 발생 시 해당 급여로 가지급금을 매울 수도 있다.

매출누락 시 사업을 접을 수 있다.

최근에는 신용카드 매출액이 대다수를 이루므로 현금결제를 유도해 현금 매출액은 일부만 신고하고 대부분 누락시키는 사업자가 많다. 하지만 습관적으로 적게 신고해 왔던 부분이 세무조사에서 전부 밝혀지면 그동안 누락시켰던 부가가치세 및 소득세(법인세)로 억대의 세금을 일시에 추징당하게 된다.

사업자에 대한 과세정보는 누적 관리하고 있다가 세무조사를 할 때 한꺼번에 추징한다는 것이 국세청의 기본 방침이므로, 지금 당장 세무조사가 나오지 않는다고 불성실하게 신고했다가는 나중에 크게 후회하는 일이 생길 수 있으니 주의한다.

사업자에 대한 대부분의 과세정보는 국세청에 수집되어 관리된다.

⊚ 신용카드 사용 활성화
⊚ 현금영수증 제도 시행
⊚ 과세자료 수집 및 제출에 관한 법률의 시행
⊚ 주류 구매전용카드에 의한 주류 구입
⊚ 고액 현금거래 보고 제도 시행 등으로 앞으로 사업자의 사업 실적은 세무관서에서 더욱 면밀히 파악된다.

납세자가 매 과세기간마다 제출한 신고서 및 수집된 과세자료 등에 대한 성실신고도 전산 분석 결과 불성실하게 신고한 혐의가 있는 사업자는 조사 대상자로 선정하여 세무조사를 실시한다.

현금 매출액 등을 신고누락한 것이 세무조사에서 확인될 경우, 당초 납부해야 할 부가가치세, 법인세, 종합소득세(상여 포함)에 과소신고, 납부 지연, 세금계산서, 현금영수증 발급 불성실 등의 항목에 따른 가산세가 추가로 부과된다.

⊚ 과소신고가산세(초과환급신고 가산세) = 과소신고납부세액 × 10%
⊚ 납부지연 가산세(환급 지연가산세) = 과소 납부(초과환급) 세액 × 0.022% × 경과일수
⊚ 부정과소신고가산세 = 부정행위로 인한 과소신고 납부세액 등 × 40%

또한 조사 결과, 사기나 그 밖의 부정한 방법으로 탈세한 경우는 조세범처벌법에 의해 조세범으로 처벌된다.

이런 경우에는 세금 부과와 별도로 2년 이하의 징역 또는 포탈 세액 등의 2배 이하에 상당하는 벌금에 처한다(포탈 세액 등이 5억 원 이상인 경우 등은 3년 이하의 징역 또는 포탈 세액 등의 3배 이하 벌금). 꼭 세무조사가 아니라도 세금탈루가 적발되는 경우 5년간의 세금이 추징될 수 있다.

지금 당장은 걸리지 않아도 지금의 기술 발전 수준으로 봤을 때 5년이라는 기간은 결코 짧은 기간이 아니다. 즉 5년 안에 걸리지 않을 확률은 그만큼 줄어든다는 의미다.

그리고 소규모라고 봐주는 경우도 줄어들고 있다. 그러니 될 수 있으면 탈세가 아닌 절세를 권한다.

개인사업자가 보통은 창업을 한 해에는 복식부기 의무자가 아닌 경우가 대부분이다. 그러다가 외형이 증가하고 이익이 늘면서 복식부기 의무자에 해당하여 어쩔 수 없이 장부를 적게 된다. 그런데 문제는 그동안 기장을 하지 않다가 기장을 하게 되는 경우 개시 재무상태표를 제대로 시작하기가 어렵다.

개인사업자는 처음에 출자한 금액보다 더 많은 금액을 가져가다 보면 자본금보다 인출금이 커서 자본계정이 마이너스가 될 수 있다. 자본계정이 마이너스가 나는 경우는 다음과 같다.

❶ 계속적으로 흑자를 나서 가져간 돈이 많은 경우

❷ 적자로 인해 지속적으로 부채가 증가하는 경우. 이것은 현실적으로 재무상태표 상 금융권 대출이 힘들므로 개인적인 사채 이외에는 가능하지 않을 것이다.

❸ 실제 자본금이 마이너스가 아닌데, 개시 재무제표를 잘못 기장해서 오류가 발생할 가능성도 있다. 즉, 사실 처음에 자본금이 있었거나 중간에 자본 투입이 증가했는데 장부 기록을 제대로 하지 않았기 때문에 발생할 수 있다. 이러한 오류를 막는 방법은 처음부터 복식부기 기장을 하거나 혹은 적어도 은행거래를 실제대로

구분 관리하고, 증빙을 잘 관리하면 가능하다. 따라서 이를 방지하려면 처음부터 복식부기 기장을 하는 것이 좋다.

그래야 초기 재무상태표가 잘못되어 그 이후 오랜 시간동안 수정해야 하는 수고를 덜 수 있다. 예외로 자신의 사업 규모가 지속해서 금액적으로 적어 복식부기 의무 기준을 충족할 가능성이 작다면, 굳이 하지 않아도 되겠지만, 그렇지 않다면 처음부터 복식 기장을 하는 것이 좋다.

어떤 원인이든 개인사업자의 자본금이 마이너스가 발생한 경우 원칙은 자본금을 마이너스로 기재해야 한다. 이를 해결하기 위해서는 앞서 설명한 원인을 찾아서 장부 수정을 하거나 사장님이 자금을 회사에 입금하면 마이너스 자본금이 없어진다.

편법으로 실무자가 쓰는 방법은 자본금 마이너스 금액보다 조금 더 큰 금액으로 자산에 출자금계정을 설정하여 실제로 들어오지 않은 돈으로 자본금을 한 번에 늘리는 방법이다.

이와 같이 마이너스를 없애야 하는 이유는 개인사업자의 경우 자본금이 마이너스가 되면 신용대출이 있는 경우 신용등급이 떨어져서 높은 이자가 적용될 수 있고 극단적으로는 대출이 안 되거나 상환 압박에 시달릴 수 있다. 또한 세금으로는 대출금에 대한 이자비용에 대하여 비용을 부인당할 수도 있다. 즉 초과인출금에 대한 지급이자에 대해서 필요경비불산입한다.

소득세법상 사업용자산의 합계액이 부채의 합계액에 미달하게 되어 그 미달하는 금액에 상당하는 부채의 지급이자를 가사 관련 경비로 보아 필요경비를 불산입한다. 결과적으로 필요경비로 인정받을 수 있는 이자비용에 대해 필요경비로 인정받지 못하는 불이익이 발생한다.

직원을 쓰게 되면
알아야 할 노무 상식

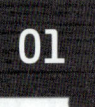

01 직원 1명을 채용하면 사장님이 부담하는 비용

직원을 고용하면 단순히 월급만 생각할 수 있다.

2026년 기준 최저임금 2,156,880원

그러나 직원을 채용하면 급여만 나가지 않는다.

가장 우선으로 급여에는 사업주가 부담할 각종 공과금이 따라붙는다.

급여 200만 원에 각종 공과금 약 10%로만 따라붙어도 220만 원으로 벌써 생각했던 지출보다 20만 원 가까이 초과 지출이 발생한다. 여기에 각종 잡비를 더하면 그 부담은 더욱 늘어날 것이다. 물론 두루누리 사회보험, 고용촉진장려금, 고용유지지원금 등 각종 정부 지원도 있지만, 지원금은 언제 사라질지 모르니 이건 받으면 좋은 것으로 생각하면 좋다. 더욱이 경리직원을 두지 않고 기장 대리를 맡기며, 사장이 직접 경리업무를 하는 영세사업장의 경우는 이런 지원금이 있는지도 어떻게 신청하는지도 모르고 넘어가는 경우가 많다.

따라서 직원을 채용할 때는 지급하기로 한 급여뿐만 아니라 사업주로서 부담해야 하는 각종 공과금도 동시에 고려해야 한다.

직원 1명을 고용하면 사업주가 직원을 위해 내주는 4대 보험료는 최하 약 10%이다. 즉 최저임금이 약 200만 원이라고 가정하면 월급 4대 보험료로 최저 20만 원은 더 부담해야 한다. 여기에 사장님이 밥값까지 내주면 밥값 10,000원에 20일 지원하면 20만 원 해서 약 240만 원의 지출이 발생한다.

그리고 1년 지나면 퇴직금 1달 치 월급 + 미사용 연차수당(약 10%까지 부담해야 한다. 단순히 급여만 준다고 생각하면 급여의 130%의 최소 지출액이 발생한다고 생각하면 된다.

구 분	내 용
국민연금보험료	국민연금법 제88조(연금보험료의 부과징수 등) • 기준소득월액의 9.5%(근로자 4.75%, 사업주 4.75%)
국민건강보험료	국민건강보험법 제73조(보험료율 등) • 보수월액의 7.19%(근로자 3.595%, 사업주 3.595%) 노인장기요양보험법 제9조(장기요양보험료의 산정) • 장기요양보험료 : 건강보험료의 13.14%
고용보험료	고용보험 및 산업재해보상보험의 보험료징수 등에 관한 법률 제14조(보험료율의 결정) • 실업급여 0.9%, 고용안정 · 직업능력 0.25%(150인 미만)~0.85%(1,000인 이상)
산업재해보상보험	고용보험 및 산업재해보상보험의 보험료징수 등에 관한 법률 제14조(보험료율의 결정) : 0.7%~18.6%

[1인당 인건비 지출액 계산]

주 40시간, 12시간 연장근로 시(최저임금 10,030원)		
인건비	기본급	10,320원 × 209시간 = 2,156,880원
	연장수당	10,320원 × 1.5배 × 12시간 × 4.345주 = 807,130원
합계		2,964,010원
4대 보험료		2,964,010원 × 약 10% = 296,400원
퇴직금	1/12	2,156,880원 ÷ 12 = 179,740원
연차수당	1년 26일 기준	10,320원 × 8시간 × 26일 ÷ 12 = 178,880원
합계		3,619,030원

위의 표에서 보면 1년간 근무를 하는 직원에게 급여 이외에 추가로 발생하는 비용이 상당한 것을 알 수 있다.

02 | 근로계약서에 꼭 들어가야 할 내용

01 / 근로계약서는 왜 써야 하나?

근로계약서는 임금, 근로시간 등 핵심 근로조건을 명확히 정하는 것으로, 근로자와 사업주 모두의 권리 보호를 위해 필요하다.

02 / 근로계약서를 쓰지 않으면?

사용자가 근로계약을 서면으로 체결하고 이를 발급하지 않으면 500만 원 이하 벌금이 부과되며, 만약 기간제·단시간 근로자인 경우는 500만 원 이하의 과태료 처분을 받을 수 있다.

근무내용, 근무일, 징계해고나 임금체불 등의 사유로 사업주와 직원 간에 다툼이 발생할 경우, 근로계약서가 없다면 근로자뿐 아니라 회사 또한 주장을 입증하지 못해 각종 불이익을 입을 수 있다. 이를 방지하는 차원에서도 근로계약서를 작성하여 발급하는 것이 필요하다.

표준근로계약서(기간의 정함이 없는 경우)

___박사장___ (이하 "사업주"라 함)과(와) ___김노동___ (이하 "근로자"라 함)은 다음
과 같이 근로계약을 체결한다.

1. 근로개시일 : 2021 년 8 월 11 일부터

2. 근 무 장 소 : 잘판다마트 안국점 •••••••••••••

3. 업무의 내용 : 판매 및 계산, 매장관리 •••••••••••••

**근무장소와 업무내용을
특정하는 경우**
다른 근무장소나 업무를 수행하게 할 때
근로자의 동의가 필요합니다.

4. 소정근로시간 : 9 시 00 분부터 18 시 00 분까지 (휴게시간 :12시 00분~13시 00 분)

5. 근무일/휴일 : 매주 5 일(또는 매일단위)근무, 주휴일 매주 일 요일

6. 임 금
   - 월(일, 시간)급 : ___9,000___ 원
   - 상여금 : 있음 ( ) _____ 원, 없음 (✓)
   - 기타급여(제수당 등) : 있음 (✓), 없음 ( )
     · ___식대 : 100,000___ 원, _____ 원
     · _____ 원, _____ 원
   - 임금지급일 : 매월(매주 또는 매일) ___5___ 일(휴일의 경우는 전일 지급)
   - 지급방법 : 근로자에게 직접지급( ), 근로자 명의 예금통장에 입금 (✓)

7. 연차유급휴가
   - 연차유급휴가는 근로기준법에서 정하는 바에 따라 부여함

8. 사회보험 적용여부(해당란에 체크) ••••••••••••• [23. 사업장 4대보험 신고대상 및
   ☑ 고용보험 ☑ 산재보험 ☑ 국민연금 ☑ 건강보험 적용제외] 참고

9. 근로계약서 교부
   - 사업주는 근로계약을 체결함과 동시에 본 계약서를 사본하여 근로자의 교부
     요구와 관계없이 근로자에게 교부함(근로기준법 제17조 이행)

10. 근로계약, 취업규칙 등의 성실한 이행의무
    - 사업주와 근로자는 각자가 근로계약, 취업규칙, 단체협약을 지키고 성실하게
      이행하여야 함

11. 기 타
    - 이 계약에 정함이 없는 사항은 근로기준법령에 의함

2021 년 8 월 1 일

(사업주) 사업체명 : 잘판다마트 안국점   (전화 : 02-6925-XXXX   )
         주   소 : 서울시 종로구 경운동
         대 표 자 : 박사장   (서명)

양 당사자의 서명, 날인은
필수입니다.

(근로자) 주   소 : 서울시 영등포 ○○동 XX - XXX
         연 락 처 : 010-1234-5678
         성   명 : 김노동   (서명)

양식을 받을 수 있는 곳

<https://cafe.naver.com/aclove/304262>

03 / 근로계약서는 어떻게 써야 하나?

근로계약서에는 임금, 근로시간, 휴일, 연차, 유급휴가 등의 내용을 명시해야 하며, 고용노동부에서 배포하는 표준근로계약서를 참고하면 더욱 쉽게 쓸 수 있다(앞 페이지 참고).

꼭 기록해야 하는 사항

근로계약서에는 임금, 근로시간, 주휴일, 연차휴가에 관한 사항이 반드시 포함되어야 하며, 구체적으로는 다음과 같다.

임금

첫째, 임금은 예를 들어 기본급, 수당, 상여금, 식대 등 항목과 금액을 확정해서 작성하는 것이 좋다.

근로계약서에 명시되지 않고 구두로 계약한 임금 또는 수당은 문제가 될 수 있다.

예를 들어 실제로는 임금이 300인데, 근로계약서에는 250만 기재하자, 상여금은 실제로 주겠지만 근로계약서에는 기재하지 말자는 등 구두계약을 체결한 후 실제로 사업주가 이행하지 않아 법적 분쟁이 발생하면 구두계약의 입증책임은 근로자에게 있다는 점을 알고 있어야 한다.

둘째, 언제부터 언제까지 일한 임금을 지급하는 것인지 예를 들어 매월 며칠부터 매월 며칠까지의 임금인지 표기하는 것이 좋다.

셋째, 매월 며칠부터 매월 며칠까지의 임금을 다음 달 며칠에 근로자의 은행 계좌로 지급한다고 명시하는 것이 좋다.

근로시간

출근시간과 퇴근시간을 모두 기재해야 하며, 직원에게는 4시간마다 30분 이상의 휴게시간을 부여해야 하므로 휴게시간도 기재하는 것이 바람직하다. 하루 8시간을 일하는 직원이라면 언제부터 언제까지 1시간의 점심시간을 준다고 기재하면 된다.

주휴일

주휴일이란 일주일에 하루씩 부여하는 유급휴일로서 근로계약서에는 언제가 주휴일인지를 명시해야 한다. 일반적으로 월요일부터 금요일까지 근무하는 경우가 많으므로 "주휴일은 일요일로 한다."와 같이 기재하면 되며, 다른 형태로 근무일을 운영하는 경우는 사정에 맞게 주휴일을 정하면 된다.

연차휴가

연차휴가란 매년 직원에게 유급으로 부여해야 하는 15일의 휴가를 말하며, 입사 3년 차부터 2년마다 하루가 증가하여 총 25일까지 휴가가 늘어나게 된다. 연차휴가는 근로기준법 제60조에 자세히 규정되어 있으므로, 이 조항을 기준으로 계약서를 작성하면 된다. 다만, 연차휴가는 5명 이상의 근로자를 사용하고 있는 회사에 적용되는 기준이므로 직원이 5명 미만인 기업은 연차휴가를 부여하지 않을 수 있다.

🙍 작성해 두면 좋은 사항

작성 의무가 있는 것은 아니지만 근로관계에 큰 영향을 미치는 사항들과 주의할 점은 다음과 같다.

계약기간(근로기간)

법에서는 근로자를 정규직, 계약직으로 구분하지 않고, 계약기간을 정했느냐, 정하지 않았느냐에 따라 기간의 정함이 있는 근로계약과 기간의 정함이 없는 근로계약으로 구분한다.

계약기간에 근무개시일만 있고, 종료일을 작성하지 않는 경우 무기계약직, 즉 기간의 정함이 없는 근로계약으로 본다.

그리고 흔히 정규직이라고 하면, 무조건 기간의 정함이 없는 근로계약으로 판단하는 경우가 많은데, 법률상으로 정규직은 곧 기간의 정함이 없는 근로계약을 의미하는 것은 아니다.

따라서 정규직의 채용이라도 근로계약 기간이 정해져 있는지? 여부를 확인하고, 만일 기간이 정해진 근로계약인 경우 정규직이라도 근로계약기간 만료시 언제나 해고될 수 있다는 점에 유의한다.

그러므로 계약기간이 있는 직원을 고용할 때는, 근로계약서에 정확한 근로기간을 명시하는 것이 필요하다.

최초 계약할 때 계약기간은 1년을 초과할 수 없으며, 총 2년까지 연장할 수 있다.

만약 계약직 직원의 연속된 근로기간이 2년을 초과한다면 '기간제 및 단시간 근로자 보호 등에 관한 법률'에 따라 정규직 직원으로 전환해야 하므로, 계약기간을 연장할 때는 이 점을 고려할 필요가 있다.

근무 장소 및 업무 내용

근무지와 직무내용은 근로계약서에 꼭 넣어야 하는 사항은 아니지만, 계약 체결 시 구두로라도 해당 내용을 정해두는 것이 좋다. 실무상 회사가 입사할 때 정한 업무와 직원이 실제 수행하는 업무가 확연히 다른 경우에 문제가 발생할 수 있으므로, 지나치게 좁은 범위로 근무지나 직무내용을 확정하는 것은 업무 유연성 차원에서 바람직하지 않다.

근무일

① 특정한 날에만 근무하는 직원이나 ② 주5일제를 시행하는 회사나 ③ 일요일이 아닌 주중의 일정한 날이 주휴일인 회사 등의 경우에는 근로계약서에 '근무일은 월요일부터 금요일까지' 또는 '근무일 : 매주 수요일, 토요일' 등 근무일을 명확히 기재하는 것이 법적 다툼 방지에 도움이 된다.

근로계약서는 임금, 근로시간 등 핵심 근로조건을 명확히 정하는 것으로, 근로자와 사업주 모두의 권리 보호를 위해 필요하다.

사용자는 근로계약을 체결할 때는 임금의 구성항목, 계산 방법, 지급 방법, 소정근로시간, 주휴일, 연차유급휴가에 관한 사항을, 근로자에게 서면으로 근로 개시 이전이나, 근로 개시와 동시에 작성해서 교부해줘야 한다. 즉 근로계약서는 근로 개시 전이나 근로 개시와 동시에 작성해서 근로자에게 교부해줘야 한다.

이를 위반했을 때는 500만 원 이하의 벌금을 물어야 한다.

첫째, 근로계약서는 서면으로 작성해야 한다.

둘째, 원칙은 종이로 된 문서로 작성 및 발급하는 것이 원칙이지만, 전자문서로 작성 및 발급해도 효력에는 영향이 없다.

근무내용, 근무일, 징계해고나 임금체불 등의 사유로 사업주와 직원 간에 다툼이 발생할 경우, 근로계약서가 없다면 근로자뿐 아니라 회사 또한 주장을 입증하지 못해 각종 불이익을 입을 수 있다. 이를 방지하는 차원에서도 근로계약서를 작성하여 발급하는 것이 필요하다.

참고로 채용공고문과 다른 근로계약서의 효력에 대해서 알아보면, 근로계약서의 효력 발생 시기는 근로계약서를 작성한 후 상호합의하에 서명한 시점이다. 즉 채용공고문은 채용을 유인하기 위한 행위에 불과하며, 근로자가 채용공고문과 다르다는 문제의 제기는 근로계약서를 작성한 후가 아닌 근로계약서 작성 전에 제기한 후 채용공고문과 다른 근로계약에 대해서 동의하지 않는 경우는 근로계약서에 서명하면 안 된다. 서명했다면 채용공고문과 다른 근로계약에 대해서 동의하는 결과가 되므로, 서명 이후에는 시정이 불가능하다.

🧑 프리랜서 근로계약서

사업주가 채용 시 프리랜서 근로계약서를 제시하는 것은 해당 근로자를 근로기준법상 근로자로 보지 않겠다는 의미다.

즉 근로자에게 제공해야 할 4대 보험, 퇴직금, 각종 법정수당과 법정휴가를 제공하지 않겠다는 의미다.

반면 근로자는 정규직 채용공고를 보고 갔고, 명칭상 근로계약서이므로 본인은 당연히 해당 회사에 채용된 근로기준법상 근로자에 해당한다고 생각한다.

이같이 사업주와 근로자의 생각이 달라 많은 문제를 발생시킨다.

물론 법에서는 근로계약서의 형식이 아닌 실제 근로자에 해당하고, 근로자성이 입증된다면 노동법에서 규정한 각종 근로자의 권리를 인정받을 수는 있다.

여기서 근로자성의 판단은 사업주와 근로자 간 사용종속관계가 있는지? 여부다. 즉 사용자의 지휘, 감독을 받는지? 여부다.

예를 들어, 사용자가 9시에 출근해서 6시에 퇴근하도록 한다거나, 맡긴 업무를 독촉하는 행위는 사용자의 지휘, 감독에 있는 것이며, 출퇴근 시간이 자유롭고 내가 맡은 일에 대해서 내가 스스로 처리시간을 조절할 수 있는 경우는 프리랜서에 해당한다.

결론은 프리랜서 계약을 체결할 때 회사는 4대 보험, 퇴직금, 각종 법정수당과 법정휴가를 제공하지 않는다는 사실과 노동법상 채용된 근로자가 아니라 노동법상 보호받을 수 없다는 사실을 충분히 설명해야 분쟁을 줄일 수 있다.

반면 근로자는 사업주가 프리랜서 근로계약서를 제시하면 나를 직원으로 채용하는 것이 아니라 프리랜서로 채용하고, 형식상 각종 노동법상 의무를 지지 않으면서 실제로는 근로자로 일을 시키려는 마음을 가지고 있다는 사실을 인지하고 입사 여부를 결정해야 한다.

대표이사는 급여를 원하는 만큼 가져가도 되나요.

01 / 법인 대표이사 급여 마음대로 줘도 되나?

직원과 달리 임원(대표이사도 임원임)에게 지급하는 상여금 중 정관·주주총회 또는 이사회결의로 결정된 급여 지급 기준을 초과해서 지급하는 금액은 비용으로 인정해 주지 않고 있다.

여기서 임원은 등기나 정관에 기재된 임원(등기이사) 여부에 상관없이 사실상 경영에 참여해서 경영 전반의 의사결정과 집행에 적극적으로 참여하거나 회계와 업무에 관한 감독권을 행사하는 자는 세법상 임원의 범위에 포함된다.

따라서 세무상 임원 급여 등과 관련한 불이익을 회피하기 위해서는 미등기임원도 포함하는 급여 지급 기준이 필요할 것으로 판단된다.

법인세법상 임원 보수의 손금산입 한도에 대해서는 제한하고 있지 않음으로, 임원에게 지급한 보수(봉급·급료·보수·상여·수당 등)가 법인의 규모, 영업 내용, 당해 임원의 직무내용, 그 밖에 사용인에 대한 급여 지급 사항과 그 법인과 동종·동일 규모의 사업을 영위하는 법인이 임원에게 지급하는 보수에 비추어 과다한 경우로서 조세 부담을 부당히 감소시키는 경우가 아니면 비용으로 인정받을 수 있다.

그러나 상법에서 임원의 보수지급에 대해서 정관에 그 한도액을 정하지 않은 때에는 주주총회의 결의로 정하게 되어있으므로, 임원에 대한 보수 중 정관이나 주주총회의 결의로 정해진 한도액을 초과하는 것은 비용으로 인정되지 않는다.

한편, 퇴직금의 경우 세금 불이익을 피하기 위해서는 회사의 정관 또는 정관에서 위임된 퇴직급여 지급 규정에 별도의 규정을 마련해야 할 것으로 판단된다. 추가로 임원의 수당 및 상여에 관한 비용인정 사례를 참고하기를 바란다.

◈ 임원 급여 지급 기준에서 수당에 대해서 언급하지 않고 기본급과 함께 매월 임원에게 지급되는 월정보수를 임금대장에 수당으로 단순 구분 기재한 경우는 이를 일반적으로 용인되는 통상적인 인건비로 보아 비용 인정한다.

◈ 임원들의 급여액 범위 내에서 직원과 같은 지급 비율 등에 따른 객관적인 기준에 의해서 임원에게 지급된 상여금이라 하더라도 법령에서 정한 요건을 갖춘 급여 지급 규정을 근거로 지급하지 않은 상여금은 비용 불인정한다.

급여 지급 기준이란 법인이 주주총회 등의 결의로 임원상여금에 대한 급여 지급 기준을 정하였다 하더라도 그 기준이 손금 인정 범위인 급여 지급 기준에 해당하는지는 지급되는 상여금이 통상적인 근로 제공의 대가로서의 급여의 실질을 가진 것인지 등을 종합적으로 고려해서 판단한다.

주주총회에서 연간 총 임원의 보수 한도 총액을 정했다고 할지라도 구체적인 지급률 등이 규정되지 않았을 때는 보수지급기준으로 인정되지 않을 것으로 생각되지만, 정관의 위임(포괄위임 제외) 또는 주주총회 등에 의해서 적법하게 승인받은 지급 기준으로서 당해 지급 기준에서 상여금에 대한 지급 시기와 지급률 등에 대해서 구체적으로 명시한 경우는 사전에 결정된 상여금 지급 기준으로 인정될 수도 있다고 생각된다.

🧑‍💼 임원 급여 · 상여 등의 비용인정 조건

❶ 정관의 규정 또는 주주총회 · 사원총회 등에 의해서 결의된 지급한도액의 범위 내일 것

예를 들어 주주총회의 결의에서 임원의 보수액은 연액 1천만 원 이내에 함이라고 정했다면 이 금액을 초과하는 금액은 비용으로 인정되지 않는다.

❷ ❶의 한도 내의 금액이라도 임원 개개인의 지급액이 그 임원의 직무의 내용, 그 법인의 수익 및 그 사용인에 대한 급여 지급 상황, 동종업종 및 유사 규모 회사의 상황 등을 종합적으로 고려해 과도한 경우 비용인정이 안 된다.

가. 직무의 내용(예 : 사장, 전무, 상무, 이사 등)

나. 직무에 종사하는 정도(상금 또는 비상금)

다. 경과 연수

라. 그 법인의 업종 · 규모 · 소재지 · 수익의 상황 및 사용인에 대한 급여의 지급 상황

마. 그 법인과 동종 사업을 하는 법인으로 그 사업의 규모 및 수익의 상황 등이 유사한 것의 임원에 대한 보수의 지급 상황 등

(02 / 개인사업자 사장님의 급여)

개인회사의 사장님은 급여를 마음대로 가져갈 수 있는 막강한 권

한을 가지고 있다.

그리고 개인회사는 법률적으로 개인의 것이다. 따라서 회사에 돈을 집어넣으면 개인이 회사에 저축한 것과 같고, 돈을 가져가면 인출한 것과 같다. 따라서 개인회사 사장님이 회사에서 급여를 가져가는 경우 인출에 해당하므로 장부상으로는 인출금 계정과목을 사용한다. 또한, 세법에서는 개인 돈의 인출이므로 이를 비용으로 인정해 주지 않는다.

결과적으로 개인회사의 사장님은 급여를 얼마를 가져가든 모두 개인 돈의 인출에 해당하고, 이는 세법에서는 비용으로 인정해 주지 않음으로 절세 효과도 없다.

구 분	장부상 계정과목	세금 처리
개인회사 사장님	인출금	비용인정 안 됨
법인의 대표이사	급여	비용인정

04 근로소득세 원천징수 기본상식

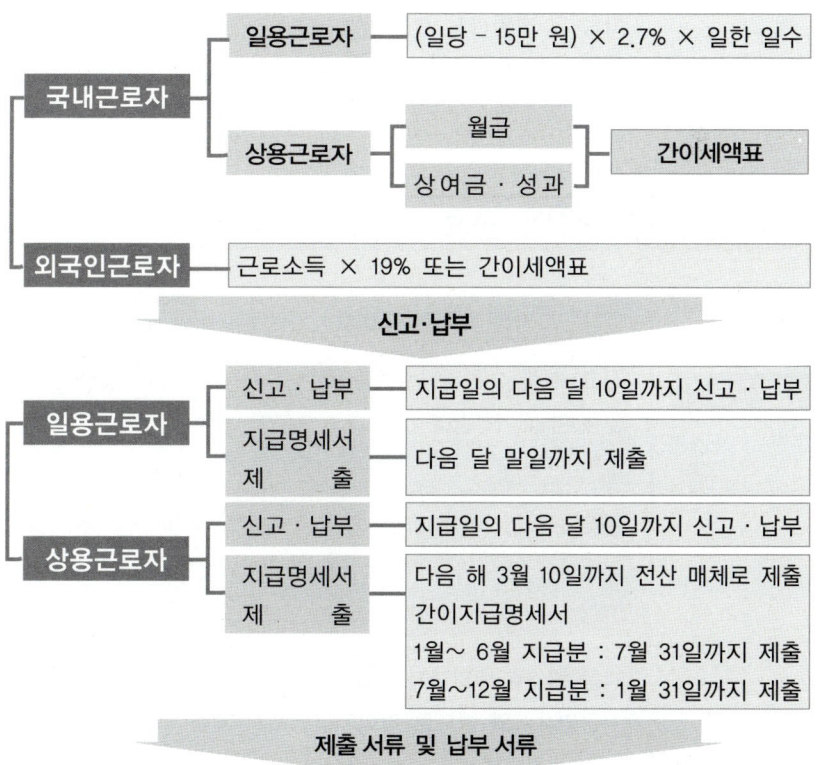

국내근로자	일용근로자	(일당 - 15만 원) × 2.7% × 일한 일수
	상용근로자	월급 → 간이세액표
		상여금 · 성과 → 간이세액표
외국인근로자		근로소득 × 19% 또는 간이세액표

신고·납부

일용근로자	신고 · 납부	지급일의 다음 달 10일까지 신고 · 납부
	지급명세서 제출	다음 달 말일까지 제출
상용근로자	신고 · 납부	지급일의 다음 달 10일까지 신고 · 납부
	지급명세서 제출	다음 해 3월 10일까지 전산 매체로 제출 간이지급명세서 1월~ 6월 지급분 : 7월 31일까지 제출 7월~12월 지급분 : 1월 31일까지 제출

제출 서류 및 납부 서류

제출서류 : 원천징수이행상황신고서, 납부 서류 : 근로소득세, 지방소득세 납부서

01 / 일용근로자의 근로소득세

일용근로자

한 사업장에서 계속해서 3개월(건설업은 1년) 이상 근무하지 않은 자

신고 서식 : 원천징수이행상황신고서의 일용근로자란에 기재 후 신고하며, 원천징수이행상황신고는 홈택스를 통한 전자신고가 가능하다.

근로소득세 = (일당 – 15만 원) × 2.7% × 일한 일수

다음 달 말일까지 제출
매달 15일 고용보험 신고 때 근로내용확인신고서 제출 시 제출 생략 가능

02 / 상용근로자의 근로소득세

상용근로자

일용근로자를 제외한 근로자

신고 서식 : 원천징수이행상황신고서의 간이세액(연말정산 분은 연말정산)란에 기재 후 신고하며, 홈택스를 통한 전자신고가 가능하다.

근로소득세 = 간이세액표에 따라 원천징수 후 다음 달 10일, 연말정산 분은 다음 해 2월 말일까지 연말정산 후 3월 10일까지 신고 · 납부

다음 해 3월 10일까지 지급명세서 제출. 1월 말일과 7월 말일 지급명세서와 별도로 간이지급명세서 제출

원천징수는 간이세액표 기준으로 매월 급여에서 공제한다.

간이세액표는 매달 지급하는 급여에 대한 근로소득세를 간편하게 계산해 둔 양식이라고 보면 된다. 즉, 근로자에게 매월 급여를 지급하는 때에 원천징수해야 하는 세액을 급여 수준 및 가족 수별로 정한 표이다.

03/ 원천징수 세액의 신고·납부

🙍 매달 신고·납부

구 분		신고·납부 기간
급여를 매달 정상적으로 지급하는 경우		급여를 매달 정상적으로 지급하는 경우 지급일이 속하는 달의 다음 달 10일까지 신고·납부한다.
급여를 불규칙 또는 1년 안에 지급하지 않는 경우	1월~11월분	근로소득을 지급해야 할 원천징수의무자가 1월부터 11월까지의 근로소득을 해당 과세기간의 12월 31일까지 지급하지 아니한 경우에는 그 근로소득을 12월 31일에 지급한 것으로 보아 근로소득세를 원천징수한다.
	12월분	원천징수의무자가 12월분의 근로소득을 다음 연도 2월 말일까지 지급하지 않은 경우는 그 근로소득을 다음 연도 2월 말일에 지급한 것으로 보아 근로소득세를 원천징수한다.

반기별 신고·납부

구 분	신고·납부 기간
대상	사업자의 원천징수 신고·납부 편의를 위해 금융 및 보험업을 제외한 상시 고용인원 20인 이하인 사업자는 신청(승인)에 의해 반기별로 원천징수 세액 신고·납부 가능
신고·납부시기	<table><tr><th>지급 시기</th><th>신고·납부 시기</th></tr><tr><td>1월부터 6월까지</td><td>7월 10일까지</td></tr><tr><td>7월부터 12월까지</td><td>다음 연도 1월 10일까지</td></tr></table>

다만, 신고·납부 기한이 공휴일, 토요일, 근로자의 날인 때에는 그날의 다음 날을 기한으로 한다.

신고·납부 시 제출해야 하는 서류

구 분	제출 서류
매월 신고에 필요한 서류 (회사 전체 원천징수 내역)	원천징수이행상황신고서
개인별 원천징수 내역	지급명세서(원천징수영수증)
납부에 필요한 서류	근로소득세 : 납부서 지방소득세 : 지방소득세 특별징수분 납입서
집계에 필요한 서류	소득자별근로소득원천징수부

04 / 원천징수의 불이행시 가산세

매달 원천징수의무를 불이행 시에는 원천징수불성실가산세를 납부해야 한다.

구 분	가산세 내용
적용대상	원천징수의무자가 원천징수 하였거나 원천징수 해야 할 세액을 납부기한까지 미납부하거나 미달 납부한 경우
가산세액	Min(❶, ❷) ❶ (가) 미납부세액 × 경과일수(법정납부기한의 다음 날부터 납부일의 기간) × 2.2/10,000 + (나) 미납부세액 × 3% ❷ 미납부세액 × 50% (단, (나)와 (가) 중 법정납부기한의 다음 날부터 고지일까지의 기간에 해당하는 금액≦10%)

05 가족과 함께 일하는 사장님 가족 급여를 활용해 절세하세요

✔ 국민연금과 건강보험은 가족 여부와 무관하게 무조건 가입해야 한다.

✔ 고용·산재보험은 사장님과 동거하는 가족은 가입 대상이 아니며, 배우자는 동거 여부와 무관하게 가입 대상이 아니다.

✔ 원천세와 (간이)지급명세서를 기한에 맞춰 제출한다.

✔ 가족 월급도 동일한 일을 하는 타 직원들과 기준이 같아야 한다.

✔ 세금을 덜 내기 위해 가족을 '유령직원'으로 등록하면 안 된다.

01 / 실제 근무 여부가 가장 중요

가족에게 급여를 주는 경우 실제 근무 여부와 과다한 급여 지급 여부가 가장 중요한 체크포인트다.

따라서 가족이 근무하는 경우 매일 출퇴근 시간을 관리하고 다른 직원에게 주는 급여를 기준으로 급여를 산정하는 것이 좋다.

세무 문제가 발생했을 때 '인건비로 경비 처리를 하기 위해 가족에게 적정 금액보다 과도한 급여를 지급했다'라고 판단할 경우 세금 탈세로 간주되어 가산세를 부담할 수 있다.

가족을 고용했을 때는 근로계약 관계를 입증할 자료도 확보해 두어야 한다.

세무조사를 받을 때를 대비해 간단하게 출근 내역부터 교통카드 이력, 근로계약서 등을 챙겨두어야 한다.

급여대장이나 급여 이체내역, 급여 신고 내역, 4대 보험 가입내역도 중요한 증빙자료다.

구 분	내 용
근로관계	근로계약서, 인사기록 카드 등
근로실태	출근부, 휴가원, 출장부 등 복무·인사 규정 적용자료, 출퇴근 교통카드 이력 등 복무 상황에 대한 자료, 업무분장표, 업무일지, 업무 보고 내역 등 담당업무 관련 자료 등
급여내역	급여대장, 근로소득 원천징수영수증, 급여 계좌이체 내역
기 타	타 사회보험 가입 내역(보험료 납부내역), 조직도, 근로자 명부 등

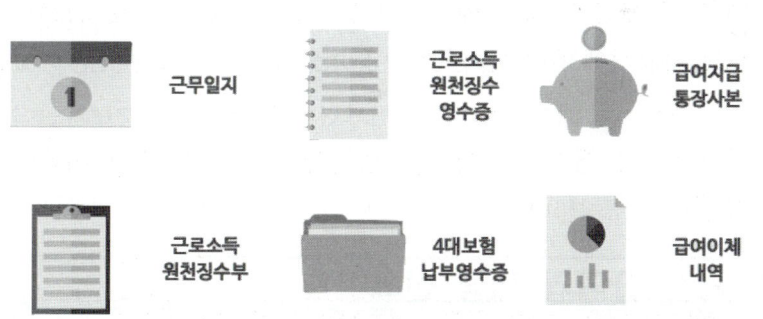

근무일지 근로소득 원천징수 영수증 급여지급 통장사본

근로소득 원천징수부 4대보험 납부영수증 급여이체 내역

02 / 가족과 배우자의 4대 보험

사장님과 같이 사는 경우 근로자로 보지 않기 때문에 고용보험, 산재보험을 적용하지 않는다. 단, 필요할 경우 별도로 근로계약 관계를 기관에 확인받은 후 가입할 수는 있으나 현실적으로 어렵다. 실업급여를 타기 위해 다른 건 가입 안 해도 고용보험은 꼭 가입하려고 하기 때문이다.

건강보험과 국민연금은 소득이 있으면 부과되므로 당연히 가입대상이다.

구 분	동거 여부	고용·산재보험 적용
배우자	무관	비적용
배우자 외 (형제 · 자매, 자녀 등)	동거	비적용
	비동거	적용

사장님과 같이 살지 않는 가족은 근로자로 인정돼서 고용·산재보험까지 가입할 수 있다. 배우자를 제외한 형제, 자매, 자녀가 여기에 해당한다. 단 배우자는 동거 여부와 관계없이 무조건 가입이 안 된다.

03 / 가족 급여의 세금 신고

함께 근무하시는 배우자의 경우도 직원으로 등록하고 인건비 신고가 가능하다.

인건비 신고는 종합소득세 신고 시 비용으로 인정받을 수 있다.

급여 신고를 안 한 근로자의 급여는 경비로 인정받을 수 없다.

인건비 신고는 홈택스를 통하여 직접 신고도 가능하다.

매월 진행되며 소득 지급일이 속하는 달의 다음 달 10일까지 신고 및 납부 기한이다.

원칙적으로 원천세는 직원에게 월급을 준 달의 다음 달 10일까지 세무서에 신고해야 한다. 만약 10월 20일에 직원에게 월급을 줬다면 11월 10일까지 신고납부해야 한다.

해당 소득에 대한 간이지급명세서 및 지급명세서를 기한 내에 제출해야 한다.

지급명세서는 사장님이 월급을 준 직원 명단을 뜻한다. 누구에게 월급을 줬고 얼마를 원천징수 했는지? 신고한다고 이해하면 된다.

지급명세서는 월급날의 다음 해 3월 10일까지 제출하면 된다.

매달 신고하는 원천징수이행상황신고서는 총임직원에게 지급한 급여 총괄표이고, 지급명세서는 각 개인에 대한 집계표 신고라고 보면 된다.

🧑‍💼 배우자랑 같이 일을 합니다. 인건비 신고를 해도 되나요?

배우자 등 가족이 실제 일을 하고, 근로에 대한 대가를 지급한다면 해당 금액에 대해 인건비 신고를 해야 하며 그에 대한 세금도 신고, 납부해야 한다.

인건비를 신고해야 종합소득세 신고 시 비용으로 인정받을 수 있다. 배우자의 경우 국민연금, 건강보험 가입 대상자이며, 고용보험과 산재보험은 가입대상이 아니다.

함께 근무하는 배우자의 경우도 직원으로 등록하고 인건비 신고가 가능하다.

인건비 신고는 종합소득세 신고 시 비용으로 인정받을 수 있다.

인건비 신고는 홈택스를 통하여 직접 신고도 가능하다.

매월 진행되며 소득 지급일이 속하는 달의 다음 달 10일까지 신고 및 납부 기한이다.

해당 소득에 대한 간이지급명세서 및 지급명세서도 기한 내에 제출해 주어야 한다.

4대 보험은 근무 형태와 근무시간에 따라 결정된다.

주 15시간 미만 근무할 경우 초단시간 근로자로 고용, 산재보험 가입대상이다.

주 15시간 이상 근무할 경우 4대 보험에 가입해야 한다.

배우자의 경우 4대 보험 중 국민연금, 건강보험만 가입 대상자이다.

고용보험과 산재보험의 가입은 가족 및 기타 친족(친족 : 8촌 이내 혈족, 4촌 이내 인척 및 배우자)이 근로기준법상 근로자에 해당하는지에 따라 가입 여부가 결정된다.

06 직원 퇴직금 한꺼번에 주기 힘들면 매달 적립하세요.

사업을 하는 사장님은 퇴직금을 월급에 포함해서 매달 주고 싶어 하는 경우가 많다. 목돈으로 주기 부담스럽기 때문이다. 또한 이는 원칙은 불법이다.

이와 같은 상황에 대비해 직원 퇴직금을 매달 적립하는 중소기업 퇴직연금 기금제도인 '푸른씨앗' 이라는 제도가 있다.

푸른씨앗은 근로복지공단이 운영하는 중소기업형 퇴직연금 기금 제도다.

퇴직연금은 기업이 금융기관에 돈을 적립하면 이를 기업이나 직원이 운용하고 직원 퇴사 시 적립된 퇴직금을 지급하는 제도다.

대기업에 비해 중소기업의 퇴직연금 가입률이 낮아 복잡한 가입 방법, 높은 수수료 등을 개선한 제도가 '푸른씨앗'이다.

사장님이 매월 퇴직금을 적립해 두면 근로복지공단에서 기금을 운용하고 그간 모아둔 퇴직금과 운용수익을 직원이 퇴사할 때 준다.

01 / 푸른씨앗 가입대상

상시근로자 30인 이하인 가게라면 푸른씨앗에 가입할 수 있다.

만약 제도 가입 후 직원이 30명을 초과한다면 30명 한도 내에서 3년간 지원된다.

이미 다른 퇴직연금에 가입했더라도 가입 조건에 알맞다면 전환할 수 있다.

이미 적립된 금액도 함께 푸른씨앗으로 전환된다.

02 / 푸른씨앗 가입방법

푸른씨앗 홈페이지에서 온라인 신청 또는 지역별 근로복지공단에 팩스로 접수할 수 있다.

별도 규약 신고 및 자산관리계약 등 절차 없이 표준계약서 활용 및 가입신청을 통한 간편한 가입이 가능하다.

직원의 과반수 또는 대표 직원의 동의를 받고, 표준계약서 작성 후 가입자를 등록한다.

이후 정해진 주기에 퇴직금을 납입하면 된다.

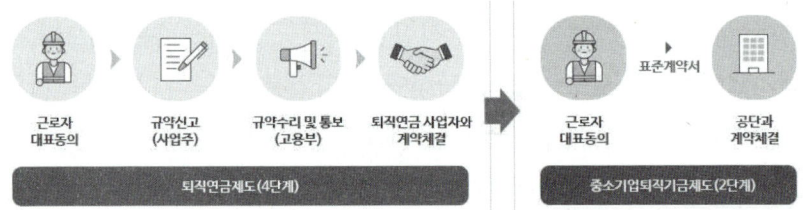

[푸른씨앗 홈페이지]

https://pension.comwel.or.kr/fund/websquare/?w2xPath=/fund/pages/uti/HM00010100.xml

03 / 푸른씨앗 가입 혜택

🧑 낮은 수수료

퇴직연금에 가입한다면 금융기관에 일정한 수수료를 내야 하는데,
푸른씨앗 수수료는 0.2%로 금융기관에 비해 낮다.

🧑 사장님 부담금 지원

근로자 고용보험 월평균보수인 273만 원보다 적은 임금을 받는
직원을 고용하고 있다면 사장님이 납입금의 10%를 지원받을 수
있다.
직원 한 명당 연간 27만 3,000원까지 최대 30명을 3년간 지원해
준다.

🧑 세금 절감

사장님이 납입한 부담금은 '필요경비'로 세금 처리할 수 있다.

🧑 안정적인 수익률

자산 전문가와 전문기관에 적립금을 위탁해 수익률이 안정적이다.
단, 금융시장 상황에 따라 변동될 수는 있다.

🖎 사업주가 좋은 점

구 분	내 용
사용자부담금 지원	월평균 보수 273만 원 미만 근로자에 대한 사용자부담금의 10%를 지원한다. 즉 직원 한 명당 연간 27만 3,000원까지 최대 30명을 3년간 지원한다.
보다 낮은 수수료	0.2% 이하의 낮은 수수료를 책정하여 사업주의 부담을 낮췄다.
쉽고 간편한 가입 절차	퇴직연금 가입시 복잡한 절차(규약서, 운용ㆍ자산관리계약서 등)가 표준계약서 하나로 해결된다.
법인세(사업소득세) 절감 효과	사용자부담금 납입액이 법인 및 개인사업자의 손금 및 필요경비로 처리가 가능하다.
분할적립하여 부담을 줄이고 근로자 장기근속 유도	퇴직금을 분할하여 사외적립하므로 장기근속에도 안정적으로 퇴직급여를 지급할 수 있다.

07 복리후생비 지출 절세도 되고 임직원도 좋다.

복리후생비는 종업원의 작업능률을 향상시키고, 복리를 증진시키기 위하여 법인이 부담하는 시설이나 일반관리비, 제조 경비다. 즉, 종업원의 편의를 위해 지출하는 비용을 말한다.

이러한 복리후생비를 잘 활용한다면 부가가치세와 법인세·소득세를 절감할 수 있다.

01 / 법인세·소득세 비용인정

사업자가 사용인(직원)을 위해 지출한 다음의 비용은 법인세법상 손금, 소득세법상 필요경비로 인정받을 수 있다. 즉 근로자는 근로소득세를 안 내고 회사는 비용인정이 된다.

① 직장체육비

② 직장연예비

③ 직장회식비

④ 우리사주조합의 운영비

⑤ 국민건강보험법 및 노인장기요양보험법에 따라 사용자로서 부담하는 보험료 및 부담금

⑥ 영유아보육법에 의하여 설치된 직장어린이집의 운영비

⑦ 고용보험법에 의하여 사용자로서 부담하는 보험료

⑧ 그 밖에 임원 또는 사용인에게 사회통념상 타당하다고 인정되는 범위 안에서 지급하는 경조사비 등 위 ① 내지 ⑦의 비용과 유사한 비용

02/ 복리후생비 지출을 하면 세금은 줄어든다.

어떤 기업이라도 다양한 이해관계자들이 있게 마련이다. 대표적으로 기업 밖에는 주주와 채권자 그리고 과세당국이 있다.

그리고 안으로는 경영자와 임직원, 노동조합이 있다.

그런데 이들 간의 관계는 상충관계에 있는 경우가 많다.

예를 들어 주주는 많은 배당을 원할 수 있지만, 경영자는 그렇지 않을 수 있다. 또 기업의 이익을 모두 임직원들한테 배분할 수 있지만 이렇게 되면 주주나 과세당국의 시각은 곱지 않을 것이다.

현실적으로 기업의 과실을 나눌 때, 이런 점 때문에 경영자들이 많이 고민한다. 다만, 어떤 식으로 배분이 되더라도 세금의 영향을 검토할 필요가 있다. 예를 들어 기업의 이익이 100억 원 정도 예상된다고 할 때 종업원들을 위해 10억 원을 복리후생비로 지출하면 어떤 효과가 있는지 알아보자.

현금 지출 : 10억 원

− 세금 절약 효과 : 1억 9,000만 원(10억 원 × 19%, 19%는 법인세율)

= 순 현금지출 : 8억 1,000만 원

이렇듯 복리후생비로 사용하면 국가로 들어갈 세금 일부가 종업의 주머니로 들어가 종업원도 좋고 세금도 적게 낼 수 있다.

03/ 복리후생비의 근로소득세와 절세 효과

회사는 복리후생비지만 국세청은 정해진 복리후생비를 제외하고는 비과세해 주지 않는다. 즉 복리후생비를 지출하고 근로소득세를 내야 하지만, 지급한 금액만큼 급여로 인정돼 회사입장에서는 법인세 또는 소득세를 줄여주는 역할을 한다.

그리고 임직원은 근로소득을 납부해도 본인에게 들어오는 돈이 더 많다면 기꺼이 만족하지 않을까?

그러나 회사는 근로소득세 때문에 복리후생비 지출을 줄이지 말고 다양하고 유용한 복리후생 제도를 개발해 임직원의 근로의욕을 향상해야 할 것이다.

08 구내식당 있는 회사 식비 비과세 주의

실제 종업원들을 위해 식사를 제공했다면 이를 경비 처리하는데,
무리는 없다.

소득세 신고 시 필요경비뿐만 아니라 부가가치세 신고 시에도 매
입세액공제가 가능하다. 다만 아래 사항들을 유의해야 한다.

01 / 4대 보험 등재된 직원이 맞는지 확인한다.

복리후생 목적으로 처리되는 경비들은 세무상으로 직원 등재 여
부를 사후적으로 체크할 가능성이 있다.

회사 사정상 직원으로 등재하지 못하거나 직원의 사정으로 인건
비 신고를 못 하는 경우엔 식대를 복리후생비로 처리하는데, 무리
가 있다. 또한 3.3% 사업소득 근로자에게 지출하는 비용도 복리
후생비 처리를 하면 안 된다.

회사 내에서 실질은 근로자라 일반 근로자와 동일하게 복리후생
비 처리를 하지만 형식적으로는 사업소득자이므로 복리후생비 처
리를 한다면 3.3% 사업소득 근로자가 아닌 회사 직원이라는 것을
스스로 인정하는 결과가 된다.

02/ 직원에게 비과세 식대를 주는지 확인한다.

일반적인 경우 보험료 절감 등을 위해서 직원 급여 설정 시 비과세 식대 20만 원을 제공하는 것으로 신고한다.

구내식당이나 외부 음식점에서 식사를 제공하면서, 경비 처리하고 식대까지 비과세하는 경우 식대를 비과세 처리하고 추가로 경비 처리까지 하는 것이기 때문에 이중으로 공제하는 것이 된다.

원칙적으로 이는 문제의 소지가 있으므로 구내식당에서 식사를 제공하고, 회사의 경비로 처리하는 경우엔 식대 지급액 20만 원은 비과세 처리를 하지 않는 것이 맞다.

다만 비과세로 식대를 제공하고 있더라도 일반적인 식대가 아닌 회식비, 야근 식대 등 별도의 식대는 복리후생비로 처리가 가능하다.

09 4대 보험 아끼려는
사장님이 알아야 할 내용

✔ 4대 보험료 절감을 위해 직원 급여를 축소 신고하면 그만큼 비용인정을 못 받아 소득세(법인세) 부담이 더 커진다.

✔ 직원을 사업소득자로 고용한 후 발각되면 최대 3년치 미납한 4대 보험료를 소급 납부해야 한다.

✔ 직원이 4대 보험에 가입 안 하면 고용노동부에서 지원하는 각종 정부지원 혜택을 받을 수 있다.

✔ 비과세 항목이 많으면 4대 보험료가 절약된다.

---

01 / 직원 급여를 축소 신고하는 방법

직원 급여를 줄여 신고하면 해당하는 금액만큼 비용으로 인정받을 수 없어 소득세(법인세)가 늘어난다.

4대 보험료 부담을 줄이기 위해 직원 급여를 적게 신고하거나 아예 신고하지 않는 사장님이 있다. 이는 4대 보험 대신 세금을 더 내는 결과가 된다. 즉 사장님은 당장 1달에 한 번 내는 4대 보험료가 1년에 한 번 내는 종합소득세(법인세)보다 큰 부담이라고 인

314 ≫ 창업에서 경영까지 초보사장 세금상식

식하지만 실제로는 세금은 누진세를 채택하고 있어 세금 부담이 훨씬 커질 수 있다는 점을 잊어서는 안 된다.

급여 신고를 안 해도 급여에 대해 비용인정을 받을 수 있는 방법을 찾는 사장님이나 직원이 많은데, 이는 원칙적으로 불가능하다. 예를 들어 직원 월급이 300만 원이라면 4대 보험료 부담 약 10%를 가정해 월 30만 원, 연 360만 원의 4대 보험료를 절약할 수 있다.

반면 급여 신고를 하지 않았으므로 사장님은 3,600만 원(월급 300만 원 × 12개월)을 소득세 신고 시 비용으로 인정받지 못한다.

급여를 정상적으로 신고해 3,600만 원을 비용으로 인정받는다면 과세표준이 4,500만 원이었던 것이, 급여 3,600만 원을 신고누락함으로 인해 과세표준은 8,100만 원이 된다.

과세표준이 4,500만 원의 경우 종합소득세는 549만 원

과세표준이 8,100만 원의 경우 종합소득세는 1,368만 원

으로 819만 원의 세금을 더 내게 된다.

따라서 819만 원(급여 누락으로 더 내는 세금) - 360만 원(4대 보험료 절약액) = 459만 원을 손해 본다.

물론 어차피 낼 세금도 없는 입장에서는 이익이라고 생각할 수 있으나, 세금도 이월공제를 인정해 주고 있으므로 결국 다음에 내야 하는 세금에서 해당 금액을 공제받지 못하고 손해보는 결과가 된다.

또한 해당 급여만큼 회삿돈이 비게 되어 법인의 경우 대표자 상여로 처분되고 대표이사의 근로소득세가 늘어나는 결론이 생기므로 결국은 손해가 된다.

02 / 직원을 프리랜서로 신고한다.

4대 보험료를 절약하는 또 하나의 방법으로 많이 사용하는 방법이 직원을 근로소득자가 아닌 3.3% 원천징수하는 프리랜서 사업소득자로 신고하는 방법이다.

이 방법은 4대 보험에도 가입하지 않아도 되고, 지급하는 급여에 대해서도 비용인정을 받을 수 있어 사장님들이 꿩 먹고 알 먹는 방식으로 많이 사용하는 방법이다.

하지만 원칙은 이도 불법이다. 이 방법은 당장은 너무 획기적인 방법일지 모르지만 결국 직원이 퇴사할 때, 퇴직금이나 실업급여 문제로 인해 발각될 확률이 높다.

근로소득을 사업소득으로 신고하다 발각되면 사장님은 미납한 보험료를 최대 3년 치를 소급해 내야 하고 과태료와 연체금까지 납부한다. 더군다나 정상 신고를 했으면 사용자 부담분만 부담하면 되지만 발각되면 사용자 부담분 + 근로자 부담분까지 2배로 낼 확률이 높다. 즉 사장님 보험료 부담분뿐 아니라 직원의 보험료 부담분까지 납부해야 해 두 배의 부담이 발생한다.

4대 보험에 가입하지 않았다가 1차 적발 시 고용보험 3만 원, 건강보험 150만 원, 산재보험 100만 원의 과태료를 내야 한다.

앞서 설명한 바와 같이 주로 직원이 실업급여 신청 시 적발되는데, 퇴사한 직원이 실업급여를 신청했는데 그동안 월급을 사업소득으로 받았다면 고용보험 신고 내역이 확인되지 않는다.

이 경우 고용보험공단에서 사장님께 확인 및 정정 요청을 한다.

그리고 사업소득으로 지급된 것이 확인될 경우 책임은 온전히 사장님이 지게 된다.

03 / 4대 보험 아끼려다 지원금도 같이 날아간다.

4대 보험료 아끼려다 지원금도 놓치지 마세요.

직원을 고용해야 받는 고용지원금이 있다. 직원이 4대 보험에 가입하지 않는다면 정부지원금을 받을 수 없다.

고용보험과 국민연금에 대한 두루누리 사회보험료 지원과 각종 고용지원금은 고용보험 가입자를 대상으로 지급하므로 지원금을 받을 수 없다.

또한 세금납부 시 통합고용세액공제도 받을 수 없다.

04 / 비과세 급여가 많으면 4대 보험료는 줄어든다.

직원에게 식사를 제공하지 않는 매장이라면 식대 비과세 20만 원 적용을 추천한다.

4대 보험은 과세소득을 기준으로 책정되므로 식대보조금과 같은 비과세 급여가 많으면 4대 보험료도 줄어든다.

직원 월급이 300만 원일 경우 사장님은 약 30만 원의 4대 보험료를 부담하는데, 비과세 20만 원을 적용한다면 4대 보험료는 약 28만 원(300만 원 - 20만 원의 10%)까지 낮아진다(4대 보험료율 합계 10% 가정).

05 / 직원이 4대 보험 가입을 원치 않는 경우

직원이 4대 보험 가입을 원치 않을 경우 비용으로 인정받을 수 없다.

원칙적으로, 주 15시간 이상 근무하는 근로자일 경우 4대 보험 가입 의무 대상이다. 다만, 근로자가 4대 보험 가입을 원치 않을 경우 앞서 설명한 바와 같이 사업소득 3.3% 공제로 신고하는 방법도 있다. 이 경우 사업소득을 수령하는 근로자는 종합소득세 신고대상자에 해당한다.

사장님은 사업소득으로 인건비 신고 시 내년 5월 종합소득세 비용으로도 인정받을 수 있다(법인도 비용인정).

주의할 점은 일회성이 아닌 정규직으로 근무하는 경우 4대 보험 가입이 의무이므로 추후 공단 실태 조사 시 4대 보험 직권 가입이 될 수 있으며, 직원이 4대 보험 가입을 원치 않더라도 앞서 설명한 02와 같은 문제가 발생할 수 있으니 마음 약해서 직원의 부탁을 들어주지 말고 사장님 입장에서는 반드시 가입하는 것이 좋다.

참고로 직원이 원치 않아 3.3% 공제로 신고하는 경우 추후 해당 직원의 실업급여 및 퇴직금 문제에 대한 이의제기 시 골치 아픈 문제가 발생할 수 있으므로 직원이라면 3.3% 공제로 신고하는 것은 안 하는 것이 안전하다.

구 분	기 준
초단시간근로자	4주 평균 소정근로시간 주 15시간 미만인 근로자 월 총근로시간이 60시간 이하인 근로자
단시간근로자	소정근로시간 주 40시간 미만인 근로자 1주간 소정근로시간이 통상 근로자의 소정근로시간(8시간) 보다 짧은 근로자
일용근로자	1일 또는 최대 한 달 이내 고용해 근무하는 근로자
상용근로자	소정근로시간 1일 8시간, 주 40시간인 근로자

위의 근로자 중 초단시간근로자와 단시간근로자를 알바생으로 보고 있다.

01 / 근로계약서는 반드시 작성하세요

업무 시작 전 미리 근로계약서를 작성한다.
어길 경우 500만 원 이하의 과태료를 내게 된다.

근로계약서는 고용노동부 홈페이지를 참고하면 된다.
(https://www.moel.go.kr/policy/policydata/view.do?bbs_seq
=20250300356)

02 / 청소년을 알바로 고용하는 경우

원칙적으로 만 15세 이상인 근로자를 고용할 수 있다.

만 13~14세 청소년은 지방고용노동관서에서 취직인허증을 받는 경우 일할 수 있다.

(각 지방고용노동청 민원실 비치, 법제처 홈페이지에서 다운로드 가능)

만 18세 미만 근로자를 고용할 경우, 친권자나 후견인의 동의서, 가족관계 증명서류를 받아야 하고, 해당 서류를 사업장에 반드시 비치해야 한다.

사업장에 비치하지 않을 경우 500만 원 이하의 과태료가 부과되니 주의한다.

03 / 알바생도 4대 보험에 가입해 줘야 하나요?

산재보험은 근로 유형에 상관없이 누구나 가입해야 한다.

건강보험, 고용보험, 국민연금의 경우 소정근로시간(일하기로 계약한 시간)이 월 60시간 이상이면 알바생도 의무가입 대상이다.

월 60시간 미만 근무하는 알바생이라면, 고용보험 가입에서 제외된다.

알바생의 4대 보험 가입을 회피하기 위해 프리랜서(3.3% 사업소득자)처럼 사업소득자로 신고한 경우 상황에 따라 과태료 부과 등의 손실을 입을 수 있으니 주의한다.

04 / 알바도 수습기간을 둘 수 있나요?

최저임금법 기준으로 1년 이상 근로계약을 맺은 경우 3개월의 수습기간을 적용할 수 있으며, 근로계약서에 '수습기간'을 명시해야 한다.

최저임금법에 따르면 급여는 수습기간동안 최저임금의 90%를 지급할 수 있다. 단, 계약기간이 1년 미만인 경우, 수습기간을 둘 수 없다. 또한 음식 배달원, 주방 보조원, 패스트푸드 준비원 등 판매 관련 단순 종사자는 수습기간을 둘 수 없다.

05 / 휴게시간은 꼭 줘야 하나?

4시간 일할 경우 30분의 휴게시간을, 하루 8시간 일할 경우 1시간의 휴게시간을 근로시간 중에 줘야 한다. 즉 4시간당 30분의 휴게시간을 줘야 한다. 따라서 3시간 알바의 경우 4시간이 안 됐으므로 휴가시간을 주지 않아도 된다.

휴게시간은 반드시 제공해야 하나, 식사제공은 의무 사항이 아니다.

06 / 주말 알바의 휴일근로수당 지급

근로계약서에 토요일, 일요일이 근로일로 정해져 있다면 휴일로 보지 않으므로 휴일근로수당을 주지 않아도 된다.

근로계약서 작성 시 휴일(주휴일 포함) 항목은 필수로 명시해야 하는데, 근로계약서상 휴일로 정한 날 근무를 시킨다면, 휴일수당을 지급해야 한다.

예를 들어 일반적인 경우와 달리 토요일, 일요일 근무일, 월요일이 휴일인 경우 월요일 근무를 시키면 휴일근로수당을 지급해야 한다.

07 / 알바생에게 주휴수당을 꼭 줘야 하나?

1주 15시간 이상 근무한 알바생이라면, 1주일에 소정의 근로일수를 다 채운 경우 유급휴일(주휴일)을 주 1일 부여해야 한다.

이때, 주휴일에 지급해야 하는 하루치 급여를 '주휴수당'이라고 한다.

사업장 규모와 상관없이, 4주간 소정근로시간 평균을 계산했을 때 1주에 15시간 미만인 초단시간 근로자가 아니라면 알바생에게도 주휴수당을 지급해야 한다.

지각이나 조퇴와 상관없이 알바생이 결근 없이 출근했다면 주휴수당을 지급해야 한다.

08 / 한 달도 안 된 알바생이 무단결근해요. 해고해도 되나요?

5인 미만인 사업장이라면 30일 전 해고를 예고하거나, 30일 전에 해고예고를 하지 않은 경우 해고 예고수당(30일분의 통상임금)을 지급해야 한다.

즉시 해고 사유(근로자가 계속 근로한 기간이 3개월 미만인 경우, 근로자가 고의로 사업에 막대한 지장을 초래하거나 재산상 손해를 끼친 경우)에 해당한다면, 별도 해고예고나 해고 예고수당을 지급할 의무는 없다.

5인 이상인 사업장이라면 5인 미만 사업장과 동일한 기준이 적용되나 추가로, 해고의 정당한 사유와 절차가 반드시 있어야 한다.

해고의 정당한 사유란 사회통념상 더 이상 근로관계를 계속할 수 없는 사유를 말하는데, 연락이 되지 않는 결근이 계속된다면 이에 해당할 수 있을 것으로 보인다.

만약, 근로계약서나 별도 규정 등을 통해 해고의 사유를 정하고 있다면, 그 사유에 해당해야 함은 물론이다.

해고의 절차에는 해고를 결정하기 전 가능하다면 직접 본인에게 해명할 기회를 주는 것이 추후 분쟁을 줄일 수 있다.

09 / 1년 넘게 일한 알바생 퇴직금 줘야 하나?

주 평균 15시간 이상, 1년 넘게 근무한 알바생에게 퇴직금을 줘야 한다.

1년 미만 근무자, 4주 평균 소정근로시간이 주 15시간 미만인 근로자에게는 퇴직금을 지급하지 않아도 된다.

퇴직금은 퇴사일 14일 이내 지급하는 것이 원칙이다.

10 / 알바생에게도 연차휴가를 줘야 하나?

상시근로자 5인 이상 사업장에서 4주 동안을 평균하여 1주간 소정근로시간이 15시간 이상인 근로자인 경우라면 연차유급휴가가 발생한다.

상시근로자 수가 5인 미만인 사업장이라면 연차휴가를 주지 않아도 된다.

상시근로자 수가 5인 이상인 사업장이라면 4주간의 소정근로시간 평균을 계산했을 때 알바생이 1주에 15시간보다 적게 일했다면 연차휴가를 주지 않아도 된다.

상시근로자 수가 5명 이상이거나 주 평균 15시간 이상 근무한 알바생이 1년 미만 근무한 경우는 1개월 개근할 시 1일의 연차휴가가 발생한다.

1년 이상 근무한 알바생의 경우 지난 1년간 출근일의 80%를 출근했다면 15일의 연차휴가를 줘야 한다.

주 15시간 이상 40시간 미만의 단시간근로자라면, 그 시간에 비례해 연차가 발생하는데, 예를 들어, 1년 미만의 알바생이 하루 5시간 주 5일 한 달 동안 성실히 출근했다면 1일 연차휴가가 발생하는데, 이때의 1일은 5시간을 의미한다고 볼 수 있다.

5인 미만 사업장

☑ 연차휴가가 발생하지 않는다.

☑ 5인 미만 사업장에서 5인 이상 사업장으로 변경됐을 때는 기존 직원뿐만 아니라 신규직원도 변경된 시점부터 전원 새로 입사한 것으로 봐 연차휴가 규정을 적용한다.

5인 이상 사업장

☑ 4주 동안을 평균하여 1주간 소정근로시간이 15시간 이상인 근로자는 연차휴가 발생, 소정근로시간 주 15시간 미만의 초단시간근로자는 미발생

☑ 1달 개근 시마다 1일의 월 단위 연차휴가 발생. 지각, 조퇴, 외출이 있어도 개근한 것으로 본다. 1년간 총 11일 한도로 발생

☑ 1년간 80% 이상 개근 시 1년이 되는 입사일(366일)까지 근무 시 15일의 연 단위 연차휴가 발생

매일 지각하는 알바생
너무 불성실해서 자르고 싶어요.

아르바이트생의 불성실한 근무태도는 많은 사장님의 심려 사항이다. 많은 사장님이 겪는 일이지만 이런 일을 처음 겪는 사장님은 크게 당황하기 마련이다.

이 경우는 '무노동 무임금의 원칙'에 따라 사장님은 근로를 제공하지 않은 아르바이트생에 대해 지각한 시간만큼의 임금을 지급하지 않아도 된다. 따라서, 임금을 지급할 때 아르바이트생이 1시간 지각하여 그 시간만큼 근로를 제공하지 않았다면, 전체 임금에서 1시간만큼의 임금을 공제하고 지급한다.

아르바이트생에게 따로 지각비를 걷거나 벌금 형태로 임금을 감액하는 것은 근로기준법에 위반되므로 조심해야 한다.

또한 주의할 점은 아르바이트생의 지각은 결근에는 해당하지 않기 때문에 주휴수당(1주 15시간 이상 개근한 근로자에게 발생)은 지급해야 한다.

계속해서 아르바이트생의 근태 문제가 걱정될 경우는 지각한 시간만큼의 급여가 공제될 수 있다는 내용을 근로계약서에 함께 작성하고, 아르바이트생에게 해당 사실을 알려서 잦은 지각을 방지하는 것도 하나의 방법이다.

지각이나 결근 등으로 해고할 수 있다. 물론 한두 번의 지각이나 결근만으로 곧바로 해고하는 것은 부당해고의 가능성이 있지만(서울행정법원 2000구24067), 계속적인 지각 등 근무 태만은 해고 사유가 될 수 있다(서울행정법원 2000구22078).

근로기준법에서는 해고할 경우 '정당한 이유'가 있어야 한다고 정하고 있다. 따라서 계속 지각이나 결근이 있어 업무에 상당한 지장을 초래할 경우는 더 이상 근로관계를 이어갈 수 없을 정도로 신뢰 관계가 깨졌다고 판단할 여지가 크다.

그런데 이를 주장하려면 충분한 증거를 확보해 두어야 한다.

지각이 자주 발생하거나, 근태 불량이 적발되거나, 고객과 마찰이 발생한다면, 경위서 또는 시말서를 쓰도록 한다. 시말서, 경위서에는 특별한 양식이 필요하지 않으며, 그냥 흰 A4용지에 어떠한 잘못이 있는 경우 그 사실에 관하여 쓰도록 하고 쓴 날짜와 본인 서명으로 충분하다.

한편 현행법상 해고는 구두 통보, 전화, 문자 등의 통신기기를 사용해 통보하면 안 되며, 서면으로 통지(서면으로 통지 안 하면 부당해고)해야 그 효력이 발생하므로 주의해야 한다.

만약 사업주를 제외한 근로자 수가 5인 미만 사업장이라면 해고 등의 제한이 적용되지 않는다. 따라서 지각을 몇 번을 했는지, 결근일이 하루인지 이틀인지와 관계없이 해고할 수 있다. 다만 근로자를 해고할 때는 적어도 30일 전에 해고예고를 해야 하고, 만약 30일 전 예고 없이 해고하기 위해서는 30일분 이상의 통상임금을 지급해야 한다.

사업주의 13가지 노동법 필수상식

소정근로시간은 사장과 종업원이 근무하기로 약속한 시간을 말한다(1일 한도 8시간, 1주 한도 40시간).

하루 3시간 알바의 경우 3시간이 소정근로시간이고, 하루 8시간 근무 정규직은 8시간이 소정근로시간, 하루 9시간 근무하는 정규직의 경우 8시간이 소정근로시간, 1시간이 연장근로(하루 최대 소정근로시간은 8시간을 넘지 못한다)가 된다.

01 / 주휴수당 계산

(월~금요일 소정근로시간의 합) ÷ 5 × 시급

[예시]

월 5시간, 화 6시간, 수 5시간, 목 6시간 금 5시간 근무 시, 시급 1만 원

(5 + 6 + 5 + 6 + 5) ÷ 5 × 10,000원 = 54,000원

월~금 매일 8시간 근무 시, 시급 1만 원

(8 + 8 + 8 + 8 + 8) ÷ 5 × 10,000원 = 80,000원

02 / 최저임금

2026년 10,320원(주휴수당 포함 12,385원 = 10,320원 × 120%)
1월 = 10,320원 × 209시간 = 2,156,880원

03 / 시간외근로수당

5인 미만인 경우 근무시간에 대한 시급만 주면 됨
5인 이상인 경우 소정근로시간을 넘는 근무시간에 대한 시급 ×
1.5배 주면 됨
만일 저녁 10시~다음 날 06시 사이의 야간근로가 있은 경우 시급
× 0.5 추가지급
[예시] 저녁 4시부터 다음 날 새벽 2시까지 근무(휴식시간 1시간)
시급 1만 원
총 근무시간 10시간
휴게시간 1시간
실제 근무시간 9시간
연장근로 1시간
야간근로 4시간
9시간 근무시간 : 8시간 × 10,000원 = 80,000원
1시간 연장근로 : 1시간 × 10,000원 × 1.5 = 15,000원
4시간 야간근로 : 4시간 × 10,000원 × 0.5 = 20,000원

04 / 휴일에 근로하는 경우 휴일근로수당

5인 미만인 경우 근무시간에 대한 시급만 주면 됨
5인 이상인 경우
8시간까지는 시급 × 1.5배
8시간 초과는 (실제 근무시간 - 8시간) × 2배

05 / 연차휴가

연차휴가 발생 개수는 1년 미만 동안 신입 사원이 매월 한 개씩 총 11개가 발생하며, 1년이 지나면 15개가 추가로 발생한다.
1년이 조금 넘으면, 총 26개의 연차휴가가 발생할 수 있으며, 사용하지 않은 휴가는 퇴사 시 정산해야 한다.
사업주는 근로자들이 연차를 사용하도록 사용 촉진 제도를 도입해야 하지만, 이 제도를 도입할 수 없는 사업장도 존재한다.
사용하지 않은 연차는 반드시 수당으로 정산해야 하며, 이는 사업주가 인지해야 할 중요한 사항이다.
5인 이상 사업장의 경우 1달 개근 시 1일 발생
5인 이상 사업장의 경우 1년 80% 이상 개근시 15일 발생
[예시] 1년 이상 근무한 직원의 연차휴가 = 11일 + 15일 = 26일
합법적으로 연차휴가 사용촉진을 한 경우 연차휴가는 소멸

06 / 근로계약서 작성이 중요하다.

소상공인들은 근로계약서를 근로자 채용 후 오랜 시간 후에 작성

하는 경향이 있다. 이에 따라 근로계약서가 작성되지 않으면 근로자는 정규직으로 간주되며, 정년까지의 고용 보장이 이루어진다. 근로계약서는 근로자가 일하기 시작한 날 이전에 작성되어야 하며, 이를 위반할 경우 근로기준법 위반에 해당한다.

07 / 해고와 근로계약서 작성의 중요성

30일 전에 예고하거나 아니면 한달치 해고예고수당을 주면 끝나는 거 아니냐, 이렇게 이해하는 사업자가 아직도 많은데, 5인 이상 사업장에서는 그 근로자가 해고당할 만한 정당한 이유가 있어야지만 해고할 수가 있다. 그렇지 않으면 부당해고에 해당한다. 근로자가 부당해고로 판단될 경우, 해고 사유를 증명하지 못하거나, 해고 서면 통보가 없었다고 하면, 임금 전체를 지급하고 원직 복직시켜야 한다. 따라서 근로자를 함부로 해고하는 것은 법적으로 문제가 발생할 수 있으므로, 해고 시 반드시 주의해야 한다.

08 / 수습기간에도 해고제한

근로계약서를 쓸 때, 근로계약 기간은 1년으로 잡거나, 아니면 기간이 정함이 없는 걸로 잡고, 3개월 정도로 수습 기간으로 설정한다, 이 기간 동안 업무 적격성을 평가하는 것으로 해석한다. 그리고 내가 수습 기간을 잡았으니까, 근로자가 수습기간동안 마음에 안 들면 본체용을 거부하고 마음대로 내보낼 수 있는 거 아니냐고 생각하는 사업주가 많다. 하지만 수습 기간 중 근로자를 자르거나 내보내는 행위는 해고에 해당하며, 이러한 결정에는 해고의 정당한 이유가 필요하다.

해고 사유는 업무 적격성과 관련된 합리적인 이유가 있어야 하며, 이 부분의 입증은 쉽지 않다.

수습기간동안 무조건 해고가 가능하다는 오해는 잘못된 이해로, 계약이 잘못 설정되면 문제가 발생할 수 있다. 따라서, 근로자와 합의하여 계약기간을 명확히 설정하는 것이 중요하다. 즉 근로자와 3개월 계약기간을 잡고 일을 해보고, 그 이후에 서로서로 마음에 들면, 그때 다시 계약을 하자, 이렇게 합의했다면, 그 3개월을 근로계약 기간으로 잡아야 한다.

09 / 근로시간과 임금

최근 근로자들은 짧은 근로 시간을 선호하는 경향이 있다. 하지만, 일부 사업장에서는 여전히 긴 근로 시간을 요구하는 경우가 많다.

따라서 채용 시 근로 시간이 길고, 그 근로 시간 대비 모든 임금이 월급 안에 포함되어 있다면, 반드시 그걸 근로계약서에 명시한다.

근로조건을 명확히 설명하지 않으면, 근로자가 주 6일 근무를 거부할 소지가 크다. 따라서 근로계약서에 모든 근로 시간과 임금을 명시하고, 이를 사전에 충분히 설명해야 한다.

10 / 퇴직금의 지급 방법

퇴직금을 월급에 포함하여 지급하는 경우가 있으며, 이는 월급에 퇴직금을 더한 금액을 지불하는 형태이다.

그러나 이 경우에는 퇴직금 지급 효력이 없다고 한다. 만약 월급에 포함하여 퇴직금을 지급할 경우, 퇴사 시 다시 퇴직금을 지급해야 하는 문제가 발생할 수 있다. 따라서 소상공인은 퇴직금 지급 방식에 대해 반드시 유념해야 한다.

퇴직금이 늘어나는 경우

1. 육아휴직을 사용하고 퇴직하는 경우 근속연수가 늘어나 퇴직금이 늘어난다.
육아휴직을 사용하지 않고 퇴사하는 것이 사장님에게 유리

2. 남은 연차휴가를 모두 소진하고 퇴사하는 경우 근속연수가 늘어나 퇴직금이 늘어난다.
퇴사 시 미사용 연차휴가에 대해서 정산하는 것이 사장님에게 유리할 수 있다.

3. 모든 급여가 기본급으로 구성되는 경우 통상임금이 평균임금보다 커져 퇴직금이 늘어난다.

4. 퇴직 전 3개월의 시간외근로가 급격히 늘어나는 경우 평균임금이 상승해 퇴직금이 늘어난다.

5. 전전연도의 연차휴가를 사용 안 하고 퇴직하는 경우 평균임금이 상승해 퇴직금이 늘어난다.

---

11 / 외국인 근로자의 퇴직금 문제

퇴직금 지급은 퇴사 시 반드시 이루어져야 한다. 이는 고용 형태와 관계없이 적용된다.

외국인 근로자의 불법 고용에는 두 가지 유형이 있다. 체류 비자가 없는 경우와 고용이 불가능한 비자로 고용된 경우이다.

불법 고용 상태라도, 노동법이 적용되어 퇴직금을 지급해야 하며, 이를 위반할 경우 법적 문제가 발생할 수 있다. 다수의 사업주가 불법 체류자에게 퇴직금을 지급하지 않아 노동청에 신고되는 사례가 많다.

12 / 자발적 퇴사와 사직서

근로자가 자발적으로 퇴직할 경우 반드시 사직서를 받아야 하며, 사직서가 없으면 해고 관련 분쟁이 발생할 수 있다.

자발적으로 퇴직했음에도 사직서를 제출하지 않으면, 후에 해고당했다고 주장할 가능성이 있어 주의가 필요하다.

권고사직 처리로 인해 실업급여를 지급하는 경우, 경영상 이유가 적법하지 않으면 부정수급에 해당할 수 있으며, 이는 단속될 위험이 크다.

자발적 퇴직 후 권고사직을 통해 실업급여를 받게 했다면, 그에 대한 리스크가 크다고 이해해야 한다.

13 / 법에 어긋나는 각서는 효력이 없다.

내 마음의 안정을 위해 종업원과 서로 각서를 주고받아도, 해당 내용이 근로기준법에 위반되면 효력이 없다. 즉, 각서의 효력은 법의 테두리 안에서 효력이 있으므로 각서면 모든 게 해결된다는 생각은 버리는 것이 좋다.

사업을 물려주거나 폐업할 때
알아야 할 세금

사업자 폐업 후
세금계산서 발급과 매입세액공제

01 / 폐업일 이전 세금계산서 발행

폐업을 신청한 후라고 해도 폐업일이 기준이며, 폐업일 이전에는
동일하게 세금계산서 발행이 가능하다.

02 / 폐업일 이후 세금계산서 발행

폐업일 이후에도 세금계산서 발급이 가능하다. 다만, 폐업일 이전
의 공급분에 대해서만 세금계산서 발행이 가능하며, 폐업일 이후
의 공급분에 대해서는 사업자가 아닌 상태에서의 공급이기 때문
에 세금계산서 발행이 불가능하다.

그리고 폐업일 이후 발행된 세금계산서는 매입세액공제가 불가능
하다.

사업자가 폐업하는 경우 폐업한 달의 1일부터 폐업일까지의 거래
건에 대하여 다음 달 10일까지 전자세금계산서 발급이 가능하다.
단, 작성일자는 폐업일까지 가능하다.

(예) 10월 15일이 폐업일인 경우,

10월 15일 공급분은 11월 10일까지 발급할 수 있다.

10월 17일 공급분은 발행이 불가능하다.

폐업일 이후에는 전자세금계산서 수취가 불가능하므로 종이 세금계산서 발행 후 가산세를 납부하는 방법밖에는 없다. 즉, 전자세금계산서 발급을 위해서는 공급받는 자의 사업자등록번호가 유효한지 조회 후 발급 하도록 되어있다. 따라서, 현실적으로 폐업한 사업자에게 전자세금계산서 발행은 불가능하다. 종이 세금계산서를 발행하고, 매출거래처의 입장에서는 전자세금계산서 미전송 가산세를 부담할 수밖에 없다.

참고로 거래처 폐업일 이전에 재화를 공급하고 세금계산서 발행을 했으나 환입, 일부 반품 등 수정세금계산서 발행 시점에 거래처가 폐업한 경우라면 안타깝지만, 수정세금계산서 발행이 불가능하다.

해당 경우는 수정세금계산서 발급 없이, 부가가치세 신고 시에 매출세액에서 차감한 후 신고하면 된다.

Q 개인사업자 → 법인사업자 전환 등 사업자 변경

폐업 사실의 인지 시점이 해당 과세기간에 속해있다면(발행 마감일 이전이라면)

A. '기재사항 착오 정정' 의 사유로 당초 세금계산서 작성일자와 동일하게 변경된 사업자번호로 수정발행이 가능하며, 가산세가 부과되지 않는다.

10월 거래분에 대하여 31일에 세금계산서를 발행하였으나, 거래처에서 15일자로 폐업 신고를 한 경우

발행 마감일(11월 10일) 이전에 폐업 사실을 인지하였다면 변경된 사업자번호로 수정세금계산서 발행이 가능하다.

그러나, 발행 마감일이 지난 이후(11월 10일 이후) 폐업 사실을 인지하였다면, 수

정세금계산서를 발행할 경우, 발행 마감일 이후 신규 발행 건으로 간주 되므로 지연발행 가산세가 부과된다.

Q. 거래처가 폐업한 경우는 어떡하나요?
A. 거래처의 대표자 주민등록번호로 세금계산서를 발급하면 된다.
만약, 폐업 사실을 모르고 폐업 사업자번호를 공급받는자로 하여 세금계산서를 발행한 경우,
'착오 외 사유'로 상대방의 주민등록번호로 수정세금계산서를 발급할 수 있다.

Q. 거래처에게 매입 세금계산서를 발행받았는데, 알고 보니 폐업 사업자인 경우 매입세액공제가 가능한가요?
폐업자로부터 수취한 세금계산서의 매입세액은 불공제된다. 또한, 이미 부가가치세 신고를 진행한 경우, 수정신고를 해야 한다.
이 경우 부정행위가 아닌 일반과소신고가산세가 적용된다.

폐업 시 세금 정리 절차

폐업 신고 방법은 관할세무서를 방문하는 방법과 홈택스로 폐업 신고하는 두 가지가 있다.

관할세무서를 방문하는 방법은 관할세무서에 있는 '휴업·폐업 신고서'를 작성해서 제출하면 되는데, 세무서 방문 시 사업자등록증 원본을 가지고 가면 된다. 혹시 사업을 포괄 양도·양수한 경우에는 사업양도·양수 계약서를 준비한다.

사업자가 사업을 폐업하면 부가가치세 신고 및 사업장 현황 신고(면세사업자), 지급명세서 제출, 다음 해에 소득세 및 법인세 신고를 해야 한다.

👤 사업자 폐업 시 신경 써야 하는 세금신고

- 사업장 현황 신고(면세사업자) : 다음 해 2월 10일까지
- 지급명세서 제출 : 폐업일이 속하는 달의 다 다음 달 말일까지
- 부가가치세 신고 및 납부 : 폐업일이 속하는 달의 다음 달 25일까지
- 4대 보험 사업장 탈퇴 : 폐업한 날로부터 14일 이내

- 소득세 및 법인세 신고 및 납부 : 개인은 다음 해 5월 31일까지, 법인은 폐업 후에 청산 및 파산절차를 완료한 경우 3개월 이내에 법인세 신고를 하며, 청산이나 파산절차를 거치지 않은 경우는 다음 연도 3월 31일까지 법인세를 신고한다.

01 / 부가가치세 신고 및 납부 방법

폐업 시 부가가치세 신고는 폐업일이 속하는 달의 다음 달 25일까지 신고한다.

1기 상반기 폐업 시	2기 하반기 폐업 시
1월 1일 ~ 폐업 일까지의 실적에 대한 부가가치세 신고	7월 1일 ~ 폐업 일까지의 실적에 대한 부가가치세 신고

그리고 부가가치세 폐업 신고 때 폐업 시 잔존재화에 대한 간주공급 규정을 몰라서 부가가치세 신고를 잘못하는 경우가 많은데, 이 규정은 아래와 같다.

폐업 시 잔존재화에 의한 간주공급이란?

부가가치세 간주공급이란 실제로 재화를 공급하지 않았지만, 세법상 판매한 것으로 간주(= 간주공급)해서 부가가치세를 과세하는 규정이다.

폐업 시 잔존재화에 대한 간주공급 규정은 폐업 시 남아 있는 재화를 실제로 외부에 판매하는 등 공급하지는 않았지만, 공급한 것으로 보아 부가가치세를 매기겠다는 것이다.

이는 재화를 매입할 때 매입세액을 공제받았으면 이후 이를 소비자에게 판매해서 부가가치세를 내는 것이 일반적인데, 사업을 폐업하게 되면 더는 사업자가 아니므로 남아 있는 재화를 판매하더라도 부가가치세 납부를 안 하게 된다. 따라서 이를 방지하고자 사업자가 폐업할 때 남아 있는 재화가 있으면 이를 실제로 판매하지는 않았지만, 판매한 것으로 보아 부가가치세 10%를 과세하겠다는 것이다. 결과적으로 구매할 때 공제받은 매입세액을 납부하라는 것이다.

예를 들어, 도매업을 하는 사업자가 판매하기 위한 제품을 부가가치 세액 포함 5천5백만 원에 매입하면서 5백만 원을 매입세액공제 받았다고 가정하면, 이 재고 5천만 원에 대한 판매가가 1억 원일 때, 정상적으로 판매한다면 1억 원의 제품을 판매하면서 부가가치세액 1천만 원을 내야 한다.

하지만 만약 이 사업자가 제품을 판매하지 않은 채 사업을 폐업하게 되면 더는 사업자가 아니므로 나중에 이 제품을 판매하더라도 부가가치세를 내지 않아도 되고, 이는 불합리한 결과(매입세액공제 혜택만 봄)가 된다. 따라서 폐업할 당시 남아 있는 제품을 실제로 판매하지는 않았지만 판매했다고 간주하여 잔존재고의 시가 1억 원의 10%인 1천만 원을 부가가치세액으로 징수하는 것이 바로 폐업 시 잔존재화 간주공급 규정이다.

간주공급 규정은 최초 매입할 때 공제받은 매입세액에만 적용된다. 이는 부가가치세법상에 따른 규정이기 때문에 간주공급으로 세금이 매겨졌다고 해도 소득세나 법인세법상 매출액으로 과세하지는 않으니 이 부분을 제외하고 손익 결산을 하면 된다.

🧑 폐업 시 잔존재화 계산 시 공급가액 과세표준

폐업할 당시에 남아 있는 재화에 대해서 간주공급으로 과세할 땐 그 재화의 시가로 과세하게 된다.

위 사례처럼 제품의 판매 시가가 1억 원이라면 1억 원을 공급가액으로 하여 10%인 1천만 원을 과세하게 되는 것이다. 단, 남아 있는 재화가 비품이나 기계장치 등의 감가상각자산에 해당한다면 경과된 기간만큼의 감가상각 금액을 제외한 잔존 하는 가액에 대하여 10%를 과세하게 된다.

감가상각자산 잔존가액의 과세표준을 구하는 산식은 다음과 같다.

> 감가상각자산 과세표준 = 해당 재화의 취득가액 × (1 - 체감율 × 경과된 과세기간 수)

체감률은 과세기간 당 건축물의 경우 5%, 그 외는 25%씩이며, 건축물은 10년(총 20 과세기간), 그 외 기계장치 등의 자산은 2년 (총 4 과세기간)이 지나면 잔존가치가 0이 되어 더는 간주공급 규정이 적용되지 않는다.

부가가치세 과세기간은 6개월이므로 1년이면 2 과세기간이다.

🧑 폐업 시 잔존재화 간주공급 제외 대상

다음의 경우는 폐업 시 잔존재화 간주공급 규정을 적용하지 않는다.

⊙ 동일 사업장 내에서 2 이상의 사업을 영위하다가 그중 일부의 사업을 폐지하는 경우

⊙ 직매장을 폐지하고 자기의 다른 사업장으로 이전하는 경우
⊙ 두 개 이상의 사업장을 가진 사업자가 하나의 사업장을 폐지하고 그 폐업 시 잔존재화를 다른 사업장으로 이전하는 경우
⊙ 매입세액을 공제받지 않은 재화의 경우

02 / 종합소득세 확정신고 및 납부 방법

1월 1일~폐업일까지의 종합소득을 폐업일이 속하는 연도의 다음 연도 5월 1일~5월 31일까지 확정신고·납부 한다.
이때 폐업한 사업과 관련된 소득 이외에 다른 소득이 있는 경우에는 모든 소득을 합산해서 신고 및 납부를 한다.

03 / 법인세 확정신고 및 납부 방법

법인은 폐업 후에 청산 및 파산절차를 완료한 경우 3개월 이내에 법인세 신고를 해야 한다. 청산이나 파산절차를 거치지 않은 경우는 다음 연도 3월 31일까지 법인세 신고를 진행하면 된다.

04 / 지급명세서 제출 방법

지급명세서 제출은 근로소득뿐 아니라 퇴직소득이나 사업소득 등 원천징수 한 모든 소득이 해당하며, 폐업일이 속하는 달의 다음다음 달 말일까지 제출한다.
지급명세서 제출 기한을 넘긴 경우 미제출로 인한 가산세를 내야 하므로 날짜를 꼭 알고 있어야 한다.

05 / 급여 신고와 퇴직소득세 신고 및 납부 방법

폐업 시 직원과 외주용역을 원천징수한 경우는 중도 퇴사 처리를 해야 하며, 세금 정산 후 4대 보험 상실 신고를 하여 지급명세서를 제출한다.

폐업하여 퇴직하는 경우 퇴직하는 달에 급여에 대해서는 중도정산 후 근로소득원천징수영수증을 발급해 주어야 하며, 퇴직소득에 대해서는 퇴직소득세를 원천징수 후 신고·납부를 해야 한다.

반기별 납부자도 폐업한 경우는 폐업일이 속하는 해당 반기 동안 원천징수한 세액을 폐업일이 속하는 달의 다음 달 10일까지 반기가 개시하는 달부터 폐업일이 속하는 달까지의 징수세액에 대해 원천징수이행상황신고서를 제출해야 한다.

지급명세서 제출은 폐업일이 속하는 달의 다음다음 달 말일까지 제출해야 하며, 폐업한 사업자도 국세청 홈택스를 통하여 지급명세서를 수시로 제출할 수 있다.

06 / 폐업신고를 제때 하지 않았을 때 불이익

⊙ 부가가치세 매입세액공제를 받지 못하거나, 가산세 등의 세금이 발생하여 폐업신고를 한 경우보다 많은 세금을 내야 한다.

⊙ 사업자등록을 말소하지 않고 사업 인수자가 계속 사용하게 되면 사업자 명의대여가 되므로 불이익이 발생할 가능성이 크다.

⊙ 매년 1월 1일을 기준으로 사업자등록·면허가 갱신되기 때문에, 등록면허세를 계속해서 내야 한다.

개인회사를 아들에게 물려주고 싶은데 사업자 명의 변경

01 / 개인사업자 사업자등록증 명의변경의 원칙

구 분	사업자등록
❶ 단독 대표 A→ 단독 대표 B로 변경	불가능하다. 단독 대표 A가 운영하던 기존 사업장은 폐업 후 단독 대표 B로 새롭게 사업자등록을 내야 한다. 즉 개인사업자 명의를 배우자나 아들, 딸 명의 또는 타인의 명의로 그대로 가져올 수 없다. 다만, 개인 대표자가 사망하는 경우 상속인으로 명의변경이 가능하다. 이때 기존 상호와 사업자등록번호는 그대로 유지되고 대표자 명의만 변경된다.
❷ 단독 대표 A → 공동대표 A와 B로 변경	개인 사업자등록증 정정 시 동업 계약서를 첨부하면 가능하다. 공동대표 A와 B의 신분증과 인감증명, 인감도장이 있어야 한다. 대리인 방문 시에는 위임장과 대리인신분증이 별도로 필요하다.
❸ 공동대표 A와 B → 단독 대표 B로 변경	동업 해지 계약서를 첨부한다. 이때, 공동대표 중 주된 대표인 A뿐만 아니라 종된 대표인 B를 단독 대표로 변경하는 것도 가능하다. 공동대표 A와 B의 신분증과 인감증명, 인감도장이 필요하다.

개인사업자 대표가 배우자나 아들에게 사업장을 물려주는 경우 바로 사업자등록증의 명의만 변경하면 되는 것으로 착각하는 경우가 많은데, 위 ❶에서 설명한 바와 같이 개인사업자는 바로 명의변경이 되지 않는다. 따라서 많은 개인사업자가 사용하는 편법적 처리는 ❷로 변경 후 ❸으로 변경하는 방법을 사용한다.

즉 대표자 A 단독 명의 → 새로운 대표자 B와 동업 계약 → A와 B의 공동명의로 대표자 변경 → 일정 기간 후 A와 B의 동업 해지 → 대표자 B 단독 명의로 변경의 절차를 거치게 된다.

세법상 법인의 경우 임시주주총회 및 이사회 결의로 대표자 변경 등 안건을 상정해 대표자 변경등기를 할 수 있는, 반면 개인사업자의 경우 대표자 변경이나 개인사업자 명의변경이 가능한 경우는 상속으로 인하여 사업자의 명의가 변경되는 경우 및 공동사업자의 대표자 변경 외에는 불가능하다.

02/ 개인사업자 사업자등록증 명의변경의 예외

🧑 포괄 양수도 계약을 체결하는 경우

부모와 본인(배우자)과의 포괄양수도계약서를 작성하고 넘겨받으면 된다. 단 부모 사업장은 폐업해야 한다.

🧑 동업 계약 후 공동명의, 공동사업 해지 후 정정 신고

기존 부모님이 운영하시는 사업체의 사업자등록 번호를 유지하고 싶은 경우 공동명의로 사업자 변경 후 15일~20일 후에 다른 공동사업자가 사업자에서 제외되고 본인 단독으로 변경 신청을 하면 된다. 단, 부모님(배우자) 등의 경우 현 사업장에 있는 자산 또는 예금에 대하여 그대로 받을 경우 증여로 추정되어 증여세가 과세될 수 있으며, 이 경우 홈택스 등을 통해서는 신청이 되지 않는다. 즉 직접 세무서를 방문해야 한다.

또한, 이 경우는 매우 엄격하여 자금출처 내역이나 통장거래 내역을 요구할 수도 있으니 참고해야 한다.

만약 지자체에서 인허가증 또는 영업신고증을 발급받은 업종인 경우, 기존 대표자는 동업 신고를 하기 전에 시군 구청에 방문해서 인허가증 또는 영업신고증의 본인 명의 대표자를 새로운 대표자와의 공동명의로 변경해야 한다. 또한 임대차 계약서의 명의도 새로운 대표자의 공동명의로 변경하는 것이 좋다. 그 후에 세무서에 방문해서 기존 대표자는 새로운 대표자와 공동사업자로 사업자등록증을 정정하면 된다.

하지만 이와 같은 방법을 악용하는 경우가 많으므로 세무서에서는 엄격하게 판단한다.

공동사업자 명의를 어떻게 변경했느냐에 따라 세무조사가 나올 확률이 달라질 수 있다.

첫째, 대표 공동사업자는 동일하고 구성원만 변경했는데 구성원 중 자산 취득 등의 자금출처에 문제가 없다면 세무조사의 위험성에는 별 영향이 없다. 다만, 대표 공동사업자가 바뀔 때 대표 공동사업자의 주소지 관할세무서나 지방국세청에서 세무조사를 관할 하게 되므로 세무조사 대상으로 선정되는데, 영향을 미칠 수 있다.

둘째 공동사업의 구성원이 변경되는 상황은 종종 있는 일이다. 따라서 과세당국에서도 그리 주목하지 않지만, 대표 공동사업자가 변경되는 일은 자주 발생하는 상황이 아니라서 과세당국의 관심을 받게 된다.

대표자가 한 번 정도 바뀌면 별문제가 없지만 2번 이상 변경된다면 마치 유흥업소 업주가 바지 사장을 내세워 명의를 자주 바꾸는 방법으로 세금이나 행정명령을 피해 가는 것과 같은 사례로 오해를 살 수 있다는 것이다.

만약 세무조사를 피하고자 허위로 공동사업자의 지분을 양도 양수한 것으로 신고했다면 세무조사 시 이러한 사실이 드러나며 실질 귀속자에게 세금이 부과되는 것은 당연하고 허위 등록에 해당하는 각 과세기간의 총수입금액의 0.5%에 상당하는 가산세를 물게 된다.

개인사업자 대표자 명의변경 관련한 예규
질문일 2015-04-02 답변일 2015-04-03
[질 문]
개인사업자 대표자를 남편에서 아내로 변경하려고 합니다.
개인 사업자등록 후 영업활동이 전혀 없는 상태입니다.
진행 절차와 방법이 어떻게 되는지, 남편은 세무서에 안 가고 아내 혼자만 세무서에 가서 변경할 수 있는지 알려주세요.
[답 변]
개인사업자의 명의변경은 상속으로 인하여 사업자의 명의가 변경되는 경우 및 공동사업자의 대표자 변경 외에는 사업자 명의를 변경할 수 없습니다.
따라서 귀 상담의 경우 남편 명의 사업자등록을 폐업 신고하고 부인 명의로 사업자등록을 신규 신청해야 할 것입니다.
상증, 부가 22601-1300, 1986.07.02
[제 목]
사업대표자 명의변경에 관한 여부

[요 지]
배우자 간에 사업을 양도·양수하는 경우 이에 대하여는 증여세가 과세됨

[회 신]
1. 귀 질의 가의 경우 배우자 간에 사업을 양도·양수하는 경우 이에 대해서는 상속세법 제34조의 규정에 따라 증여세가 과세되는 것이며, 이때 증여세 과세 대상이 되는 재산의 범위는 승계한 사업과 관련하여 포괄적으로 양도·양수하는 상품, 기구, 기계 등 모든 재산을 포함하는 것이며,

2. 귀 질의 나의 경우 소득의 귀속이 명목뿐이고 사실상 그 소득을 얻은 자가 따로 있는 경우에는 사실상 그 소득을 얻는 자에게 소득세를 부과하는 것이나 무역거래법에 의한 허가를 받은 자가 경영하는 수입업의 경우에는 그 명의자에게 소득세를 부과하는 것인바,

3. 사업자 명의변경의 사유가 위 3호에 의한 실질 소득자로의 명의 환원에 해당하는 경우는 계속사업으로 보는 것입니다. 다만, 이 경우 명의변경 사업자가 실질소득에 해당하는지? 여부는 그 구체적인 사실에 따라 판단할 사항임.

03/ 개인사업자 사업자등록증 명의변경의 업무처리

기존 사업자등록이 계속 유효한 상태에서 단독 사업장이 공동사업장으로 변경되어도 부가세 측면에서는 별로 달라지는 것이 없다.

그러나 소득세 측면에서는 대표자 변경 시점 전과 후로 구분해서 기장해야 한다. 이는 A와 B의 종합소득세 신고 시, 총수입금액과 필요경비가 엄연히 구분되어야 하기 때문이다.

그러므로, 개인 사업자등록증의 대표자 변경 시점은 반기가 시작되는 1월 1일이나, 7월 1일에 하는 것이 가장 좋으며, 어려울 경우 매월 1일로 변경하는 것이 실무적으로 편리한 방법이다.

04 투잡을 하는 경우 세금 및 건강보험 폭탄을 주의하라

투잡의 기본적인 형태로는 이중 근로가 있으며, 한 직장에서 급여를 받으면서 다른 직장에서 또한 근로자로 일하는 경우를 말한다. 이중 근로의 경우, 근로소득은 자신이 설립한 법인의 임직원으로 일하거나 다른 법인 또는 개인 사업장에서 급여를 받는 일을 한다.

다른 형태로는 직장에서 급여를 받으면서 사업자등록을 통해 온라인 쇼핑몰과 같은 사업소득을 창출하는 경우가 있다.

프리랜서로 일하며 용역계약으로 3.3% 원천징수가 이루어지는 사례도 있다. 또한, 개인사업자가 두 개 이상의 사업장을 운영하는 경우도 있으며, 이는 사업소득 플러스 사업소득 유형에 해당한다.

01 / 두 군데에서 근로소득이 발생하는 경우

이중 근로소득은 근로소득을 두 군데 이상에서 받는 경우로, 혼합신고가 필요하다.

일반적으로 한 군데서만 근로소득을 받는다면 연말정산으로 세금

신고가 끝나지만, 두 군데 이상에서 받는 경우는 주사업장에서 다른 직장의 소득을 합산하는 방식으로 세금을 신고해야 한다.

이 방법을 사용하면 연말정산으로 모든 세금 신고가 끝나므로, 5월에 별도의 종합소득세 신고를 할 필요가 없어 장점이 있다. 다만 소득의 노출을 꺼리는 경우 각각의 직장에서 개별적으로 연말정산을 진행한 후, 5월에 직접 종합소득세 신고를 통해 정산하는 경우도 있다.

02 / 근로소득과 사업소득이 있는 경우

근로소득은 직장에서 지급하는 급여에서 매월 소득세를 원천 징수한 후 2월에 원천 징수된 금액의 합계와 연간 근로소득에 대한 연말정산을 한 후 납부 또는 환급한다.

그러나 사업소득이 같이 있는 경우 연말정산으로 납세의무가 끝나지 않고 5월 종합소득세 신고 시, 근로소득과 사업소득을 합산하여 소득세를 계산한다.

> ### 회사 모르게 사업자등록을 했는데 연말정산은 회사에서 꼭 해야 하나요?
>
> 회사는 매월 근로자에게 급여를 지급하면서 소득세와 지방소득세를 미리 원천 징수한다.
>
> 연말정산은 이렇게 미리 징수한 세금이 1년간 실제 발생한 근로소득에 대한 세금과 차이가 나는 것을 정산하는 절차다. 따라서 근로자로서의 소득에 대한 연말정산은 회사에서 진행하는 것이 맞다. 연말정산을 하지 않으면 근로소득에 대한 세금 신고가 누락되어 문제가 될 수 있다.

반면, 사업소득은 연말정산 대상이 아니라, 다음 해 5월에 종합소득세 확정신고를 통해 신고하고 정산해야 한다.

이때, 근로소득과 사업소득 등 모든 소득을 합산하여 신고한다.

연말정산만으로는 회사가 사업자등록 사실을 알기 어렵다. 연말정산은 근로소득에 대한 정보만 다루기 때문이다.

종합소득세 신고는 본인이 직접 한다. 회사에 사업소득 관련 정보를 제출할 필요가 없다. 다만, 건강보험료 변동으로 인해 간접적으로 회사가 눈치챌 수 있는 가능성은 있다. 사업소득이 일정 금액(보통 연 2천만원 이상)을 초과하면 건강보험료가 상승할 수 있는데, 이 경우 회사가 의문을 가질 수도 있다. 하지만 건강보험료 변동만으로 사업자등록을 정확히 알 수는 없다.

회사 내부에 겸업 금지 조항이 있다면, 나중에 문제가 될 수도 있으니, 사전에 회사 규정을 확인해 보는 것이 좋다.

03 / 사업소득과 사업소득이 있는 경우

사업소득이 두 개 이상일 경우, 이는 사업소득 플러스 사업소득 유형으로 분류되며 개인사업자 종합소득세 신고와 유사하다.

매년 5월 종합소득세 신고 시, 각 사업소득을 모두 합산하여 소득세를 계산하며, 기납부세액은 차감 후 최종 납부액을 결정한다.

사업소득의 합산 금액은 업종과 수익에 따라 단순 경비율 또는 기준경비율 등으로 평가되며, 실제 순이익을 기반으로 한, 장부 신고 방법도 사용될 수 있지만, 개인은 장부를 잘 작성하지 않고 프리랜서는 증빙을 챙기기 힘든 게 일반적이므로 경비율에 의한 추계신고를 하는 경우가 많다.

04 / 투잡소득을 누락하는 경우

투잡으로 얻은 부업 소득을 신고하지 않으면, 원래 내야 할 소득세 외에도 무신고가산세 20%와 연 8%의 납부불성실가산세까지 추가로 부담해야 하므로, 기한 내 소득신고가 중요하다.

국세청의 정보 수집 시스템이 발달하여, 온라인 쇼핑몰과 같은 부업에서 얻은 매출이 국세청에 자동 신고되므로, 누락된 소득에 대해서는 해명을 요구하게 되므로 빼먹지 말고 신고한다.

기본 소득 외에 추가 수입이 발생하면 소득세는 누진세율 구조로 되어 있어 세금이 많이 증가할 수 있다.

또한, 겸직 금지 문제로 인해 가족이나 친구 명의를 사용하여 사업을 운영할 경우, 해당 인물들의 소득에 대한 세금을 부담해 줘야 하므로 세금이 상상외로 증가할 수 있으므로 주의해야 한다.

05 / 투잡 수입에 대한 건강보험료도 고려해야 한다.

투잡을 하는 경우 건강보험료가 추가로 부과될 수 있으며, 많은 사람이 이를 간과하고 사업소득에 따른 고지서를 보고 놀라게 된다.

근로소득을 받는 직장인이 사업소득이 2천만 원을 초과하는 경우, 8.8% 이상의 건강보험료를 부담하게 된다.

예를 들어, 연간 사업소득이 5천만 원일 경우, 2천만 원을 제외한 3천만 원에 대해 연간 240만 원의 건강보험료를 별도로 납부해야 한다.

따라서, 소득세 외에도 건강보험료를 고려해야 하며, 투잡에 따른 비용 부담이 많이 증가할 수 있다.

06 / 투잡은 겸업금지 위반으로 문제가 될 수 있다.

두 직장의 급여 합계가 상한액을 초과하게 되면, 상한 보험료는 9.5%로 각 직장의 급여 비율에 따라 분배되며, 이로 인해 총급여 대비 국민연금의 부과 요율이 법정 비율보다 낮아질 수 있다. 따라서 국민연금 부과 비율이 상이해서 원인을 확인하는 과정을 통해 다른 직장의 존재가 드러날 수 있다.

또한, 고용보험의 경우 주 사업장만 고용보험료를 납부하며, 고용보험이 없는 직장에서 이를 확인하는 과정에서 또 다른 직장 존재가 노출될 위험이 있다.

05 대표이사가 합법적으로 회사의 돈을 가져가는 방법

01 / 급여로 가져가는 방법

급여는 법인세 신고 때 비용으로 처리되므로, 법인세 절감 효과가 있으나, 대표이사의 소득세와 국민연금, 건강보험의 부담이 발생한다.

대표이사의 보수는 상법 및 세법 규정에 따라 정해져야 하며, 규정에 맞지 않으면 국세청에서 비용으로 인정받지 못할 수 있으므로 주의가 필요하다.

상법과 세법 규정을 모두 만족하려면 정관이나 정관의 위임을 받은 주주총회의 규정에 따라 규정이 만들어지고 지급되어야 한다.

세법 규정에 맞는 임원 보수 기준이 없거나 보수 기준이 있더라도 그 기준과는 무관하게 대표이사에게 보수를 지급하는 경우는 국세청에서 대표이사의 보수를 법인의 비용으로 인정하지 않을 수도 있다는 점에 주의한다.

02 / 퇴직금으로 가져가는 방법

퇴직금은 급여하고 아주 밀접하게 관련되어 있는데, 그 이유는 바로 퇴직금이 급여의 비례에서 정해지기 때문이다.

퇴직금은 비과세와 달리 세금이 적게 부과되고, 국민연금이나 건강보험도 면제되는 점에서 법인의 자금을 개인화하는 데 유리하다.

퇴직소득은 보통 1년 이상의 장기로 소득이 형성되기 때문에, 매년 다른 소득과 합산되어 종합과세 되는 급여와 달리, 다른 소득과 합산되지 않고 퇴직소득만 별도로 구분해 세금이 계산되는 분류과세로 인해 상대적으로 세금이 적다.

그리고 대표이사의 퇴직금도 급여와 마찬가지로 법인세 계산 시 비용으로 인정이 되는데, 퇴직금이 정관에 정해진 퇴직금 규정에 따라 지급이 되거나, 정관의 위임 규정에 따라 이사회 결의로 이루어진 퇴직금 규정에 따라 퇴직금이 지급된 경우에 한해서 비용으로 인정된다.

다만, 임원 퇴직금 규정이 없다고 하더라도 퇴직 직전 1년 동안 받은 급여의 10%에 근속연수를 곱한 금액을 한도로 비용 처리할 수 있다는 점은 참고로 알아두는 것이 좋다. 또한, 법인세법상 비용으로 인정되는 퇴직금이 하더라도, 퇴직 직전 3년간 평균 급여의 10%에 근속연수를 곱한 금액의 두 배(세 배)를 초과하는 경우는 그 초과하는 금액은 퇴직소득이 아닌 근로소득으로 간주 되어, 높은 소득세가 부과될 수 있다는 점에 유의한다.

퇴직 직전 3년 평균 급여가 퇴직금 한도에 영향을 미치기 때문에, 몇 년 후 퇴직이 예상되는 경우는 대표이사의 급여 관리가 중요하게 된다는 점도 꼭 기억해 둔다. 또한 퇴직금의 경우, 거액이 지급되는 특성으로 인해 퇴직금 지급을 위한 자금 마련도 굉장히 중요하다. 실제로 대표이사가 퇴직할 때 지급되는 퇴직금이 몇억 단위인 경우가 많다는 점을 고려할 때, 평소에 자금을 미리 준비하지 않으면, 나중에 법인에서 퇴직금을 지급할 자금이 없는 경우가 발생할 수도 있다. 따라서 일반 직원들처럼 평소에 퇴직연금 가입을 통해 외부의 퇴직금 재원을 마련한다.

03 / 배당금으로 가져가는 방법

배당은 주주의 권리이기 때문에 법인의 대표이사라고 하더라도 회사의 주식을 보유한 주주가 아니라면 배당을 받을 수는 없다. 회사의 매출에서 비용을 차감한 것을 세전 이익이라고 하고, 여기에서 법인세를 빼고 난 이익을 당기순이익이라고 한다.

그리고 당기순이익이 매년 쌓이면, 이 누적 금액이 이익잉여금이다. 배당은 매년 쌓인 이익잉여금을 주주에게 환원해 주는 것을 의미한다. 배당은 앞서 설명한 급여와 퇴직금과 차이가 있다. 급여와 퇴직금은 법인의 비용처리가 가능하므로, 법인세를 줄여주는 효과가 있지만, 배당의 경우에는 세금을 낸 후에 지급되는 금액이라는 점이 다르다. 순이익을 주주에게 지급하는 것이기 때문에 비용처리는 되지 않는다.

주주가 법인으로부터 배당을 받게 되는 경우 높은 소득세가 부과될 수 있다는 점에 유의한다. 따라서 배당도 쌓아두었다 하지 말고 분산 지급하는 방법을 사용한다.

하지만 매년 이익이 충분히 나는데도 불구하고 배당에 대해 잘

몰라서 배당하지 않은 법인들이 의외로 많다. 세금을 줄이기 위해서는 배당을 주기적으로 실시해 금융소득을 분산시켜 세금을 최소화하고, 장기적으로 법인의 자금을 효과적으로 개인화할 수 있도록 한다.

04 / 급여와 배당보다는 세 부담이 적은 퇴직급여

급여와 배당, 퇴직급여 중 어느 쪽이 세 부담이 적을까? 급여와 상여는 근로소득으로 종합과세 대상이다. 배당소득도 많으면 누진세율이 적용된다.

퇴직소득에도 누진세율이 적용되지만, 세 부담이 훨씬 적다. 급여와 배당은 다른 소득과 합산해 종합과세 하지만, 퇴직소득은 다른 소득과 합산하지 않고 분류과세하기 때문이다. 퇴직급여는 근로자가 입사 해서부터 퇴직할 때까지 장기간에 걸쳐 형성한 소득으로 근무기간이 늘어날수록 그 금액이 커진다. 그런데 퇴직급여를 퇴직 하는 해에 다른 소득과 합산해 과세하면, 장기근속자의 세 부담이 커질 수밖에 없다. 이 때문에 퇴직소득은 다른 소득과 분류과세한다. 따라서 상대적으로 세 부담이 적다.

CONTENTS

제1장 사업을 시작하는 단계에서 고려해야 할 세금 상식

○ 대표(사장) 선택을 잘해야 하는 이유 / 26
○ 개인사업과 법인사업의 장단점을 알려주세요 / 29, 68
○ 간이과세자와 일반과세자의 차이 / 32
○ 사업장 주소를 어디로 하는 게 유리한가? / 33
○ 업종 선택이 중요한 이유 / 34
○ 사업자등록 전 발생한 비용도 인정받을 수 있나요? / 37
○ 공과금을 카드로 자동 이체하는 것이 유리하다 / 38
○ 법인도 집에 등기와 사업자등록을 할 수 있나요? / 40
○ 친구와 동업하려고 하는데, 동업계약서를 작성할 때 유의할 사항은? / 45
○ 사업자등록은 언제까지 해야 하고, 늦게 하는 경우 불이익 / 46
○ 사업자등록 신청 전 세금계산서의 발행 및 수취방법 / 47
○ 사업자등록 신청 전 사용한 비용을 경비로 인정받는 방법 / 58
○ 권리금을 주고받을 때 발생하는 세금 / 59
○ 인테리어비용 세금계산서를 요구하지 않으면 10% 깎아준다는 하는데 / 60
○ 업무용 차량 살까? 빌려 쓸까? / 60
○ 창업하고 싶은데 돈이 없어요. 부모님에게 지원받으면 세금을 많이 내나요? / 63
○ 부모님 건물을 무료로 사용하는 경우 세금 문제 / 65
○ 인테리어비용과 설비투자 비용은 조기에 환급받을 수 있다. / 76

○ 간이과세자가 무조건 유리하지는 않다. / 80

○ 과세사업자와 면세사업자의 차이점 / 84

○ 오픈과 동시에 가장 먼저 해야 할 세금 신고 / 49

제2장 사업 준비 단계에서 중요한 세금 상식

○ 세금계산서와 계산서의 발행 기준은? / 89

○ 종이 세금계산서의 세금신고 방법 / 89

○ 신용카드매출전표와 현금영수증의 세금계산서와 계산서 기능 / 91

○ 간이영수증의 적격증빙 요건 / 92

○ 거래명세서는 적격증빙이 아니다. / 94

○ 사업자별 적격증빙과 매입세액공제 / 97

○ 경비를 허위로 처리하는 다양한 방법들 / 98

○ 이중 임대차 계약서를 작성하는 경우 문제점 / 101

○ 부가가치세만 받고 가공 세금계산서 발행 시 손해 / 104

○ (모바일)청첩장 1장에 20만 원까지 비용처리 / 108

○ 세금계산서는 회사로 받고, 대금은 대표 개인 통장에서 빠져나가는데
괜찮나요? / 109

제3장 회사를 운영 단계에서 알아야 할 세금

○ 대표이사와 사장의 차이점 / 162

○ 사업자가 내야 하는 세금의 종류 / 165

○ 법인의 대표이사는 급여, 상여를 어떻게 정할까? / 122

○ 직원 급여는 어떻게 처리하면 될까? / 130

○ 급여지급일은 어떻게 결정해야 할까? / 132

○ 창업 초기 퇴사율을 낮추고 사기를 높여줄 좋은 방법은? / 134

○ 비과세 급여를 최적화할 때 주의해야 할 점은 / 139

○ 3.3% 근로자와 근로소득자는 어떤 점이 다를까? / 147

○ 기장을 맡기면 수수료는 얼마를 내야 하나요? / 150

○ 직원 휴가는 1년에 며칠을 줘야 할까? / 152

○ 개인사업자가 세금 관리에 주의할 점 / 70

○ 개인사업자인데 장부를 안 적었어요. 세금신고는 어떻게 하나요? / 62

○ 적자가 났는데, 세금을 공제받을 수 있을까요? / 19

○ 매출이 없는데, 매출 신고를 해야 하나요? / 18

○ 홈택스 자료와 내 자료가 다른 경우 기준이 되는 자료는? / 23

○ 홈택스에서 세금 신고 때 갑자기 공제가 적용되지 않아요 / 24

○ 개인카드와 사업용 카드 사용을 통한 절세전략 / 36

○ 적격증빙을 못 챙기면 최소한 계좌이체를 활용하라 / 38

○ 경조사비 세금 신고 때 얼마까지 넣을까? / 39

○ 얼마를 팔아야 손해를 안 보나? / 170

○ 법인자금을 개인적으로 사용하는 경우 법인에 미치는 세무상 불이익 / 175

○ 법인자금을 개인적으로 사용하는 경우 대표이사에게 미치는 세무상 불이익 / 177

○ 대표이사가 법인자금을 합법적으로 인출하는 방법 / 178

○ 가지급금을 해결하는 방안 / 178

○ 대표자 개인카드를 사용할 때 주의할 점 / 182

○ 부가가치세 매입세액공제가 되는 지출과 업종은? / 186

○ 개인사업자 사장님의 식비는 매입세액공제가 되나요 ? / 188

○ 매입세액불공제가 되는 (법인세, 소득세) 비용으로 인정이 안 되나요? / 188

○ 소규모 사업자가 세무 업무를 효율적으로 관리하는 방법 / 189

◯ 하나의 거래에 세금계산서와 신용카드매출전표를 발행한 경우 부가
가치세 처리 / 191

◯ 부가가치세, 법인세, 소득세 계산 방식의 차이 / 194

◯ 현금영수증 발행을 안 해서 매출누락한 경우 걸리는 사례 / 197

◯ 월 1,000원 매출이면 종합소득세는 얼마를 내나요? / 199

◯ 소득분산을 통한 종합소득세 절세방법 / 203

◯ 개인사업자의 전체적인 세무관리에 대해서 알려줘 / 206

◯ 법인사업자의 전체적인 세무관리에 대해서 알려줘 / 209

◯ 무기장 신고 시 매입비용과 임차료, 인건비의 경비인정 / 216

◯ 기장 신고 시 추가로 인정받을 수 있는 비용 / 218

◯ 업무무관비용으로 의심받는 대표적인 사례 / 224

◯ 세금계산서는 A에게 발행하고 대금은 B로부터 받는 경우 문제점 / 229

◯ 감가상각을 매년 하지 않아도 되나요? / 235

◯ 업무용 승용차 구입 시 주의할 점이 있을까? / 239

◯ 법인에서 상품권을 구매할 때 주의할 점은? / 243

◯ 상품권 '깡' 세무조사 / 248

◯ 탈세인지 모르고 관행적으로 하는 업무 내용은 무엇이 있나요? / 252

◯ 누구나 사용해서 걸리기 쉬운 탈세 수법 / 258

◯ 법인카드의 부정 사용을 의심받을 수 있는 다양한 사례 / 264

◯ 대표이사가 법인소유 아파트에 거주하는 경우 세무처리 / 273

◯ 대표이사 무보수보다 급여를 받는 것이 유리한 이유 / 274

◯ 자본금이 마이너스 나는 경우 개인사업자가 해결하는 방법 / 278

제4장 회사가 성장하는 단계에서 고려해야 할 세금

◯ 간이과세자에서 일반과세자로 전환 시 세무 업무 / 112

○ 간이과세자에서 일반과세자로 전환 시 부가세 신고 방법 / 114
○ 개인사업자가 법인전환을 고려해야 할 시기는? / 119
○ 개인사업자에서 법인으로 전환하려고 하는데 절차는? / 121
○ 법인으로 전환하고도 기존 거래처는 개인사업자 통장으로 거래하고 싶습니다 / 121

제5장 회사가 성장하는 단계에서 고려해야 할 노무

○ 직원 1명을 채용하면 인건비는 얼마나 발생하나? / 282
○ 표준근로계약서 / 284
○ 근로계약서는 언제까지 작성해야 하나? / 288
○ 임원의 급여와 퇴직금은 얼마까지 지급할 수 있나요? / 291
○ 가족 직원을 사용할 때 가장 중요한 사항 / 300
○ 퇴직금을 한꺼번에 주는 게 부담스러운 사업주 / 305
○ 3.3% 근로자 식비 복리후생비 처리 가능한가? / 312
○ 4대 보험료 신고를 안 하는 경우 발생하는 불이익 / 314
○ 직원을 3.3% 프리랜서로 신고하는 경우 발생하는 불이익 / 316
○ 아르바이트를 사용하면 알아야 할 필수 노동법 / 319
○ 근로자를 해고할 경우 준비해야 할 사항 / 327
○ 직원 주휴수당의 계산 방법 / 328
○ 직원 최저임금 / 329
○ 평소보다 퇴직금이 늘어나는 경우 / 333

창업에서 경영까지 초보사장 세금상식

지은이 : 손원준

펴낸이 : 김희경

펴낸곳 : 지식만들기

인쇄 : 해외정판 (02)2267~0363

신고번호 : 제251002003000015호

제1판 1쇄 인쇄 2026년 01월 02일

제1판 1쇄 발행 2026년 01월 15일

값 : 24,000원

ISBN 979-11-90819-52-7 13320

이지경리(www.ezkyungli.com)

1개월 이용권(1만 원 상당)을 무료로 드립니다.

구입 후 구입영수증을 팩스 02-6442-0760으로

넘어주세요.

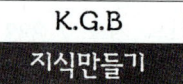

K.G.B
지식만들기

이론과 실무가 만나 새로운 지식을 창조하는 곳

서울 성동구 금호동 3가 839 Tel : 02)2234~0760 (대표) Fax : 02)2234~0805